Zhonghua Minzu
Jingshen Chutan

中华民族
精神初探

江 涛 彭伊凡 著

四川党建期刊集团 四川民族出版社

图书在版编目（CIP）数据

中华民族精神初探/江涛，彭伊凡著. 一成都：
四川民族出版社，2017.3（2021.9重印）
ISBN 978-7-5409-6385-9

Ⅰ.①中… Ⅱ.①江…②彭… Ⅲ.①中华民族一民
族精神一研究 Ⅳ.① C955.2

中国版本图书馆CIP数据核字（2016）第210802号

中华民族精神初探

江 涛 彭伊凡 著

责任编辑：韩 昊
封面设计：墨创文化
责任印制：郑 莉
出版发行：四川党建期刊集团 四川民族出版社
地 址：四川省成都市青羊区敬业路108号
邮政编码：610091
成品尺寸：185 mm×260 mm
印 张：10
字 数：300千
印 刷：永清县晔盛亚胶印有限公司
版 次：2017年3月第1版
印 次：2021年9月第2次印刷
书 号：ISBN 978-7-5409-6385-9
定 价：34.80元

前　言

　　精神的家园，是人生永远的根基。这个家园的存在，缘于人的精神生活本性。人是一种有意识的社会存在物。人的意识和精神活动，是人所特有的生命形式之一。人的生命本性不仅有物质需要，而且有精神需要；人不仅要有"实在的家"，而且要有"精神的家"；不仅需要一个"小写的家"，更需要一个"大写的家"。

　　精神家园人人都需要。不仅每个个人需要，每个人群共同体也需要。一般来说，不同的个人，都有自己的信念和信仰，这是个人的精神家园；不同的家族、团体、阶层、民族等人群共同体，也有他们自己的信念和信仰系统，这是每个共同体的精神家园。例如在长期的历史形成中，我们中国56个民族的文化汇合交融，形成了一种富有包容性和凝聚力的信仰系统，它就是"中华民族共有的精神家园"。

　　精神家园的形成，可以有许多途径，如传播知识、灌输理念、凝神反思、讨论辩驳等，但说到底，只有一种途径才是根本的，那就是实践的体验，因为精神家园主要是个价值观念的体系，而价值观念的本质，是一种主体性的意识。一个主体有什么样的价值观念，其价值观念的形成和改变，从根本上源于该主体的社会存在。就是说，只有在人们自身生存发展实践中形成的价值观念系统，才会成为本民族的真正精神家园；一切现成的、外来的观念，也只有在实践和历史中得到肯定，才能真正进入本民族精神家园。

　　人是一种有多层次存在形态，并同时扮演着多种角色的社会生命体。一个人，总是既是独立的个体，又是家庭成员、单位职工、国家公民、行业人才、社会细胞……人的这些存在形态和社会角色，都对自己精神家园有要求和规定。作为主体，人不仅要扮演多种角色，承担其相应的责任，而且要在多种角色的相互关系甚至冲突中，寻找、建立、整合、构建自己可靠的精神家园。

　　心灵的沃土也需要开垦、灌溉和维护。自人类诞生以来，人们就一直在不停地寻找、构建、维护、翻新着自己的精神家园。人们用宗教、艺术、哲学、科学、教育甚至战争等一切可能的方式，去发现、表达、验证和实现对精神家园的追求。同任何经济史、政治史、科技史和战争史相比较，一部人类精神家园的发展史，同样充满了探索的艰辛和发现的荣耀，饱经了疑惑的困扰和冲突的磨难，其中丝毫不缺少惊天动地、惊心动魄的材料和记录。

　　在世界上，从文艺复兴开始，随着资本主义的产生和发展，西方人经历了马克斯·韦伯所说的"世界祛除巫魅"的过程。在这个过程中，西方人的精神"伊甸园"逐次被打碎：首先被打碎的是教会以及教会辖制领域中的一整套仪式，随后是上帝的死亡，最后是近代世俗主义者所追求的"千年至福王国"的毁灭。人一方面被各种极其世俗的功利欲望所驱使,无所顾忌地追逐一切财富;另一方面又感到自己被彻底逐出了精神"伊甸园",失去了信仰和理想的支撑。在中国,当我们为着自己国家和民族振兴而奋起追赶先进物质文明的时候,我们也感到了精神追求的混乱和迷惘。随着现实利益格局的重新调整,19世纪末20世纪初西方思想家们所描绘的西方社会的那些消极现象,诸如物质主义,拜金主义,享乐主义,感觉主义,人的物化,异化和自我放逐等,也渐次显现,这些使我们在一定程度上感到原有的精神家园正在崩塌。为了重新找回那种"在家"的感觉,我们需要建构起新的精神家园。

响应时代的召唤,伴随历史的进程,做一点力所能及而又富于建设性的积极工作,正是写作本书的立意和宗旨。

目　　录

第一章 民族精神概论

民族精神是一个复杂的概念，包含着一系列基本理论问题。在已有的研究中，学术界对民族精神概念的界定及使用、民族精神发展演变的影响因素与基本规律、民族精神的基本特征与功能研究较少。这些问题恰恰是深入理解和认识民族精神的基础。因此，本章拟对这几个问题进行考察和探究。

第一节 民族精神概念的界定及使用

恩格斯指出："必须先研究事物，尔后才能研究过程。必须先知道一个事物是什么，尔后才能觉察这个事物中所发生的变化。"这说明，社会科学研究的起点是首先对研究对象作明确界定，在弄清研究对象本身的基础上再去研究其他问题。研究民族精神，首先需要弄清楚的就是民族精神概念和使用问题。

一、民族精神概念的词源学考察

考察词源是理解词语的起点，也是把握概念的起点。"民族精神"一词，其英文可译为"ethos"，来源于德文的一个合成词汇"volksgeist"（或称"nationalgeist"）。从构词学角度看，德语中的"yolksgeist"或"nationalgeist"是由"volks"（民族、人民）或"national"（民族、国族）和"geist"（灵魂、精神、理智性）构成的复合词。它与中文里由"民族"和"精神"复合构成的民族精神一词在构词形式和表达的意义上是对称的。需要说明的是，在该词的英文译法中，不少学者都认为民族精神与"ethos"对等同义，但"ethos"一词，词根源于希腊语，其含义为"个性、性格"。古希腊思想家亚里士多德曾多次使用该词，它指的是个体的性情或某一特定群体的性情、世界观、道德态度和价值体系等。现代汉英词典将"ethos"解释为"社会精神特质"。英国牛津词典将其解释为"（集体、社团、文化的）气质、道德观、思想或信仰"。美国韦伯斯特词典对"ethos"的解释是："①（社会）文化的基本性格或精神；形成集团或社会信仰、习惯、行为的基础情感；一个民族或时代的主要思想。②社会、集团、人的性格或气质等。③话剧文学中取代人物思想、情感来决定其行为的道德因素。"综合起来看，"ethos"一词的主要意思为标志或贯穿一个群体、社区、民族或思想的主导信仰、准则和理想，也即激励某一民族、时代或地区的基础价值体系和思想、习惯和行为的精神。不难看出，"ethos"一词含义较为广泛，多是指一种社会精神。它所指称的对象既可以是个体也可以是群体，并不专指以民族为整体考察对象的民族精神。这样看来，民族精神一词，固然可以在"ethos"一词中有所体现，但见诸英文文献中的"national spirit"也算得上是既直观又贴近的译法。"ethos"一词所包含的某一群体在道德价值、思想信仰、风俗习惯、性情品格等多方面的精神内容，也无疑提示了我们所需要把握的民族精神内涵上的丰富性和多元性。

　　在中文表达里，如果从构词角度看，"民族精神"由"民族"和"精神"两个独立的词组结合而成，两者之间是修饰和限定的关系，但"民族精神"应该被视为一个专有名词，在其内涵上并不是指民族的所有精神。"民族"和"精神"这两个词本身都具有特定内涵的概念范畴，有着相当复杂的含义。迄今为止，学术界在对它们的界定和使用上仍存有不同意见。就"民族"一词而言，我国古代很早就出现了"族"的称谓和划分，而且很早就将"民族"作为固定词汇使用。在古代文献典籍中关于"族"的记载很多。如：《尚书·尧典》记载："帝曰：'吁佛哉，方命圮族。'"《礼记·王制》有按照地理方位划分中国境内族群的记载："中国戎夷，五方之民，皆有性也，不可推移。东方曰夷，被发文身，有不火食者矣；南方曰蛮，雕题交趾，有不火食者矣；西方曰戎，被发衣皮，有不粒食者矣；北方曰狄，衣羽毛，穴居，有不粒食者矣。"《左传》中也有表现不同族别的记载："非我族类，其心必异。楚虽大，非我族也。"如此等等。在《南齐书》中，使用了"民族"一词，有"今诸华士女，民族弗革，而露首偏踞，滥用夷礼"的记载，后一直到《清史稿》中关于"南胜民族居峒中，多械斗"的记载，此类使用也颇多见。在上述典籍中所使用的"民族"一词，其含义指的就是作为共同体的民族群体，在内涵上接近我们今天所说的"民族"一词。按照学术界的说法，现代意义上的民族概念是西方资产阶级提出后在近代传入中国的。马克思主义诞生以后，人们对民族现象广泛关注形成了马克思主义民族理论。斯大林对民族的概念进行了界定。他提出，民族是"人们在历史上形成的一个有共同语言、共同地域、共同经济生活以及表现在共同文化上的共同心理素质的稳定的共同体"。在后来的民族工作和科学研究中，曾有人对斯大林的这个解释提出不同看法，认为民族某些方面的发展超出他所界定的范围，而且在某些具体的民族发展和形成历程中，不少民族特征并非严格地与这个定义的描述相吻合。到了现代，中外许多研究者都对"民族"的概念进行过界定和阐释，其角度和方法各有异同。我国社会学家费孝通指出："民族实际是因地因时而变化的，我们对民族的认识也应当根据实际的变化而不断发展。"结合这一判断来看，出现针对"民族"的多种多样的解释，实际上是符合民族发展以及人们对民族认识程度变化的实际情况的表现。尽管有数种不同界定，但关于民族，人们也有共识。针对在民族认识上的歧见，张君劢曾援引将现代民族概念传入中国的英国学者伯伦知理的话："民族者，各种职业不同地位不同之人民的结合，其种族、情感、精神之同，由于其语言、风俗、文化之同，因此有爵其为一体而有以自别于外人；至其是否立于同一国统治之下，可不计焉。"国外有研究者也提出："不论怎样界定，民族都被认为是一个具有超越其内部的阶级、地位和地域分界特征的相对同族的实体。"结合民族发展的历史来看，上面这个归纳和判断，应该说还是很有道理的。在有关"民族"的数种定义中，从文化的角度来界定"民族"与本书中所研究的民族精神比较接近，也颇有可借鉴之处。这里，我们不妨再把美国学者曼纽尔·卡斯特的观点转引以作说明：

　　　　我将"民族"定义为：民族是通过共同的历史和政治规划，在人们的头脑当中和集体记忆当中建构起来的文化共同体。一个集体到底要有多少共同历史才能成为一个民族，则因语境和时期的变化而变化，就如同决定这种共同体能否形成的要素也在不断变化一样。

比较来看，我们认为，斯大林关于"民族"概念的界定是在广泛意义上对民族属性作出的概括，对此当然不能作静止化和绝对化的理解。即便在今天，该定义仍基本符合民族存在的客观实际，仍具有相当的合理性和适用性。本书所使用的民族概念就是基于这个界定，并在以下两重意义上使用它：一方面，民族是一个超越阶级、种族层次差别的概念，是具有广泛共性特征的共同体；另一方面，民族不是一个绝对抽象和空洞的概念，在具体社会现实中有具体的指向，并且它所指代的对象之间可能会存在着千差万别。值得一提的是，李大钊曾从历史与文化差异的角度对民族的概念作过解释，他说："何谓民族？民族的区别由其历史与文化之殊异，故不问政治、法律之统一与否，而只在相同的历史和文化之下生存的人民或国民，都可归之为一民族。"这个解释强调不同民族在历史和文化上的差别，虽然不是对民族下严格定义，但也进行了较为宽泛的框定，对把握民族概念和理解民族精神颇具启发意义。

让我们再来看"精神"一词的内涵。同样，"精神"一词也有广义和狭义之分。从古到今，对精神和精神现象进行研究并在一定范围内取得真理性认识的学者不在少数，关于"精神"的内涵也不乏真知灼见。在马克思主义哲学视野中，"精神"与"物质"相对立，是"意识"的近义语，指的是作为特殊物质的人脑的活动以及由此产生的一切非物态化的结果。中国传统文化典籍《周易》《论语》《礼记》《庄子》《荀子》等都使用了"精"与"神"这两个字，其含义多与观念及意识有关。合成词"精神"一般有两层含义：从广义上讲，它是人类心理、思维、认识、情感、意志等意识活动的总称，从狭义上说则是指成为事物精华和深层活力的积极意识。哲学家张岱年先生曾做过一个分析，他说："何谓精神？……就字源来讲，精是细微之义，神是能动作用之义。"这样，"精神"所包含的能动作用就被揭示出来了。此外，张岱年还把文化的基本精神解释为文化发展过程中的精微的内在动力，即指导民族文化不断前进的优秀思想，也即民族精神。

综合上面所归纳的"民族"与"精神"这两个词的基本内涵，我们就基本可以确定"民族精神"的含义了。就其广义上来讲，"民族精神"接近"民族意识"，包括民族所有的文化传统和思想观念，良莠并存；其狭义则是指在民族发展过程中处于主导地位，能够促使民族前进的那些积极的、优秀的、起支撑和推动作用的共同意识和精神。实际上，在现当代以来针对民族精神的研究中，一直都有从广义和狭义两个不同角度来理解民族精神的思路。这种思路上的差异也引发了关于民族精神性质和内涵的争论。其中，最大的争论就是民族精神是仅包含民族思想和意识的精华，还是精华与糟粕并存。实际上，这个争论在20世纪30年代关于民族文化走向的探讨中已经涉及，到80年代末和90年代初的文化讨论中又被重新提出并在更大范围内展开。在20世纪30年代的讨论中，学术界就有人将中华民族的民族性格分为积极和消极两个方面。时人发表的一篇《中华民族性弱点之改造论》的结语部分指出："吾国民族性至称复杂，其优点美点，吾人应使之充分发挥；其弱点劣点，尤应逐渐加以改造，以自求适应现代之生存。"应该说，争论的产生主要是由于持论者在划定"精神"一词的内涵时所采用的思维视角不同。在这里，我们赞同张岱年先生所说的，一种精神只有满足两个条件才堪称民族精神：一个是具有广泛影响，被许多人所接受，还有一个是它能够促进社会发展。即"能促进民族发展的那许多精神"是民族精神，而"妨碍民族发展的那不叫民族精神"。"民族精神必然是文化学术中的精粹思想，在历史上曾经具有激励人心的作用，只有这样，才能称之为民族精神。"这样看来，民族精神与民族意识、国民性的含义显然不同，后两者的含义是民族的意识或国民的性格，包含精华和糟粕两方面内容，而民族精神则是专指存在于民族的精神、意识和性格中的那些积极的、精华的部分（本书正是在此专门意义上使用民族精神这一概念的）。当然，这里需要指出的是，从专门意义上理解和使用民族精神，绝不是无视和否定民族思想意识和精神领域中消极落后成分乃至糟粕因素的存在。相反，只有高度重视并认真剥离和分析民族思维和精神世界中那些不良成分和因素，才能够更清楚地区分哪些是真正值得弘扬和培育的优秀精神，哪些是消极落后并需要破除和抛弃的精神痼疾。

在近代，无论中国还是西方社会科学研究视域内，都有不少学者和政治家都关注"国民性"或"民族性"的问题。譬如国外社会人类学和文化人类学领域中早就出现过关于"国民性格"的研究，在中国也有孙中山、陈独秀、李大钊、毛泽东等人对"国民性"或"民族性"问题的探讨。需要说明的是，"国民性"和"民族性"是与"民族精神"既相互联系又有所区别的概念。国民性或民族性侧重指一个国家国民的群体性格，其内容多属于民族之精神领域。但国民性格从性质上来判断有良莠、优劣之分，它所反映的民族之精神既有正面的、值得肯定的积极因素，又有负面的、需要否定和批判的内容。而"民族精神"则仅指民族的思想、意识和性格特征等范围内的正面的、积极的内涵。此外，关于两者的区别，我们也可以从 20 世纪 30 年代关于民族性和民族精神的讨论中得到启发。时人指出："民族精神简单地讲，就是一个国家'和一的情感'，这种情感最足以联系国民对内的团结和同仇敌忾的觉悟。它与民族性不同的地方，是前者为民族的和一的共鸣，而后者不过为一个民族特质的表现。"

二、民族精神概念的形成

"民族精神"作为一个专有术语，其提出和使用经历了一个长期的过程。考察民族精神概念界定和使用的过程，对于从内涵上把握民族精神很有必要。

（一）西方思想家对民族精神概念的解释和使用

关于民族精神这一概念的最早提出，目前有两种说法：其一，英国思想史家以赛亚·伯林认为它是由被誉为"民族主义、历史主义和民族精神之父"的德国思想家赫尔德"发明的"。美国学者马蒂·邦佐和英国学者安东尼·史密斯也赞同这个说法。其二，中国有学者认为它是由法国启蒙思想家孟德斯鸠最早提出的。据查证，孟德斯鸠在其名著《论法的精神》中的确提出了"一般精神"的概念，虽然它所指称的对象是各个民族，但未明确使用和解释"民族精神"。在后来修订过的不同版本的《论法的精神》中，有译者使用了"民族精神"的译法。但根据原文，其准确涵义还是接近孟德斯鸠所谓的"一般的人类精神"，这说明并不是孟德斯鸠最早使用"民族精神"的提法。1774 年，赫尔德出版了《另一种历史哲学》一书，其中多次使用了"Genius des Volkes""Geist des Volks"的表述，其含义等于"volksgeist"即"民族精神"，这是赫尔德提出"民族精神"这一概念的最初表述。实际上，在 18、19 世纪西方思想界中，由于民族主义浪潮的兴起，一大批思想家，如德国的约翰·格奥尔格·哈曼、弗里德里希·卡尔·冯·莫泽尔、黑格尔、萨维尼、弗·李斯特、教育家威廉·冯·洪堡特，法国的孟德斯鸠、爱尔维修以及英国的亚当·弗格森、美国的弗朗兹·博厄斯、爱德华·萨丕尔等都曾经对民族精神有所关注。他们有的对民族精神的概念予以直接解释，有的则直接探讨了民族精神与其他问题之间的关系。囿于研究的相关性，本书仅对当时大量使用民族精神概念并对之进行过解释的部分观点作些分析，其中最主要的有以下几个方面：

在德国思想界，赫尔德是最早使用"民族精神"概念的思想家。他从民族文化的视角透视民族精神，认为"一个民族的文化表现了该民族的共同精神或天赋"。他指出，人的每一群体都有自己的一套习俗与生活方式、一种做事与行为的态度，这就是民族精神。在赫尔德看来，民族精神是一个民族凝聚的核心，是一个民族区别于其他民族最隐秘的精神部分。后来，莫泽尔也对民族精神做了解释。他认为，在每一种组织中必然存在着一种伟大的普遍的观念。从本质上说，这种观念代表着民族观念的充满生机的力量。如果这种观念占据着所有人的心灵，成为民族的信念和政治信条，那么它也就成为民族精神。对此，思想家哈曼进一步解释说，民族精神实质上就是一个民族的秉赋，是一种自发的创造力量。它体现在民族文化、特性、气质等内容上，伴随着民族与生俱来，不能也无法从其他民族的文化模式中学到。在以萨维尼为代表的历史法学派的理论视野中，民族精神是一个核心概念。萨维尼从法学的角度论及民族精神，认为民族精神体现在法律之中，是"一个独特的民族所特有的根本的不可分割的禀性和取向"，是"这个民族的共同信念"和"对其内在必然性的共同认识"。

黑格尔德国是对"民族精神"这一概念解释得最多也最充分的唯心主义思想家。他认为，世界历史的发展就是"世界精神"的演绎，民族精神则是"世界精神"发展的特定阶段。在世界历史的每一个阶段都会有和其他阶段不同的特殊的原则，这些阶段的各种形态就是世界历史上各种的民族精神。黑格尔还将民族精神与国家及其文化相联系，认为"在国家内表现它自己，而且使自己被认识的普遍的原则——包括国家一切的那个形式，就是构成一国文化的那个一般原则。但是取得普遍性的形式，并且存在于那个叫做国家的具体现实里的——那个确定的内容就是'民族精神'本身"。从范畴上看，黑格尔把精神解释为一种绝对的和超历史的存在，把民族精神归入他所强调的"绝对精神"体系中。这个解释是其唯心主义哲学的产物，在根本的世界观上是颠倒的和错误的。但是，黑格尔又认为民族精神具有广泛的渗透性，它深深地体现在民族思想观念与行为实践的各个方面，表现在制度、法律、礼俗、习惯等各种历史表象之中。如果从黑格尔唯心主义观中把这一点剥离出来，那么这个观点也并非毫无可取之处。恩格斯说："像对民族的精神发展有过如此巨大影响的黑格尔哲学这样的伟大创作，是不能用干脆置之不理的办法来消除的。必须从它的本来意义上'扬弃'它，就是说，要批判地消灭它的形式，但是要救出通过这个形式获得的新内容。"黑格尔的思维方式"有巨大的历史感作基础"，虽然"真正的关系因此颠倒了，头脑倒置了，可是实在的内容却到处渗透到哲学中"。在这里，恩格斯的话语虽是针对黑格尔的整个哲学体系和思维方式，但对于我们认识黑格尔关于民族精神的解释同样有着重要的指导意义。

在法国思想界，18世纪的启蒙思想家孟德斯鸠分析了法律与民族的精神及风俗习惯的关系。他提出："人类受多种事物的支配：气候、宗教、法律、执政准则、典范、风俗、习惯。结果就由此形成了一般精神。"孟德斯鸠在这里所谈的"一般精神"指的是普遍意义上的人类精神。由于他的探讨是以民族为视点，且上述结论是据不同民族所共有的普遍状况作出的，故他这里所谈的"一般精神"实际上也等于是民族的共同精神。依此去理解，民族精神与他所提出的诸支配因素不无关系。后来，法国唯物主义哲学家爱尔维修对民族精神也做了解释。他认为，在每一个国家里，都有一定数目的对象，这些对象都是教育以相同的方式提供的。对于这些对象的同等的印象，在公民中产生了思想上和感情上的一致，这种一致名叫民族精神或民族性。可以看出，爱尔维修强调了民族精神源出国民思想和情感的一致，但却将之与民族性作同一概念使用，未加以区分。

上述思想家们都或多或少地解释过民族精神的概念。此外，还有一些思想家曾探讨过与民族精神有关的问题。例如，德国思想家洪堡特研究了民族精神与人类语言结构的关系，德国政治经济学家李斯特在其名作《政治经济学的国民体系》中则探讨了民族精神与国民经济的内在关系，英国思想家弗格森在其《文明社会史论》中也深入地探讨了民族精神与国家及社会兴衰变迁之间的关系。这些思想家在其著作中都或多或少地探讨了与民族精神有关的重大问题，但他们大都没有解释而是直接使用了民族精神的概念。鉴于在此后的某些章节的论述中将会对之加以引用和解释，故在此不予赘述。

至此，如果从总体上来分析西方思想家们对于民族精神这一概念的界定和使用情况，有以下几点是需要加以注意的：

第一，不论是站在何种立场、从何种视角使用民族精神的概念，也不管是对民族精神做出何种具体解释和界定，西方思想家们都是将民族精神当作一种具有积极内涵的概念来使用的，都把它与民族的积极思想观念和精神活力联系起来，在肯定意义上使用它。这一点，正是民族精神这一概念自提出和产生以来就被赋予的特性，对后世研究民族精神问题具有很大的参考价值和启示意义。

第二，大多数西方思想界使用民族精神概念时都比较侧重从民族文化和意识观念方面加以理解。这一点，反映了民族精神既和民族文化密切相关，同时又和民族意识相联系，是考察和分析民族精神的重要思路。斯大林说过："各个民族之所以不同，不仅在于他们的生活条件不同，而且在于表现在民族文化特点上的精神形态不同。"实际上，上述西方思想家从文化视角分析民族精神的思路在后世学者的研究中得到了延伸和发展。比起前人，后来的学者们更多地侧重从文化的视角看待民族精神，认为民族精神就是民族的文化精神，并从文化差异和文化认同的角度来考察民族精神。例如，民俗学家 W. G. 萨默认为文化精神是一个群体不同于其他群体的精神特质的总和。人类学家 G. 戈尔认为文化精神是一个社会群体的各种行为观念和目的的总和。文化人类学家 R. 本尼迪克特从分析民族的文化模式入手阐释了不同民族之间在文化和精神上的差异。他们从文化精神的视角理解民族的精神特征，尽管这一思路未必完全精确和科学，但他们的思维视角对于认识民族精神无疑具有启示意义。

第三，从总的方面来说，上述西方思想家们是在不同的社会和时代背景中，也是从不同的立场上解释和使用民族精神这一概念的。其中，大多数思想家提出和使用民族精神这一概念时都不是单纯着眼于某种理论学说，而是有着深刻的思想根源。比如，18 世纪早期使用民族精神这一概念的赫尔德等人身处德意志民族政治分裂、文化不振的社会低潮期，他们在日益泛起和激荡的文化民族主义思潮中提出民族精神的概念并大力提倡发扬民族精神，这看似是文化层面的现象，但事实又不仅止于此，而是透射出他们思想中那种旨在促进德意志民族实现政治统一的民族意识的自觉。这是研究民族精神尤其是考察西方思想家使用民族精神概念时应当深入探究的。

第四，单从学术研究的角度来看，由于西方思想家们在世界观、研究方法、学科领域和思维重点上的不同，他们对民族精神概念的解释和使用也就不尽相同，其中既有一定的合理性和独到之处，也有明显的缺陷。比如，他们有的把民族精神神圣化为绝对意志和绝对理念，有的则把民族精神完全等同于民族意识或民族性格。尽管如此，他们的解释对于理解民族精神这一概念仍具有重要参考价值，需要在认真甄别和分析的基础上加以借鉴。

总之，西方思想家们有的是从唯物主义的立场，有的则是从唯心主义的立场看待、解释和运用民族精神这一概念的。由于他们的世界观不同、研究方法不同、所属学科领域有差别，因而他们对民族精神概念的解释、界定和使用场域也不尽相同。有的思想家，如黑格尔、洪堡特等人对于民族精神的解释带有明显的缺陷，他们的一些结论是不合逻辑甚至错误的。之所以如此，一方面是由于他们在思想和方法上的偏误，另一方面也是由于时代思维的限制。正如恩格斯所说："18 世纪伟大的思想家们，也同他们的一切先驱者一样，没有能够超出他们自己的时代使他们受到的限制。"尽管如此，他们的某些解释也确有可取之处，对于今天我们理解民族精神这一概念和相关现象仍具有重要的借鉴意义。

（二）马克思主义经典作家对民族精神相关概念的使用

马克思和恩格斯在观察和分析世界范围内各民族国家的发展及民族问题时，对发生在不同民族精神生活领域内的事件和现象高度重视。他们把民族的精神状况与民族的生存和发展的实际联系起来，从社会生活和生产的现实出发来剖析他们的精神表现和精神特征，并对各民族在精神领域的差异表示高度关注。择要而言，马克思和恩格斯主要从以下几个方面关注和使用了民族精神及相关概念：

1. 对不同民族的民族特性差异的关注

在以开阔的世界眼光审视各民族的精神生活时，马克思和恩格斯睿智地觉察到不同民族在性格特征方面的差异。1844 年，恩格斯在《英国状况十八世纪》一文中指出："英国人的民族特性在本质上和德国人、法国人的民族特性都不相同。"他详细地分析了上述西欧民族在民族性格倾向和精神品质上的差异，指出："对消除对立丧失信心因而完全听从经验，这是英国人的民族特性所固有的。纯粹的日耳曼成分固然也把自己的抽象内在性转变成抽象外在性，但是这种外在性从来没有失去它的起源的痕迹，并且始终从属于这种内在性和唯灵论。法国人也站在唯物的、经验的这一边；但是，因为这种经验直接是一种民族倾向，而不是自身分裂的民族意识的副产品，所以它通过民族的、普遍的方式起作用，并作为政治活动表现出来。德国人认定唯灵论是绝对有根据的，因此竭力在宗教方面，后来又在哲学方面阐明人类的普遍利益。"在《英国工人阶级状况》一书中，恩格斯又评价了爱尔兰人的民族性格，认为他们按其整个民族性格来说是和拉丁民族、法国人、特别是和意大利人相似的。他还特别地引用了卡莱尔评析爱尔兰人的话并深入地分析说："在爱尔兰人身上，感情和热情无疑地是占优势的，理性必须服从它们。爱尔兰人这种重感情的容易激动的性格使他们不能深思熟虑，妨害他们从事冷静的坚忍的活动。"1867 年，马克思也在《关于爱尔兰问题的未作的发言的提纲》中列入了"民族性质""英国人和爱尔兰人性格的平衡"以及"爱尔兰性格"等问题。后来，恩格斯在文章中也多次关注和使用过"民族性格""民族特性"等说法。

2. 关注民族意识和民族生命力并对民族的精神觉醒高度重视

马克思和恩格斯运用阶级的观点和阶级分析的方法来观察和分析社会，找到了认识人类社会的科学钥匙。他们把民族问题和阶级问题联系起来加以思考，把民族意识的觉醒视为实现民族自觉和民族解放的必要精神条件。他们高度重视那些处于社会变革和革命前夜的民族的精神状态，多次使用与民族精神这一概念密切相关的"民族意识"的说法。1844年，恩格斯在《英国状况十八世纪》中使用了"民族意识"一词。1846年，马克思和恩格斯在《德意志意识形态》中也使用了该提法，并区分了"民族意识"和"一般意识"。这里，马克思和恩格斯在使用民族意识这一概念时，已经开始把民族意识与民族一般的心理活动加以区分，并强调民族意识作为民族共同体思维活动的一致性和群体性，其基本含义是引起各民族思想觉醒的精神基因。1852年，恩格斯在《德国的革命和反革命》一文中谈到自15世纪以来斯拉夫民族的演进情况时说："从那时起，摩拉维亚人和斯洛伐克人就已失掉一切民族意识和民族生命力的痕迹，虽然在很大程度上还保留着他们的语言。"这里所谓"民族意识"和"民族生命力"主要指对斯拉夫民族的发展起促进作用的内在精神力量，其含义上已很接近我们今天所使用的民族精神这一概念。后来，到了1866年，恩格斯又在应马克思的要求而作的一组题为《工人阶级同波兰有什么关系?》的文章中谈到民族的生命力问题，并指出意大利人"具有两千年历史并具有坚韧不拔的民族生命力"。这里所谈到的"民族生命力"意义同上，也是与支撑民族存在和发展的民族精神之含义比较接近的表达。

3. 使用属于民族精神范畴的若干概念和表述

根据对马克思和恩格斯经典文献的考察，我们发现，马克思和恩格斯曾数次直接引用和使用了民族精神的提法，其中最主要的有这样几次：

在1843年撰写的《黑格尔法哲学批判》中，马克思引述了黑格尔关于国家制度的一段话："精神只有认识了自身以后才是现实的，作为民族精神的国家构成贯穿于国内一切关系的法律，同时也构成国内民众的风尚和意识，因此，每一个民族的国家制度总是取决于该民族的自我意识的性质和形成。"这是马克思比较早地使用"民族精神"说法的场合，是对黑格尔概念表达的直接援引。1854年，马克思应邀撰写了《革命的西班牙》的一组文章，对19世纪上半叶西班牙革命历史进行了仔细研究。在对西班牙洪达政权进行分析时，马克思评论说："只有在中央洪达的政权下，才有可能把保卫民族的迫切问题和任务的解决同西班牙的社会改造、民族精神的解放结合起来，不做到这一点，任何政治机构只要一同实际生活发生微小的抵触就必然垮台。"1855年，恩格斯受马克思之托代笔撰写了《欧洲军队》一文，其中两次使用了"民族精神"的说法。在谈到源起于匈牙利和波兰的骑兵时，恩格斯指出，在匈牙利和波兰，"这两种骑兵有着一定的意义，他们是本民族的军队，服装也是本民族式样的。把这些特点搬到没有这种民族精神因而使特点失去意义的其他国家中去，至少是荒唐的"。在谈到法国炮兵的特点时，恩格斯又指出："鲜明的语言、科学的方法、正确的观点——这些都是法国炮兵书籍的特征，它表明这门知识是怎样地符合于法国人的民族精神。"后来，马克思在《致斐·拉萨尔》中介绍和评价了恩格斯的《波河与莱茵河》的小册子时指出："而总的来说，自然是充满了民族精神，反对波拿巴先生。"恩格斯在《萨瓦与尼斯》中谈到："伯爵领地尼斯的人民也操普罗凡斯方言，但是这里的标准语、教育、民族精神都是意大利的。"在《恩斯特·莫里茨·阿伦特》中，恩格斯指出："当然，另一方面也不能不指出，条顿狂曾经是我们民族精神发展的一个必要阶段，并且同它后续的阶段构成了对立面，现代的世界观正是奠定在这个对立面上的。"通观上述马克思和恩格斯对"民族精神"概念的直接使用，可以看出，在以上这些场合，马克思和恩格斯尽管直接使用了"民族精神"的说法，但却对民族精神本身未予解释，我们很难从这些语境中捕捉或断言马克思和恩格斯关于民族精神概念的具体内涵。然而，即便如此，我们也绝对不能否认马克思和恩格斯对"民族精神"这一概念的重视，不能无视他们对民族精神问题的关注。

除去直接使用民族精神这一表述外，马克思和恩格斯还大量使用了与民族精神直接相关的若干概念：1851 年前后，马克思在《路易·波拿巴的雾月十八日》中使用了"国民精神"的概念，提出法国国民议会通过其代表反映国民精神的多个方面和总统作为国民精神的化身的观点。1867 年，恩格斯在发表于斯图加特《观察家报》的一篇为马克思《资本论》第一卷所作的书评中，称该书是"属于那种使德国精神获得荣誉的著作之列"。而在谈到作者来自普鲁士时，他又称"不如说它是俄国精神而不是德国精神的代表"。1870 年 3 月，马克思在为德国社会民主工党的委员会写的《机密通知》的文件中谈到了英国统治阶级对伦敦总委员会的攻击。他说："他们公开地责难我们，说我们毒害了而且几乎灭绝了工人阶级中的英国精神，把它推向了革命的社会主义。"1859 年，恩格斯在批评德国学者在输入和借鉴英、法经济学理论的态度时使用了"德意志精神"的提法。1874 年，他又在谈及法国唯物主义文献时称它们是"法兰西精神"的最高成就。这些提法尽管有特定的场景和用意，在具体含义上与我们今天所说的完整意义上的民族精神也有一定距离，但他们毕竟使用了这些概念，并在一定程度上借用这些概念表达了对上述各民族精神领域现象的关注。这些说法，实际上正是民族精神的概念化和具体化。

4. 论述了某些民族精神的具体表现

民族精神有着丰富的内涵。它既可以是总称，又可指某一具体的精神表现。马克思和恩格斯虽然没有从学理上解释"民族精神"，但却高度重视那些更为鲜活和具体的民族精神的特定内涵及其时代表现。他们对不同民族在社会生活与生产实践尤其是民族的革命斗争中所展示出的各种精神表现多有论述。这其中，最值得注意的是马克思和恩格斯在关注东方社会时对中华民族勤劳、勇敢、智慧、节俭等精神的论述，尤其是对中华民族在对抗外来侵略时所表现出的那种团结一致，不怕牺牲来"保卫社稷和家园""保存中华民族"的积极、普遍甚至带有"狂热"情绪的反抗精神的赞叹。

继马克思和恩格斯之后，列宁和斯大林也多次使用过"民族意识""民族性格""民族文化心理"等不同说法。他们在这类语汇中所表达的含义与我们今天使用同一语汇时的含义没有太大差别。斯大林在批判奥·鲍威尔等人的民族观时还直接引用过"民族精神"的提法。他从马克思主义的立场出发，指出了"唯灵论"者们所持的民族观与所谓神秘的独立自在的"民族精神"之间共同的唯心主义本质，但未对民族精神予以解释和分析。此外，列宁和斯大林也对民族精神的具体内容及其表现有过广泛论述。比如，列宁就爱国主义精神和俄罗斯民族的革命精神进行过多次论述，斯大林对美国民族的冒险、求实与进取精神也进行过论述等。从总体上看，列宁和斯大林对民族问题的关注不亚于马克思和恩格斯，他们在与民族精神有关问题上的论述甚至更多。对于这些丰富的内容，限于主题和篇幅，这里不作详细展开和评述。

在中国，近现代以来有很多人使用过"民族精神"这个概念，也有一些人对弘扬民族精神进行过大力提倡和号召。比如，孙中山在为中华民族的前途和命运而奋斗的过程中率先喊出了"振兴中华"的口号，号召恢复中华民族的民族精神，甚至倡导要"用民族精神来救国"。陈独秀、李大钊等人也都对"民族精神"有过评说。但从马克思主义经典作家的角度来看，我们应当首先把目光投向引领马克思主义中国化实践的第一人——毛泽东。从现有的资料来看，毛泽东曾明确使用过"民族精神"这一提法。他在 1938 年《论新阶段》的报告中提出要"以民族精神教育新后代"。1939 年间，他又分别在《研究沦陷区》和《目前形势和党的任务》中指出，日本帝国主义为达其侵略目的，会企图"消灭我沦陷区人民的民族精神""消灭中国人的民族精神"。在这里，毛泽东未对民族精神的概念直接做出解释，但从中可以明显看出他对民族精神重要性的关注。此外，毛泽东还对中华民族富有爱国主义、勤劳勇敢、敢于牺牲、自力更生、艰苦奋斗的伟大精神进行过多次论述和称颂，这反映出他对民族精神的高度重视。邓小平在领导改革开放和中国特色社会主义事业建设的进程中，也多次论及并大力倡导发扬爱国主义精神，号召增强中华民族的民族自尊心、自信心，号召发扬革命精神，尤其要发扬自力更生、艰苦创业的精神，也足见他对中华民族精神的重视。江泽民、胡锦涛等新时代的中国领导人更是提出把弘扬和培育民族精神作为重要的战略任务，对民族精神的重视已成为众所周知的事实。实际上，无论中外，马克思主义经典作家们对民族精神问题的关注和重视，都不能单纯用是否明确提出和使用民族精神的具体概念来衡量。他们的思想理论建树和实践成果足以证明他们所树起的乃是一座座民族精神的丰碑。

（三）学术界对民族精神概念的界定与表述

近代以来，从康有为、梁启超等人提出和呼唤"国魂""民魂"到孙中山倡导发扬民族精神，不少贤达和革命志士都曾对民族精神有所关注。学术界就民族精神问题有过数次研究高潮，提出过关于民族精神的界定。早期的研究者多从传统习惯、文化精神和历史精神的角度解释民族精神。其中，最有代表性的界定思路有这样两条：第一，把民族精神等同于文化精神。比如，以张岱年先生为代表的文化学者从传统文化中发现和阐释民族精神，认为中国文化的基本精神也就是中华民族的精神，故也可以称之为中华精神。可以说，从文化的视角来看中华民族精神的形成和发展有一定的合理之处，但需要指出的是，中华民族精神与中国文化精神并不全等，这两个范畴在内涵和外延上都存在差别，两者所指向的对象范围和着眼点也有所不同。第二，认为民族精神就是民族的历史传统，其中除去其文化精神的内涵，更多的是历史精神。比如，钱穆就认为民族精神是"文化了"的历史精神。他指出："民族精神，乃是自然与文化意识融合而始有的一种精神，这就是文化精神，也即是历史精神。"就笔者所掌握的资料来看，比较常见的是早期学者们对民族精神说法的使用，纯粹学理性的界定并不多见。近几十年来，研究者们从不同视角提出了对民族精神的解释。这些视角或侧重社会发展，或倚重思想文化，或强调外在表现，或突出本质属性。其中，最有代表性的观点可以概括为以下十种：（1）文化结晶说。即认为民族精神是一个民族在长期共同生活和社会实践中形成的文化积淀和结晶。（2）精神特质说。即认为民族精神是指渗透于一个民族的思想（思想理论）及行为中的各种精神特质。（3）

文化心理说。即认为民族精神就是一个民族长期以来形成的并为全体成员认同的文化价值取向和心理情感态度。（4）张力指向说。即认为民族精神是文化传统和时代精神这两极之间的张力结构所导向的规定性。（5）知行规律说。即认为民族精神是民族认识与实践的内在规律。（6）融合统一说。即认为民族精神是表现在民族群体的哲学、政治、经济、法律、伦理、道德、文学艺术、宗教等方面的推动民族前进的内在精神和思想观念的融合和统一。（7）心态特征说。即认为民族精神是特定民族在追求真善美的文化创造中所表现出的心态特征的总和。（8）环境挑战说。即认为民族精神是一个民族在回应环境的挑战中所特有的精神信念和价值选择。（9）共同价值说。即认为民族精神是一个民族在漫长的繁衍生息过程中逐渐形成的渗透在其文化思想、思维模式、伦理道德、风俗习惯、心理结构、语言文字之中的共同的价值观。（10）精神活力说。即认为民族精神就是一个被普遍尊奉的有利于社会进步和民族团结的社会信念、价值追求和道德风尚，是民族的精神活力。这些解释有同有异，它们所包含的意思既交叉重合又各有侧重。显而易见，研究者们进行概括时的着眼点有所不同，概括所取的范畴和要素也存在着一定差异。这样概括所造成的结果就是对民族精神的解释有一定道理，但不够全面和周详。

概念是对事物本质属性的概括，是人们借以认识和把握事物本质的途径。恩格斯说过："一个事物的概念和它的现实，就像两条渐近线一样，一齐向前延伸，彼此不断接近，但是永远不会相交。"在这个意义上说，要给民族精神下一个百分之百准确的定义是不现实的，我们所能做到的也只能是尽最大可能赋之以一个清晰、完整和近乎准确的界定，使人们对此概念的理解能够最大限度地接近其本意。对民族精神的概念进行界定，关键是要把握其本质属性和根本特征。由于民族精神涉及的概念关系十分复杂，故可以从时间、空间、形态、性质这几个主要方面对它进行一种综合性的描述和诠释，强调其形成的长期性、发展的过程性、表现方式的多样性以及其作为积极意识的价值特征。从这样的思路出发，我们认为，民族精神是一个民族在长期的生存与发展过程中形成并不断发展的，渗透在民族共同的文化、性格、思维、情感和心理中的，为本民族大多数成员所认同和追求并体现在其行为和实践上的意识形态、思想观念、思维方式、价值体系、性格品质、审美情趣和精神风貌等的总称，是为人们所尊奉并指导其行为和实践的主导性的思想原则，也是反映民族共同的世界观、人生观和价值观的一种积极的精神特质。这里需要指出的是，民族精神具有构成要素的复杂性、内涵辖域的宽泛性、表现方式的综合性以及本质特征的进步性。其实，对于任何民族而言，民族精神都是其社会精神生活中活的灵魂，它体现着民族的精神面貌，渗透到民族社会精神生活的各个层面，在其中起着引导的作用，但又往往不以独立的形态显现出来。就民族精神的基本特征来讲，它首先具有意识的一般特征，即具有源于社会发展的社会历史性，具有与民族的以及社会的物质世界相对独立的特征，具有对人和社会的发展起到促进作用的能动性特征。除此以外，民族精神还融合了若干相辅相成的性质特征，具有自发性和自觉性相结合、群体性和个体性相统一、稳定性和流变性相衔接、传统性和时代性相渗透、民族性和世界性相映衬的基本特点。所有这些，都是把握民族精神概念时需要考量的。

在理解民族精神的概念时，有两个最基本的同时也是容易引起思想混乱的问题需要正确把握：

其一，关于民族精神的特质问题，其实质即民族精神的共性和个性的关系问题。按照人们惯常的认识和理解，民族精神是一个民族的精神特质，是该民族区别于其他民族的重要精神品质。比如，中华民族在长期的社会生产和生活实践中，形成了自己勤劳质朴的精神特质。这种精神特质是与某些西方民族那种或剽悍或浪漫或严谨的精神特点显然不同的。但是，如何对民族精神的这种"特质"进行定位、怎样把握民族精神的特性是厘清民族精神概念、准确把握民族精神内涵的一个关键点。一般来说，在任何民族的民族精神内容体系中，有既属于本民族、同时又为世界上其他民族所共有的、为世界人民所普遍接受和遵循的民族精神内容，同时也有唯在自己民族中得到最大彰显、为本民族成员所接受而不一定在其他民族中得到同等程度彰显的内容。而后面的这部分内容，往往被视为民族精神的特质，也往往被用来规定民族精神的特殊内涵。在实际认识活动中，人们常常通过不同民族之间民族精神的共同性来质疑和否认民族精神的"特性"。比如，当我们谈到中华民族所具有的爱国主义精神、把爱国主义定位为中华民族精神的重要内容时，有人会针锋相对地指出，世界上大多数民族都具有爱国主义精神，如此来看，爱国主义并不是中华民族所独有的，不应该列为中华民族精神的特质。诚然，如果从绝对差异的角度来分析不同民族之间的民族精神，无论是历史上的还是现实中的，要找出完全独特、无丝毫相同之处、纯而又纯的一种民族精神，是绝对不可能的。但是，从林立丛生的世界各民族之间，人们却又不难在人类精神的大花园中一眼辨识出某个民族的"精神花朵"，出现这种情况，其依据也正是民族精神之间的差异，也即其特殊性。因此，在定义民族精神为一种精神"特质"方面，我们需要认清的是，这里所谓的"特质"并不是严格的绝对的差别，无论如何明显和突出的独特性也只是相对的，不是也不可能是绝对的。与此同时，称某个民族精神具有独特性又是客观的，因为各个民族即便是在孕育同一类型的精神品质时，其具体内涵、外显程度、形成过程以及表达方式等也都可能不同。恰恰是这些不同，造就了各个民族之间的差异，也显示了各个民族在精神品质上的独立性和突出点。也就是说，所谓民族精神的共性和个性都是客观存在的，二者既相互依存又相互对立的。在谈到民族精神的共性时，应当认识到人类精神之差异性，而在观照民族精神的个性时，又必须尊重不同民族在思想文化和精神品质上的相通性。因此，所谓民族精神的"特质"，并不是指某种精神品质的绝对存无，而多是指某种民族精神品质与其他民族同种精神品质之间的深层差异，比如其存在程度和显现方式的差异等。此外，需要指出的是，民族精神这种特质并不是一成不变的，而是会随着民族的发展而动态发展的，在发展过程中，这种原存的"特质"可能会增生，也可能会减少直至不再显著地称为特征。正如 19 世纪德国无产阶级思想家威廉·魏特林所指出的那样："每个民族都有他能特性。我并不否认特性。我只是说，一个民族与其他民族不同特性不是天生的，而是偶然的，是一个民族的习惯、历史、风俗的结果。而这些习惯、历史、风俗是可以改变的，不是一成不变的。"

其二，关于民族精神的历史性和时代性的问题。在某种意义上说，民族精神这个概念是一种表象，这种表象既来源于历史，也来源于现实。当谈论某一个民族的某种民族精神时，我们多数是从一种抽象意义上进行概括性描述，即所指为"总体的情况"，当然，抽象地谈论民族精神是不容易把握的，所以在很多场合，谈所谓的民族精神可能要具体化到某一种民族精神品质，甚至会潜在地指向民族精神的某个时间段内的具体表现。因此，在日常使用中，人们在提到民族精神的概念时，往往会把它与时代精神分离开来，甚至对立起来，对民族精神进行严格的传统与现代、历史与时代的区分。实际上，民族精神是一个集历史感和时代感于一体、融历史性和时代性于一身的概念。按照马克思主义的历史观，历史和时代并不是绝对隔离，截然分开的。任何民族的历史都是历史和时代相统一的。民族精神既表现为贯穿民族历史的丰富的静态精神传统，又表现为具有时代特征的动态时代精神。当然，民族精神在历史发展过程中，也自然会有传统和现代的分野，有过去、现在和未来的划分，但这种划分并不是严格的一刀切式的划定，是相对而言的。因此，对民族精神进行界定既应当贯通历史又应该注重现实，这也就增加了认识它的难度。有研究者指出："民族精神，是文化共同体（民族）的共有财富。因此它一不是铁板一块，二不是一成不变。它是动态的'流'，用固定的概念和现成的语言表述程式来分析、再现它，只能做到部分的近似。而在具体论述中，也只能就其大体而言。"而且，在具体时代对民族精神概念的理解和界定，还会受到时代的局限。正如恩格斯所说："我们只能在我们的时代的条件下去认识，而且这些条件达到什么程度，我们才能认识到什么程度。"尽管如此，随着研究的深入，人们对民族精神概念的理解和认识必将会逐渐加深和日益成熟。

第二节 民族精神发展演变的影响因素与基本规律

人类社会的发展是有规律可循的，民族精神的发展和演变也遵循一定的规律。毛泽东指出："规律存在于历史发展的过程中，应当从历史发展过程的分析中来发现和证明规律。不从历史发展过程的分析入手，规律是说不清楚的。"民族精神是在民族长期的生活和生产实践中积淀而成，必然体现和反映在民族发展的具体历史过程中。因此，应当深入到民族历史发展的实际过程中来探讨民族精神发展演变的基本规律。

一、民族精神形成和发展的影响因素

马克思主义认为："人们的意识，随着人们的生活条件、人们的社会关系、人们的社会存在的改变而改变。"民族精神也属于社会意识，它随着民族存在的改变而改变。德国哲学家狄尔泰（Dilthey）指出，不同民族之间在精神上的差异是在其所有各种各样的生活领域之中创造出来的。这种差异内在地反映了不同民族在其客观存在上的不同。在民族精神形成和发展的过程中，民族存在具体地表现为民族外在的客观环境和条件以及民族自身的主观条件。其中，民族精神作为民族群体所具有的主观意识范畴，它的发展自然与民族自身所具有主观条件息息相关。但从另一个视角看，包括民族心理特征、风俗习惯、道德传统、价值表现等在内的民族自身条件的差异也与民族所处的客观环境和条件有关。因此，正像有的研究者所提出的那样，民族精神的表象世界，"来源于民族的生物存在（体制结构）、外在环境（自然条件）以及其文化积累的综合作用"。这无疑也在一定程度上揭示了影响民族精神形成和发展之因素的复杂性。这种复杂性表现在，它既受自然环境和条件的影响，又受到社会历史和现实条件的制约。

（一）自然环境和条件

民族是生活在一定地域内的人类共同体，始终处于特定的自然环境之中。每个民族的形成和发展都和它赖以存在的自然环境密切相关，并带有由该环境所塑造出的精神特征。可以说，包括地形、气候、土壤、水文、矿藏及动植物的分布等因素在内的自然环境不但

是制约民族生存和发展的突出条件，而且是影响民族精神形成和发展的重要因素。20 世纪初，有国人指出："人本为境遇所支配之动物，外界之状态，其有利于人性之养成，匪浅鲜矣，故国土之地形，往往影响于民族特性之发达。"这里所强调的就是地理环境对民族特性的影响。俗话说：一方水土养一方人。其中就蕴含了地理环境和条件能够塑造与培育人类性格和精神面貌的道理。20 世纪初，我国有佚名人士在《中国之改造》的文章中就地理环境对民族风气的影响描述说："不观中国之地理乎，其形平坦广阔而单调，无变化无波澜，茫茫旷野，寥廓无涯，求一奇妙之境，殆不可睹；故生栖此土之民族，自为境遇所感化，而养成其度量豁达之风采，与无圭角无气骨、平凡无趣味之性情，有不期然而然者。"近代学者罗家伦也曾对不同地域和环境中形成的不同民族性有过论述。我们不妨摘录如下：

> 每一个民族都有它所不能离开的特殊自然环境。这个环境也就从多方面给予这民族以莫大的影响。单就气候一项来说，比方俄罗斯那样苦寒的地方，人们时时感到受自然环境的压迫，郁积于心，结果就形成勇猛阴鸷的民族性。也许因为终年蛰伏的时候多，在屋子里静坐凝思，从炉边闲话中，许许多多的计谋便容易打好稿子。在印度则不然，终年炎热，精力蒸发，人们露宿的时候多，仰观星斗，近听恒河，而感觉生灭无常，生命渺小，于是崇拜宇宙发生守度歌及佛教的思想。中国的气候是温带性的，它的文化始自黄河大平原，然后至于长江流域。温带的气候，没有酷热严寒，因此养成趋向中和的民族性，中和的思想便容易发达。

上面的描述虽然并不是直接针对民族精神而论，但从中也可以得到启示：可以毫不夸张地说，任何民族的精神生活和精神面貌都或多或少地带有该民族所处的自然环境的烙印。自然环境的差异性和多样性使得身处不同自然环境中的民族面临着不同的生存发展的考验，从而为生发出不同的民族性格乃至民族精神提供了可能性。作为先天性的客观因素，自然环境与条件及其变化一方面为民族的生存和发展提供了保障，另一方面也孕育、塑造和改变着民族的性格和精神。

很多思想家都注意到并指出了自然地理环境与条件给民族精神形成和发展造成的影响。比如，法国地理学派的创始人孟德斯鸠强调了地理环境尤其是气候因素对于民族性格及民族精神的决定作用。他举例说："热带地区的民族怯懦而使这些民族沦为奴隶，而寒冷地带的民族的勇敢使他们保持自己的自由，这是自然的原因所产生的后果。"德国哲学家黑格尔也指出："助成民族精神的产生的那种自然的联系，就是地理的基础。"这种基础"是一种主要的、必要的基础""是'精神'所从而表演的场地"。可以看出，孟德斯鸠和黑格尔都看到地理环境和条件对民族精神生发的作用，这是值得肯定的，但与此同时，他们又坚持唯心主义立场，过分强调地理环境的作用，强调地理决定论而未能准确地把握地理环境在影响民族精神上的"度"，未能科学地揭示地理环境和民族精神之间的关系，这又是他们的缺陷所在。马克思主义诞生以后，以科学的唯物史观批判了孟德斯鸠和黑格尔关于地理环境在生发民族精神作用上的偏识。马克思主义认为，人本身是自然界的产物，在既定环境中生存的民族，它的发展势必会受到这种环境的影响。马克思指出："一旦人类终于定居下来，这种原始共同体就将随种种外界的，即气候的、地理的、物理的等条件……而或多或少地发生变化。"与此相关，民族精神的发展也会受到如上各种条件的影响和制约。恩格斯曾在对高德文·斯密斯《爱尔兰历史和爱尔兰性格》一书所作的札记中评论说："气候导致爱尔兰人娇弱，使他们比像斯堪的那维亚人这样的久经锻炼的民族落后。"但毫无疑问，自然环境对民族及其精神的影响也并不是无条件和无限度的。就一般情况来说，一方面，极度富饶或过于贫瘠的自然环境都不利于人类文明的发展，也不利于民族精神的生发；另一方面，即便是适度的自然环境和条件，它对民族及其精神的影响和限制也是囿于一定程度和一定范围的，而不是无限制的，更不是起最终决定作用的。这样看来，马克思主义不仅承认而且还科学地揭示了自然环境对人类文明发展所产生的影响的水平和限度，从而为正确认识和把握自然环境和条件对民族精神的影响提供了思想依据。

（二）社会历史和现实条件

社会历史和现实条件是影响民族精神形成和发展的重要社会因素。从历史的角度看，每一个民族只有在继承前人所创造的社会经济、政治和文化成果的基础上才能得到发展，其精神生活才能日益丰富和完善。包括经济、政治和文化因素在内的社会历史条件为民族精神的形成和发展奠定了基础。从现实的角度看，任何民族在其生存和发展过程中都离不开现实的社会经济、政治和文化环境。包括生产力发展水平和生产关系发展程度在内的社会经济状况，包括政治体制和政治文明在内的社会政治状况以及包括文化模式和文化生活在内的社会文化状况在很大程度上塑造着民族的精神面貌，影响和制约着民族精神的形成和发展。

1. 民族的社会经济状况影响和制约着民族精神的形成和发展

马克思主义认为，社会存在决定社会意识，物质生产决定意识。一个民族的社会经济状况尤其是其社会生产力解放和发展的水平是该民族物质生产能力的突出标志，也是影响和制约民族精神形成和发展的重要因素。在一般情况下，当一个民族的社会生产力解放程度不高、发展水平低下时，那么该民族社会经济发展状况就相对较差。这在总体上和发展趋势上必然会影响该民族的精神生活和生产的质量与水平，从而客观上限制着民族精神的形成和发展。相反，当民族的社会经济发展状况良好、生产力发展水平和物质繁荣程度都相对较高时，该民族的精神生活与生产的发展就会获得比较优越的物质基础，从而有利于其民族精神的养成。但是，民族精神的形成和发展受民族的社会经济条件的制约并不意味着民族精神的强弱就一定与该民族的社会经济状况的优劣成正比。从民族发展的历史中可以看出，社会经济状况好的民族，其民族精神一般较强盛，但未必总是强盛；社会经济状况差的民族，其民族精神一般较屡弱，但也未必总是屡弱。对于某些民族而言，在较为艰难的社会经济条件下往往能够激发出高昂的民族精神，而在优越富庶的经济环境中也往往比较容易滋生奢侈堕落之风，进而导致民族精神的疲沓和懈怠。需要指出，民族精神的强弱也会反作用于民族的社会经济状况。持续低迷的民族精神会导致民族原本良好的经济状况恶化，而振奋高昂的民族精神也会为民族原本恶劣欠佳的经济状况得以改观供以助力。这样看来，在民族的社会经济条件与状况和其民族精神之间，实际上存在着一种既相辅相成又相生相克的关系。

2. 民族的社会政治状况影响和制约着民族精神的形成和发展

民族精神是对民族群体意识和心理的反映与升华，它受到民族所处的社会政治状况尤其是其政治进步的水平和政治文明进程的制约。法国思想家爱尔维修曾经提出："各个民族的性格和精神是随着它们的政治形式变化的；一种不同的统治轮流给予同一个民族以高尚的或卑下的、坚定的或轻浮的、勇敢的或怯懦的性格。"政治因素对民族性格的影响如此，对民族精神发展的影响也是如此。美国学者科迪维拉指出："政府的形式和行为最清楚地反映出人民做什么和他们想什么，并且最强烈地影响这两者。"而这两者"反映出民族的精神并形成民族的精神"。不难想见，当一个民族的政治进步和文明程度较高时，该社会的政治民主化程度和水平就相对较高，民族群众的政治意识和参与觉悟就较高，该民族也就比较容易形成群体认同。在这种情况下，民族的行为和实践尤其是其政治作为就容易获得最大程度上的民族群体的认可和支持，利于调动民族群众的主动性和积极性，从而也有利于民族精神的弘扬和培育。这也正如美国学者杜维明所指出的："民主化的普及，一个鼓励公民积极参与政治进程的活跃的公民社会和对个人尊严的尊重，是形成社会凝聚力的必要条件。"与上述情况相反的是，如果一个民族的社会政治状况落后，政治统治昏聩腐败，政治民主和文明程度低下，无疑会影响该民族的政治生活，从而也影响民众的精神生活。一旦如此，该民族的民族精神的发扬势必会受到压制，其发展也不免会受到阻抑，甚至会导致民族精神的枯萎乃至民族的灭亡。

3. 民族的社会文化状况影响和制约着民族精神的形成和发展

文化与精神紧密联系。在很多情况下，人们都把社会的文化状况视作社会的精神生活和精神生产发展水平的标尺。英国社会学家马林诺夫斯基认为，文化对民族成员的作用在于"指示给他看其所能奋斗追求的目标"。这实际上揭示了文化对民族在精神发展的指引作用。对于处于一定社会发展进程中的民族而言，社会文化发展的水平和状况为民族成员的思想进步创造了条件，也为他们精神生活的丰富和发展奠定了基础。从民族思想发展的实际进程来看，文化的发展能够活跃和丰富民族的思想世界，推动民族在精神上取得进步。在一定意义上说，一个民族的思想风貌、道德情操、精神形象等各种精神属性和精神特征的形成乃至整个民族精神的酝酿和铸就都是与文化的作用难以分开的。我国学者艾非指出："一个人的思想风貌、精神境界、道德情操、认识水平、智慧程度、创新能力，一个民族的灵魂与脊梁，一个社会的秩序、公正和良知，一个国家的文化程度和进取精神，一个时代的变革力量、开拓勇气、知识积储和道德素养等，都是文化及其作用所形成的结果，都是文化用自己神秘而万能的雕刀所精心雕塑出来的精神形象、道德形象、智慧形象与文明形象，都是文化的造化与赐予。"此言不虚，社会文化发展的程度与状况，尤其是社会文化的繁荣程度实际上是预示和衡量人们思想解放与精神进步程度的标尺。一般说来，社会文化越繁荣，民族的思想就越解放，民族成员的精神生活就越自由和丰富，其民族精神就越容易得到创新和发展。

此外，从社会发展的历史来看，民族文化积淀的丰厚与贫瘠程度、文化的开放与保守程度也在一定程度上影响了民族精神的发展。在通常情况下，一个历史悠久、文化积淀深厚的民族，与历史较短、积淀较少的民族相比，其民族精神在内容上一般要相对厚重和丰富，民族的生命和韧性也要相对持久和坚实；一个开放、善于学习和借鉴其他民族文化的民族，与倾向于保守的民族相比，其文化生命和民族精神也要相对强盛，民族精神的发展也更容易获得生机和活力。当然，从另外一个侧面来看，文化厚重的民族，在其民族文化传统中也可能存有较多陈旧落后的赘疣和腐朽的糟粕，从而给民族精神的发展造成一定程度的迟滞和阻碍；而文化历史较短的民族也可能会因为少了消极传统因素的束缚而更易于使民族精神得到拓展和更新。

民族精神与民族的物质生活和精神生活都有密切的联系。它的形成和发展受到社会历史和现实中经济、政治和文化等多重因素的综合作用，其中每一种因素都单独地起作用，而任何一种因素都不能完全而又排他地决定民族精神的形成和发展。正是由于多重因素的综合作用，才使不同民族具有既相似又有差别的精神内容。即便是同一个民族，在不同社会发展时期和发展阶段的具体环境和条件的制约下，也会展现出不同的精神特征。需要指出的是，由民族精神作为意识的本质属性所决定，它的发展与民族的社会思想文化状况有着最为直接的联系，因此也能够相对直观而明显地体现到民族思想文化观念的变迁上。

二、民族精神发展演变的基本规律

马克思主义认为，社会意识既具有相对独立性和历史继承性，又具有与社会存在的发展变化不完全同步和难以始终平衡的特征。民族精神属于社会意识和精神范畴，因而其发展演变会具有社会意识发展的独特规律。德国思想家洪堡特说过："即使不考虑一个民族与外部的联系，我们也可以而且必须把每一个民族理解为一种人类个性，它遵循着一条独特的、内在的精神发展道路。"这在一定程度上指出了民族精神发展的独立性特征，这种特征更多的是由于民族精神作为社会意识而产生的。但是，需要指出的是，民族精神的发展演变规律在根本上并不是超验的和抽象的，也不是能够脱离开民族的社会存在尤其是民族的社会生活生产实践而独立存在的。从这个角度来看，民族精神的发展演变最终是要符合马克思主义辩证法规律的，因为辩证法规律是关于社会发展和思维运动的根本规律。它从自然界和人类社会历史中抽象出来，同样地贯穿于人类思维的发展史中，"无论对自然界中和人类历史中的运动，或者对于思维的运动，都必定是同样适用的"。马克思主义辩证法规律包括质量互变规律、对立统一规律和否定之否定规律。这些规律不仅是自然界和人类社会发展的一般规律，也是作为思维运动具体表现形式之一的民族精神发展所遵循的基本规律。同时，由于民族精神渗透和融汇在民族的历史发展之中，尤其体现在民族文明的进步和文化的发展中，因此，只有结合民族历史的发展尤其是文明和文化的演进才能比较准确地把握民族精神发展演变的规律。

首先，从民族的历史变迁和文化延伸看，纵观人类社会中所有民族发展的历程，可以说，不论是大民族，还是小民族，它们自身的发展历程都不是一帆风顺的，而是有着各式各样的变局。法国思想家孔多塞（Condorcet）描述说："当我们看一下各个民族的通史时，我们便可依次地看到他们时而做出新的进步，时而重新投身于愚昧之中，时而又在这种交替之间延续着或者是停留在某一点上，时而是在侵略者的铁蹄之下从大地上消灭，或者与征服者相融合或是生活于奴役之中，最后时而是接受某个更开化的民族的知识，把它们再传给别的民族；于是在历史时代的开始和我们所生活的世纪之间、在我们所知道的最早的各民族和欧洲今天的各民族之间，便形成了一条绵延不断的链索。"其次，从文明变迁的状况看，民族精神是随着民族文明的发展而发展的。日本学者福泽谕吉把标志民族文明的国家风气称为"国家的智德"，并认为"这个风气，是全国人民智德的反映"。他指出："这个反映，有进有退，有增有减，变动不居，恰如全国机能的动力一般。"再次，从文化演变的过程看，民族精神的发展以民族文化的发展为基础，随着民族文化的变迁而变化，同时也在民族文化的发展中得到反映。美国文化学者怀特（White）指出了民族文化的演变规律。他说："文化是一条由工具、器皿、风格、信仰等文化要素聚合而成的宽阔河流，这些不同要素间不断交互作用，创造出新的结合和综合。新的要素不断地加入河流；旧的要素不断地退离而去。今天的文化仅是这一河流在现在时刻的横断面，仅是先于我们的交互作用、选择、淘汰和积累的漫长过程的结果……现在的文化决定了过去的文化，而未来的文化仅是现在文化潮流的继续。"这说明，与民族文化发展的进程大体类似，民族精神也会"随时代的变迁而有消有长、有进有退"。总结以上几个方面的描述，可以看出，无论是从民族发展的整体进程看，还是从民族文明的演进和民族文化的发展看，民族精神的发展都不是一帆风顺的，也不是单线直行的，而是在繁荣与衰落、前进与倒退、吸纳与拒斥、继承与变革这样一种"二律背反式"的趋势中进行的。也就是说，民族精神的发展总是在一种激扬与委顿、吸纳与拒斥、继承与更新的变化趋势中发展前进的。概括地说，民族精神发展演变主要体现在两个方面：一是民族精神的形态、形式或内容发生变化，在这种情况下，民族主体仍然存在，但其所统辖的精神发生了嬗变；二是旧的民族让位于新的民族，因而旧的民族精神最终被新的民族精神所代替。鉴于对民族精神发展演变的考察需要结合民族发展的历史，故下面的分析将侧重对同一个民族的民族精神做纵向历史分析，兼及不同民族之间的情况。择要概括，民族精神在发展演变中主要表现出如下基本规律。

（一）在民族发展的不同时期，民族精神可能会在前进中出现起落和扬抑

人类社会发展的历史是一部枯荣兴替、不断发展前进的历史。列宁指出："设想世界历史会一帆风顺，按部就班地向前发展，不会有时出现大幅度的跃退，那是不辩证的，不科学的，在理论上是不正确的。"人类社会发展的进程不仅有上升的过程，而且也有下降的过程。当然，这个下降并不是人类历史彻底的、全面的倒退，而是包括人类在重大的灾难和危机中毫无选择地面临着暂时的停顿和局部的退步。从发展的眼光来看，任何人类社会的既定阶段相对于其后的阶段和历史都有一定的滞后性。也就是说，在人类社会的发展进程中，"一切依次更替的历史状态都只是人类社会由低级到高级的无穷发展进程中的暂时阶段。每一个阶段都是必然的，因此，对它发生的那个时代和那些条件说来，都有它存在的理由；但是对它自己内部逐渐发展起来的新的、更高的条件来说，它就变成了过时的和没有存在的理由了；它不得不让位于更高的阶段，而这个更高的阶段也要走向衰落和灭亡"。在这里，马克思和恩格斯说明的是人类社会发展中客观存在的盛衰变迁的趋势。对此，李大钊有更为直观的论述，他在揭示人类社会历史发展的过程性时做过如下的描绘："社会进化，是循环的，历史的演进，常是一盛一衰，一治一乱，一起一落……一盛之后，有一衰，一衰之后，尚可复盛，一起之后，有一落，一落之后，尚可复起，而且一盛一衰，一起一落之中，已经含着进步，如螺旋式的循环。"他还指出："顾吾以为宇宙大化之流行，盛衰起伏，循环无已，生者不能无死，毁者必有所成。"李大钊在这里所揭示的一个核心思想，是人类历史的演进常在盛与衰、治与乱、起与落之间的前进，在变迁之中已

经含着进步。实际上，根据唯物史观，在盛衰变化中实现螺旋式前进乃是人类社会发展变化的总趋势，也是支配人类社会发展的基本规律之一。从人类社会历史发展的长河看，在这种螺旋式前进的趋势中，进步是必然的、不可取代的。当然，在不同的条件和不同的阶段中，会发生种种表面的偶然性，但无论如何，"尽管有种种暂时的倒退，前进的发展终究会实现"。

　　与人类社会发展变化的规律相一致，民族和国家在其发展中也同样会出现鼎盛与式微的变迁。英国思想家弗格森指出："在社会发展过程中，国家会达到我们所说的辉煌的巅峰，这是再自然不过的，正如国家会无法避免地重新归于弱小，默默无闻也是再自然不过的一样。"与此类似，李大钊在考察近代民族国家发展史的基础上也指出："人类之成一民族一国家者，亦各有其生命焉……洪荒而后，民族若国家之递兴递亡者，骎然其不可纪矣。"我们知道，民族精神是支撑民族与国家发展的精神支柱，也是推动民族与国家进步的精神动力。在发展进程中，民族精神不会固守在一个永久不变的水平和状态，而是会因时境变迁而变化，表现出与民族国家的盛衰变化总体一致但又不完全同步的规律。这个规律就是，民族精神在一般意义上会伴随着民族国家的兴衰变化，在起落扬抑中发生变化，从而实现不断的前进和发展。通常来说，民族国家兴起，民族精神多处于振奋状态；民族国家衰落，民族精神多处于委顿状态；当然，此间还有一个逆规律就是，当民族或国家处于鼎盛时，民族精神却不一定能够同样保持高涨；而当民族或国家处于即将衰败的危机之际时，民族精神却也有可能走向激昂和振奋。

　　英国思想家弗格森在谈到民族精神与国家兴衰的关系时把人们在追求既定民族目标中表现出的热情和活力视为衡量与检测民族精神状态的重要标尺。他形象地描述了民族精神在发展过程中的变化，认为当民族追求的目标不能再激发人们的热情时，国家也就失去了活力。如果这些目标在相当长的时间里被忽视了，国家势必走向衰亡，国民也势必会走向堕落。即便是在那些最激进、最有进取心、最善于发明创造、最勤劳的民族中，这种精神也会起伏不定，整个民族"既有群情激昂的时期，也有无精打采的时期"。他还进一步指出："在不同时代，推动社会前进的精神也许不同。而且由于人类情绪变幻无常，激励人类的机遇的出现和消失纯属偶然，这种精神有时会突发出来，有时会暂时消失。但是，这种曾经一度一直激励人们从事民用和商业艺术事业的精神，在结束了其追求后会不会自然而然地消失呢？文明社会的事业是否会成功完成，再度进取的机会是否会被取消呢？一再的失望会不会削弱人们乐观的希望，熟悉对象会不会使人们丧失新鲜感呢？阅历丰富了，人们是否有这样的疑虑，虽然民族的活力并不像天生的肉体一样会随身体机制的衰亡而衰亡，但是，它也可能因为缺乏锻炼而萎靡，因不再发挥作用而消失。"在这里，我们又一次看到，一个民族的民族精神在形成之后并不是一成不变的，在其发展过程中也不会总保持平静无澜，而是既可能兴盛，又可能衰落；既可能是高亢激扬的奏鸣，又可能是沉缓压抑的低调。这里需要强调指出的是，民族精神是影响民族与国家盛衰变化的因素，往往成为体现其盛衰变迁的前兆。近代有国人指出："民族之倏而盛倏而衰，回环反复兴废靡常者，皆其精神之强弱为之也。"实际上，在民族国家发展的历史上，民族精神的兴衰、扬抑往往会导致并预示出民族与国家的盛衰。这无疑也在一定程度上启示了民族精神之振奋与民族国家之兴盛的关系。诚然，尽管民族精神会发生上述变化，对民族或国家也会起到相应的影响，但倘若在加以人为干预的情况下，一个国家的民族精神能够顽强以存、坚韧以进，始终不断地得到激励和发扬，长时期保持高昂和振奋，那么它必然会在长远历史进程中呈现出可控性的变化。历史学家郭沫若就曾对中华民族精神在发展中产生极度变化而呈现上行轨迹的现象做过断言。他说："我们可以使它上行到无止境的高度，或者达到了一定的最高峰时，我们可以使它保持着这一定的最高水准，永远不让它下降。这便是人类的精神力足以克服自然力的最高准度，也便是人类文化所应当企及的理想的究竟。"这种状况，当然是颇具理想色彩的美好愿望，只有在坚韧不拔的努力中才有可能化为现实。

（二）在民族发展的不同时期，民族精神在传承取舍中实现着传递和更新

在马克思主义的理论视野中，人类社会的发展是一个不同代际间前后传承延续的过程。在这个过程中，前一代创造的成果自然地传递下来，而后一代对前一代的创造既有吸纳和继承，又有改变和发展。马克思和恩格斯指出："历史不外是各个世代的依次交替。每一代都利用以前各代遗留下来的材料、资金和生产力；由于这个缘故，每一代一方面在完全改变了的环境下继续从事所继承的活动，另一方面又通过完全改变了的活动来变更旧的环境。"他们还指出："历史不是作为'产生于精神的精神'消融在'自我意识'中而告终的，而是历史的每一阶段都遇到一定的物质结果，一定的生产力总和，人对自然以及个人之间历史地形成的关系，都遇到前一代传给后一代的大量生产力、资金和环境，尽管一方面这些生产力、资金和环境为新的一代所改变，但另一方面，它们也预先规定新的一代本身的生活条件，使它得到一定的发展和具有特殊的性质。"可以看出，在人类发展的过程中，后代对前代遗产的继承和改变无疑包含了传递和取舍两个并行不悖的环节。也就是说，在前后代之间延续承接的关系，不可避免地存在着后代对前代遗产的"取"或"舍"。

贯穿人类社会发展的传承取舍规律在民族精神的发展中也同样存在。民族精神是一种社会意识，其发展是通过代际传承来实现的。黑格尔把意识比喻成"神圣的链子"，认为它通过一切变化，因而过去了的东西把前代的创造保存下来，并传给后代。马克思也把意识传统比喻成纠缠着活人头脑的"梦魇"，认为新的思想和精神是在对过去传统的承继和改造中发展的。民族精神作为前代留下的难以磨灭的精神印记和写照，会传递到后代继承者身上。如同法国学者丹纳所说，民族生命的更新依赖于在世代绵延中那些构成民族的特性始终存在。"在最初的祖先身上暴露的心情和精神本质，在最后的子孙身上照样出现。"对于前代的精神传统，后代总会在自觉或不自觉中加以继承。当然，后代对前代所创造的精神传统并不是全盘地、原封不动地承继，而是有所选择和取舍。弗格森在分析民族精神的传承时指出，对于先代民族遗留给后人的富于生机活力、热情洋溢的精神印记，"他们的继承者并非总能够保持这种精神或模仿这种精神"。不管产生精神遗失是出于何故，这里所说的现象显然证明了民族精神在发展过程中不光会被继承和吸纳，还可能被改造和舍弃。

民族精神作为一个民族共同的精神特质，在不同时代和不同历史发展阶段上可能展现出既大体相同又有所不同的特征。这种有同有异的精神特征，一方面是形成民族精神的环境和条件影响的结果，另一方面也是民族精神在发展过程中发生传承与取舍的结果。它们的存在，恰恰能够说明在民族精神发展演变的过程中，传承取舍的规律始终贯穿其中。需要指出的是，这里所说的民族精神的传承取舍关系在很大程度上是从纵向的视角考察同一

个民族在不同时代和不同发展阶段上民族精神之间的状况。在不同民族之间，传承取舍的现象也同样会存在。德国思想家兰克指出："民族在时代的进程中承袭了一代代传下来的遗产，这就是：物质和社会的进步，宗教与天才的创作以及把人类连结和统一起来的对重大事件和伟大人物的回忆。我们看到一种普遍的历史的生命，它在民族或民族集团之间不断地流传着。"在这里我们可以看到，在民族精神的传承取舍中，其所发生的范围和领域并不仅仅限定在一个民族前后代之间，同时也会发生在不同民族的不同代际之间，其中既有一个民族的前代精神在某种条件下传递给后代异族的情况，又有处于同一时代的不同民族之间在民族精神上的取舍和借鉴。

（三）在民族发展的不同时期，民族精神在不断适应和超越中获得发展

人类社会的发展是在不断地适应新情况和超越旧阶段中实现的，后者适应并超越前者的规律是贯穿人类历史发展的一条基本规律。恩格斯所说的"历史常常是跳跃式地和曲折地前进"，其中就包含着历史发展具有不断适应和超越的规律。在《德意志意识形态》中，马克思和恩格斯指明了在人类社会最基本的活动方式即社会生产中生产力和生产关系之间的矛盾运动所体现的适应超越的特征。他们指出："已成为桎梏的旧交往形式被适应于比较发达的生产力，因而也适应于进步的个人自主活动方式的新交往形式所代替；新的交往形式又会成为桎梏，然后又为别的交往形式所代替。"这虽是针对社会生产而言，但对于人类社会的发展也同样适用。实际上，正是在不断适应和超越的变化中，人类社会才实现了发展和进步。

民族精神的发展变化与人类社会的发展进步息息相关，在其发展过程中也存在着适应超越规律。所谓适应，既包含了民族精神在不同时代的不同形态之间，也包含了民族精神对民族主体的要求与民族主体的现实状态之间客观上需要相互协调、适应以及需要不断趋近和逐步缩小差距的过程。一般说来，前后时代不同类型的民族精神之间的适应过程是相互的。其中，前者适应后者表现为前者在符合后者要求的条件下得到改造和更新，后者适应前者则表现为后者对前者的继承和发扬。所谓超越，指的是新的民族精神对旧有民族精神的改造、创新和发展的趋势，也意味着新的民族精神必然会在整体上比旧的民族精神更符合或更适应时代与主体的要求。黑格尔把民族精神看作"一种精神的、普遍的生命"。他在论述民族精神的发展时指出："一个民族精神必须进而采取某种新的东西，但是这种新的东西能够从哪里发生呢？这个新的东西必须是一种比它自身较高等的、较博大的概念——对于它的原则的一种扬弃——但是这种举动便要引起一个新的原则、一个新的民族精神了。这样一个新的原则，事实上也会渗透入到一个已经达到充分发展和自己实现的民族精神里面。"从黑格尔的判断可以看出，即使是暂且不考虑物质因素而单就精神的变化而言，民族精神的发展必然包含着新的民族精神融入并代替旧的民族精神的过程，也必然包含着民族主体对新的民族精神适应、接受乃至培育和创新的过程。在这个过程中，不同时代的民族精神之间相互适应和后者对前者的超越是很艰难的，而最终实现适应并达到超越的趋势和结果也是必然的。

英国历史学家汤因比在研究人类文明的演进时提出了著名的"挑战—迎战理论"，该理论在一定意义上也反映了文明演化中的适应超越规律。汤因比指出："迎战不仅解决了挑战所提出的问题，而且还在它每一次胜利地解决一个挑战问题以后，又提出了新的挑

战。这样，文明生长的性质最核心的成分便是一种活力，这个活力，把那个受到挑战的一方从一个由于迎战成功而出现的平衡状态中，又引向了一个出现新挑战的不平衡境界。"在民族精神发展演变的过程中，由于时代要求和现实条件的不同，各具时代特色的不同阶段、不同形态的民族精神之间也存在一种"挑战—迎战"的关系。经过由挑战到迎战的斗争，旧的不能再适应新条件、新环境和新要求的民族精神中的内容最终要退出舞台，新的充满朝气和活力的民族精神的内容则势必要得到发展。民族精神在发展中的适应和超越，恰恰也是在这种新旧民族精神内容的挑战和迎战中得以实现。

（四）在民族发展的不同时期，民族精神在特定条件下会发生临界性异变

任何事物的存在和发展都不是绝对永久和无止境的。结合马克思主义辩证法规律来观察和分析人类历史进程中民族精神的演变过程，可以看出，民族精神的发展遵循着一种临界变化的规律。也就是说，不管是何种类型、何种内容的民族精神，它在发展过程中都不会是始终如一的。恰恰相反，由于某些特定环境、条件和其他诱因的出现，民族精神在其发展过程中往往会发生异变。这种异变具体地表现为民族精神在内涵、性质和状态上发生的一系列变化。这里所谓"临界"，指的就是民族精神在发展过程中发生异变时所遭遇的特定环境和条件。一般说来，民族精神发生异变多数是与民族所处的包括政治、经济、文化条件在内的客观物质环境和社会生存环境达到特定状况或发生某种变迁相联系，尤其与民族在发展过程中遇到的诸如自然危机和社会危机等特殊事件及特别境遇有重大关系。

黑格尔在分析精神运动现象时把精神发展中由渐变到质变的程式比喻成长期怀胎和一朝分娩：精神先是慢慢地向新的形态发展，当到达一定状态后，就把过去仅仅是逐渐增长的那种渐变性打断从而实现质的飞跃。应该说，在民族精神的发展过程中，经渐变积累到质变的情况也是存在的。有不少思想家都指出过民族精神发生异变的临界性的条件和状态。比如，英国思想史家伯林在谈到民族精神的状态转变和条件限制时提出了"嫩枝弯曲"现象。他形象地比喻道："受伤的'民族精神'就像被弯下的树枝，因为是用强力硬压下的，一旦放开就会猛然反弹。"英国社会学家马林诺夫斯基从物质和精神的变化关系的角度指出了民族精神可能发生异变的临界条件：物质的高度繁荣和文化物质方面的高度发达可能会孕育并导致民族精神的滑坡，从而使其发生畸变。他指出："高度的物质繁荣的时期，往往在精神上是堕落的。当文化的物质方面过于发达的时候……整个社区便充满着穷奢极欲式的虚假和妄狂的需要的满足，到这时整个的文明都大堪忧虑。"英国思想家弗格森从国家政策的角度阐明了民族精神发生异变乃至"失效"的情况。他认为，如果一个民族和国家采取不妥当的对外政策，比如实行扩张和绥靖计划，等到"国民再也无法感受到社会的共同纽带，也不再热衷于国家事业"的时候，迎接这个民族和国家的将会是衰亡或消沉的年代，到那时，民族精神将不能发挥其凝聚作用。当然，由于民族精神的发展是一个有多种因素参与并施加影响的复杂过程，因此引起民族精神发生异变的因素和条件也是复杂多样的。可以肯定的是，在民族精神发展的过程中，任何异变的发生都不是无缘无故的，多数情况下是因为影响民族精神的环境或条件自然地或人为地发生了改变，对民族精神造成了影响，使之发生了临界性的变化。

对于某一民族的民族精神，当在不同时期、不同的条件或以不同的方式发扬时，它往往会呈现出不同的状态，由此所产生的作用和所带来的结果也不尽相同。就民族精神发扬

的程度而言，当它被恰当地利用并在合理的限度内，它就是积极的、正义的、为人类造福的，这时的民族精神展现为正常的、积极的民族精神；而当它被误用、滥用甚至恶用时，它就跨越了合理的界限，背离了其自身所具有的正义和进步的内质而异变为给本民族或其他民族带来痛苦与灾难的精神工具，此时的民族精神往往畸变为狂热或偏执的民族主义情绪。

总而言之，民族精神的发展是一个动态变化的过程。在此过程中，受到诸多因素的影响，民族精神在发展中呈现出的规律会带有很大的复杂性。上述关于民族精神发展演变的规律主要是民族精神在诸多因素作用下在发展趋势、内容、水平和状态上展现出的一般规律。这些规律是在遵循马克思主义辩证法规律的前提下，结合民族发展的历史过程，考察民族精神的运动变化而得出的结论。这些结论只是对民族精神发展一般状况的规律性描述。与其他社会发展规律一样，尽管它们是在对现象的总结和提炼中得出的，但毕竟不是对现象的最终裁决。在民族精神发展的实际过程中，由于来自各方面因素的影响，超越常规的偶然性会在某种条件下看似成为对规律的反证。但正如马克思所指出的："历史进程是受内在的一般规律支配的。"即使"在表面上是偶然性在起作用的地方，这种偶然性始终是受内部的隐蔽着的规律支配的，而问题只是在于发现这些规律"。此外，还需要指出的是，在马克思主义视野中，任何精神的发展都不是孤立无援的，也不能够脱离开物质因素的作用以及与物质存在的联系而单独完成。唯心主义学者们在考察精神现象时从本原上把精神孤立于物质作用之外，认为精神是超越物质而单独存在和运动的。虽然他们关于精神运动的认识和所揭示的精神发展的某些现象确实存在，但否认和忽视物质的内在决定价值而单纯强调精神的支配作用，无疑也无非只是在唯心主义的泥沼中旋转罢了。

第三节 民族精神的基本特征与功能

一、民族精神的群体性与个体性、普遍性与特殊性

"民族"本身就是历史文化的产物。一般来说，民族往往是在一个或多个具有密切联系的氏族、部落的基础上发展起来的。这个充满矛盾、冲突、融合的发展过程，在使一个相对完整的民族建构起来的同时，也形成了这个民族特有的文化和心理亦即群体意识。民族精神则是这一民族群体意识中的核心思想与信念，它能够被该民族的绝大多数成员所理解和信奉，并通过他们特定的社会行为和精神状态表现出来。作为一种特定的文化现象，民族精神是一个民族共同的思想品格、价值取向和道德规范的综合体现，表现为这个民族的共同的精神品质和性格风貌，为本民族成员共同拥有，是民族认同和归属的本源所在。正是民族精神的这一特性，使它千百年来成为一条看不见摸不着但却实实在在存在于人们心灵和生活中的纽带，以超越时空的力量，不分地域、职业、性别与年龄，把民族成员维系在一起，成为他们奋发进取的强大动力。正如有学者所说，民族精神"为本民族绝大多数成员所认同、具有，是一种带有广泛性、普遍性的精神，是共同的心理思想。虽然民族精神在历代的不同人群、阶级、等级、集团中，有不同的具体表现形式，但是它所包含的内涵是共性的"。民族精神的主体是"民族"，即具有共同语言和文化特征的人类群体。但在现代社会中，民族又总是和国家联系在一起，甚至成为国家的代名词。于是，民族精

神就与国家精神等同起来，比如我们谈中华民族精神就包括着由 56 个民族构成的全体中国人的精神。所以，民族精神可以指某一具体民族的精神，也可以指一个国家全体人民的精神或国家层次上的民族精神。

民族精神作为集体人格的体现，离不开每个民族成员对它的认同、接受。当民族精神通过民族成员个人的言行来表现时，民族精神就具有了个体性特点。由于一个民族社会构成的多样性，性别差异、年龄差异、职业分途、社会开放度等因素的影响，以及民族成员具体生存的自然和社会环境特别是风俗习惯、乡土知识、宗教信仰、历史传统的不同，民族成员个人对民族及民族精神的认同，也会表现出相当的差异性和个体性。就统一的集体精神来说，它是大家共有的财富和家园，是把个体凝聚起来的"源"和"根"，而一旦内化到每个人的心理意识和言谈举止之中，又会成为"这一个"而表现出差异性。共同的民族精神与每个人的性格、气质和素养相结合，在表现形式上呈现出具体性和多样性。

民族精神的普遍性是指一个民族的生存信念和价值取向包含有人类文明的共同成分和取向，符合人类共同的利益和道德价值。每个民族都因自身生存的自然环境和历史际遇而拥有不同于其他民族的价值观和社会信念。但是人类文明的进步又遵循共同的方向和逻辑，不同的价值观念中有着人类文明所共同确认的成分，好和坏、进步和落后都可以在这些被确立的标尺下加以衡量。民族精神中积极和进步的因素属于整个人类，在人类总体的历史发展中发挥有益的作用。中华民族在长期的历史进程中形成了以爱国主义为核心的团结统一、勤劳勇敢和自强不息的伟大民族精神。这些内容在我们民族身上有着广泛的体现，也为世界其他民族所肯定，符合人类社会所共同确认的文明原则。古希腊的奥林匹克运动造就了希腊民族崇尚健美、勇于竞争的精神。当初这是希腊人的民族精神，但现在成为全世界各民族普遍倡导和弘扬的精神。民族精神在发展中自然地将那些不利于自身生存和发展的因素剔除，而将那些积极、优秀的因素保留下来。人类正是通过这样的激浊扬清、吐故纳新的历史选择活动，寻求符合群体乃至整个人类的共同利益，继而形成大多数人所能认可的价值观念和道德标准。伪善和欺骗之所以在各个民族中遭到唾弃，就是因为这种行为和习性损害社会和群体的利益与信任，使社会的正常秩序遭到破坏。相反，人类普遍推崇勇敢顽强、诚信友善等品德，也正是因为它们符合民族群体和社会整体发展的要求。这些在民族发展中被奉为美德和高尚的东西在作为人类共同文明成果的同时也凝聚在各民族的生活当中，成为各民族精神的共同成分。

由于各民族所处的环境不同，由此形成的生产和交往方式、文化样式也不同，民族精神也会各有其特点。任何民族精神都是在特定的时间、空间条件下，与该时代的政治、经济、文化发生千丝万缕的联系，打上深刻的烙印，从而体现出自身的特殊性。孟德斯鸠在《论法的精神》中曾谈到："在南方的国家，人们的体格纤细，但是感受性敏锐；在北方的国家，人们的体格健康魁梧，但是迟笨，他们对一切可以使精神焕发的都感到快乐。北方的气候使这里的人民邪恶少，品德多，诚恳而坦白；当走进南方的时候，便感到已完全离开了道德的边界。"显然，这种说法有一些不实之处，但也说明了民族精神差异的客观存在。民族精神体现了一个民族的独特精神面貌和性格品德，是一个民族区别于其他民族的重要标志。希腊有希腊精神，法国有法兰西民族精神，德国有日耳曼民族精神，日本有大和民族精神，而具有几千年历史的中华民族更具有中华民族精神。多样化的民族精神是各民族自我认同的集体人格的体现、表征，也是他们相互区别、独立发展的根本标志和原因所在。虽然当今世界日益走向一体化，但民族间的交往不能完全消融民族文化、民族心理、民族习俗的个性差异，民族精神仍保持着各自的独特性。但不同族别、国别的民族精神在许多方面又会有相通相近之处，某些特质也可能为若干民族国家所共有。比如，各民族一般都具有爱国主义精神、勤劳勇敢的品质，但这种共通性、普遍性，并不妨碍他们各有自己的特点和特色，具有自己民族的表现形式。比如中华民族的爱国主义和日本大和民族的爱国主义其个性差异是非常明显的。

我们承认每个民族的精神各有自己的特点，也承认因历史发展的不平衡，各个民族的精神对人类文明的贡献确有差别，但并不因此夸大某种民族精神的地位，更反对用某种民族精神替代全部的人类精神。黑格尔就犯了这样一个错误。他认为："世界历史"的演进经历了东方、希腊、罗马和日耳曼四个阶段，日耳曼表征世界历史的"老年时代"。自然界的老年时代衰弱不振，而"精神"的老年时代则充满"成熟和力量""日耳曼的精神就是新世界的精神"。这种理论尽管因涂饰了哲学的色彩而貌似深刻，但作者的民族本位主义还是昭然若揭。在人类生活的发展进程中，每个民族都只是创造历史的一个角色，它的民族精神再杰出也只是人类精神的一部分。

二、民族精神的时代性和超越性

正如现代民族是许多族群长期交往、融合的产物，民族精神也不是一朝一夕形成的，而是几十代甚至上百代人长期的实践、提炼和传承的结果。不同的历史阶段，民族精神都体现了鲜明的时代特征，从而展现出不同的时代形态。恩格斯说过："每一个时代的理论思维，从而我们时代的理论思维，都是一种历史的产物，它在不同的时代具有完全不同的形式，同时具有完全不同的内容。"这也说明民族精神的价值就在于它能够随时代的变化而变化，随民族实践的发展而发展。从现代性的视角看，民族文化和精神的历史规定性经历了两次大的转折和提升，一次是从"逐水草而居"的游牧生活走向定居的农业时代，特别是随着"精神生产"从物质生产中独立出来，农业文明形成了一套完备的观念、制度。再就是从农业文明转向工业文明，"自然的因素"逐步被"人为的历史因素"所取代，人的理性、主体性得到极大提升；而今又向着信息社会变化。例如，中华民族在农耕时代形成的勤劳、朴实、节俭和竞争意识淡薄、重农轻商等思想观念，都有明显的时代特征，是农业文明的产物。近代以来的社会转型，也必然带来民族文化的更新，特别是扬弃传统的小农意识和自然主义信念，使民族精神赋予科学理性和主体性内涵。中华民族的爱国主义精神在不同历史时期，都有不同的内容和主题。在封建社会，爱国主义包含着抵御外侮、维护祖国的安全统一，反对民族压迫和民族分裂、反对统治阶级内部昏庸腐败，而又往往与忠于君主朝廷分不开。近代以来，爱国主义主要表现在对外反对帝国主义列强的侵略，捍卫祖国的独立和领土完整，对内反对依附帝国主义并出卖国家主权的反动统治阶级。在社会主义建设时期，爱国主义最基本、最本质、最重要的表现是对国家的经济发展和社会全面进步的追求和贡献。

作为民族文化积淀的结果，民族精神是民族智慧和文化精华的结晶，它只有在时代精神和传统精神的衔接和融通中才能获得与时俱进的品质。一种时代精神可能在相当长的时间内居支配地位，但迟早还是要被新的时代精神所取代，正如中世纪之于古代，近代之于中世纪。如果民族精神没有随着时代的变迁而发展，民族精神之花就会僵化、枯萎，缺乏生机和活力。古代世界曾经产生过 20 多种不同的文明，但大部分都湮灭在历史长河中了。究其原因，就是这些文明或者说民族精神不能适应新的形势和时代要求，不得不退出历史舞台。

我们现在来重点论述中华民族精神的时代发展。在五千多年的发展历程中，中华民族形成了以爱国主义为核心的团结统一、爱好和平、勤劳勇敢、自强不息的民族精神。在近代，它通过吸纳来自于西方的现代思想观念，拥有了时代内涵，先后产生了洋务运动、辛亥革命，并通过五四运动以及随后展开的具有现代意义的政治和文化活动，得到了极大的提升和拓展。在国内革命和抗日战争年代，又先后催生并体现为井冈山精神、长征精神、延安精神、红岩精神、西柏坡精神等；在建设和改革年代，形成了雷锋精神、大庆精神、"两弹一星"精神、抗洪精神等。这些精神一脉相承，是民族精神在新时代的拓展和具体体现，是民族精神的历史性与时代性的统一。民族精神的时代性要求我们在保持本民族历史特点、民族传统的同时，与时俱进、回应时代，不断萌生出新的精神元素和形式，这样才能使民族精神保持永不衰竭的生命力，保持强大的凝聚力。如果只拘泥于传统，机械地保持其原始内容和表现形式，甚至奉行"原教旨主义"，其结果只能束缚民族精神的发展。试想，在氏族时代盛行的神物供奉和图腾崇拜，若保留到现代社会并作为民族共同体的象征，那就非常不合时宜。传承民族精神，本质上是一种建设，一种创新，所以我们才强调"弘扬"和"培育"。创新是弘扬和培育民族精神的永恒动力。作为一个民族的精神支柱，民族精神仅有历史的传承是远远不够的。唯有创新，才有发展；唯有创新，才能不朽。民族精神要在培育的基础上弘扬，同样，民族精神又要在弘扬中进行培育，这是一个不断丰富、不断发展的过程。坚持弘扬与培育民族精神的辩证统一，必须把握时代的本质特征和发展趋势。不断地为历史传统注入新的内容，推陈出新，乃至在新的历史条件和时代境遇下，借助新的实践经验和其他民族的思想文化，使之发生结构性变化，达到"创造性转换"。衡量和检验一种民族精神是否具有生命力，就要看它能否适应时代潮流，顺应历史趋势，随着时代进步而不断丰富和发展。

一个民族的精神状态在不同的历史阶段会有所不同，但民族精神之"魂"在民族延续发展的历史过程中能保持持久性、长期性。一个民族之所以稳定地具有某种民族精神，这是其在长期历史发展过程中凝聚而成的，并且必然伴随其始终。民族精神作为内化于民族心理意识之中、深藏于民族文化和民族生活之内的灵魂，它是深刻的、稳定的。民族精神形成的长期性决定了其基本内容的稳定性。尽管这种精神在历史的长河中会遇到重重困难，会遭遇艰难挫折，但其主流不会随风云变幻而销声匿迹。由于受历史时代及其条件的影响，民族精神也会发生某些变异。在表现形式和具体内容上发生某些变化。但这种变异和变化一般不会变得面目全非，我们从其历史变化中，往往能够发现"一以贯之"之道。只要某一民族还是"这一"民族，作为精神支柱的民族精神也就必然具有稳定性，在变异中持守着连续性。

一定的民族精神，相对于产生它的一定的历史阶段或一定的时代来说，就是该历史阶段的时代精神。但是民族精神是一个活跃的有机体，必须不断地哺育着时代精神并促成自身的转化。随着历史的演进和时代的变迁，当既有的民族精神形态不再能体现新的历史条件和时代要求时，就必须进行自身的扬弃和转化，以实现其与时代的协调和互动。民族精神的自我更新和发展过程，是民族精神向时代精神的不断转化过程，同时也是吸收其他民族精神的优秀成分和要素到自身之内，特别是吸收高于自身原有的思想智慧和精神境界于自身之内，并促使自身创造性地转换、提升的过程。民族精神是各民族在一定的自然历史条件下创造的物质文明和精神文明的升华。特殊的生存环境，特殊的生产方式和生活方式，形成了各个民族对人与世界关系的特殊理解，积淀为特殊的文化观念，升华为特有的民族精神。但是，不管民族精神的表现形式如何特殊、多样，归根到底是在人们实践活动基础上形成和发展的，也是为人的生活实践服务的。建构当代民族精神时，我们当然首先要倾听实践的呼声，反映时代发展的要求。在这里，与那些具有文物意义的文化遗产不同，并非愈是民族的就愈是世界的。从世界历史的角度来看，每一个民族都为人类文明的发展做出了特有的贡献，但另一方面，又难免带有自身的褊狭，必须经受时代的冲击与选择。中华民族在其数千年历史的发展过程中，曾创造了灿烂的文化和辉煌的文明，但在世界工业化潮流中却一度中落。恰如众多学者指出的，渗透于我们民族传统文化中的许多哲学理念、思维方式和价值观念都是与农耕生产方式直接相联系的，具有保守性甚至封闭性、狭隘性。如果我们囿于民族"自尊""自负"的情结，固守一切过去的观念和文本，就无异于拒绝现代文明，拒绝现代化。实际上，只有那些能够真正把握时代精神，敢于自我超越，勇于自我创新的民族才能真正做到自尊自信。历史经验告诉我们，"夜郎自大""天朝大国"只会导致民族精神的封闭和停滞，还会走向狭隘的、盲目的民族主义，甚至造成民族关系的紧张和对立。相反，敢于承认本民族的局限，以开放的姿态吸收其他民族的先进文化，使自我"认同"与彼此"承认"内在统一起来，即通过相互承认达到对本民族的确证，才能促进民族精神的发展，为本民族，同时也为世界各民族的利益和福祉贡献精神的力量。时代是根，精神是叶，根深才能叶茂；而反转来，茂盛的精神枝叶又将反哺时代之根。

三、民族精神的历史形成

特定的民族精神形成于特殊的民族历史经历，不同民族的独特经历，构成多样的民族性格，形成了各民族特有的精神内涵。历史上的欧洲民族相互杂居，但是各自的民族归属感和相互的民族分界意识却很明显。纵观历史，他们民族意识的确立紧密地联系着他们之间的生存竞争和冲突。西班牙是通过长达数百年的反阿拉伯人占领的斗争才确立自己的统一和民族意识的。法兰西和英格兰两个民族原来有着密切的政治经济联系，当两国为了争夺佛兰德尔等地爆发了百年战争后，泾渭分明的民族独立意识才在两个民族中最终确立。此外，瑞典、瑞士、荷兰、葡萄牙等民族精神的形成也与他们战胜异族敌人密切相连。战争在给他们带来深重灾难的同时，也促使人们深刻感悟"我们"和"他们"在文化和利益上的差异。中华民族作为民族整体所形成的自我认同，则始于近代西方对中国的不平等交往和入侵。通过对西方列强的反抗，中国各族人民的意志和感情紧密地联系在一起，并使民族精神得到了空前的激发和提升。

民族的形成源于共同的文化和认同意识以及共同的情感体验。民族认同是一个民族共同心理素质的外在表现，是相互认同于一体的人们之间的情感体验，它根植于每一个民族成员的思想意识之中，表现为一种强烈的归属情感和相似的精神诉求。按照费孝通的说法，就是"同一个民族的人感觉到大家同属于一个人们共同体"。民族成员通过对共同民族文化传统的认同，尤其是价值观和自豪感的认同，形成一种强烈的对群体的忠诚、依附和归属感，自觉成为维护传统和秩序的一部分。一个认同于某一个民族的人，对生活于这一民族内总是感到亲切、自如，因为这一民族成员的感情表达与体验方式与自己是一致的，由此获得民族的整体感、一体感，并反转来主导他们的生活信念、理想和追求，影响他们对具体生活道路的选择。民族国家的认同在很多情况下由民族意识直接表现出来。因为民族意识决定着"我们"与"他们"族别上的不同、利益上的分野，赋予"我们"一种天然的向心力，具有明显的群体认同的排他性。正如吉登斯所言："人们对其群体或共同体的看法与他们对他群体、他共同体和局外者的特性的看法密切联系，在许多部落文化中，用来指共同体成员的词汇同用来指'人'的词汇完全相同。在这种用法中，局外人被当成连人的基本尊严都没有的物种。"因而，我们也不能不在培育和弘扬民族精神时，清醒地看到历史地形成的"民族本位"及其"价值向度"的排他性问题，将自身的"认同"与对其他民族精神的"承认"内在地联系起来，从而最终由"我"扩展为"我们"。诚然，民族自产生以来始终是人类最稳定的社会群体形态，近代以来又与国家联系起来，使国家也成为民族的一个层次和政治表现形式。民族利益和国家主权高于一切几乎成为各民族天经地义的价值观念和道德原则。它也确实起到了认同民族国家，自觉维护民族团结和统一的作用，使人们热爱自己的历史和文化，积极地为民族和国家建功立业。然而，在今天，各民族越来越相互依存，人类整体利益越来越突出，我们对待本民族的态度也应当与时俱进，逐步树立高于民族本位的"人类社会"立场，从民族与整个人类统一的理念出发，重新看待和界定民族的权益。

作为创造历史的见证，每一个民族都会以历史遗迹（之物）的形式保留下自己的文明进程和特殊经历：其中，有些遗迹因对这些进程和经历反映的集中性和典型性而成为该民族精神的象征。罗马城始建于公元前 8 世纪，是当时罗马人为抵御外敌入侵而建筑的城堡，其后这一城市成为一千二百多年古罗马历史的中心，在此创造辉煌历史的罗马人成为今日意大利人的祖先。因此，意大利将罗马城视为自己民族的象征，也为罗马城赋予了一种民族精神的意蕴。位于巴黎的卢浮宫汇集了希腊、罗马、埃及和东方艺术的大量珍品，成为举世瞩目的艺术店堂；巴黎圣母院有七百多年的历史，展示了法国哥特式建筑的精美；而建于 19 世纪的凯旋门不但铭刻了拿破仑的英雄业绩，也展示了法国人的冲天豪情。因此，这些历史遗存很自然地成为法兰西民族精神的展现。同样，万里长城因体现了中国人的勤劳智慧和自强不息也成为中华民族精神的象征。历史遗存是一种人类文化，它当然蕴含着不同的民族精神，但某些自然物质条件，因其在一些民族生存活动中发挥重要而持久的作用被这些民族赋予一种特殊意义，也成为民族精神的象征。黄河和长江只是自然界中的两条大河，但它却是中华民族的母亲河和中华文明的摇篮，中国人由此对它们寄予深厚的感情，在它们蜿蜒绵长、汹涌宽阔等自然性状之上赋予人文的意蕴，视"黄河精神""长江精神"为中华民族的精神。同样，富士山作为日本的象征，尼罗河作为埃及的象征，它们也都具有了各自民族精神的内涵。此外，文学、音乐、绘画、书法、雕刻、戏曲、建筑、体育、科技，都表现了人类文明的进步，浸润着各民族的思想智慧和价值观念，也成为民族精神的历史遗迹和象征物。

四、民族精神的功能

民族精神作为民族的精神状态，表现着该民族的生机和活力。作为一种社会有机体，民族没有活力意味着枯萎、衰败和消亡，旺盛的活力正是该民族的生理生命和文化生命力的表现。民族成员对新生事物的敏感和不懈追求，对社会公共和正义事业的积极参与，对民族利益的自觉维护，在经济生活和文化科技发展中的不断创新，都体现着民族的活力和创造力。环顾世界，那些在体育竞赛中身披国旗欢庆胜利的运动员和高声呐喊的同胞们，那些在国际舞台上为伸张正义、维护公正而奔忙着的不同肤色的身影，以及那些不断发布科学发现和文化信息的不同语言和文字，无不昭示着他们民族精神的蓬勃朝气。回顾历史，那些有活力的民族正是在政治、经济、文化和科技上有所作为的民族，民族最有活力的时期也正是他们最有创造力，为人类为历史做出贡献最突出的时期。民族精神的凝聚不是一种制度上的强制力，而是"信念""情操""良知"所起的作用，是民族成员所秉持的集体规范和道义力量。这种力量通过民族成员间在文化心理、认识水平、感情倾向、思想态度方面的相互交流、相互制约和相互推动，形成整个民族共同的心境和心态，受这种内在强力所推动和制约，人们规范和引导自己的行为，从而增强民族国家的整体功能，切实为民族的强盛提供精神支柱和智力支持。任何一个民族，如果没有昂扬奋进的民族精神，没有坚韧不拔的民族品格，没有万众一心的民族志向，就不可能在世界民族之林占有一席之地。民族精神是一个民族自尊心、自信心、自豪感的凝结，是一个民族生存发展的思想基础和内在动力，因此是全民族的精神支柱和前进灯塔。

毛泽东同志说，人总是要有点精神的。一个民族更是如此，民族的团结和凝聚，民族的生存和发展，都离不开一定的精神信念。这些信念的要求和目标越是具有先进性和普遍性，越能够起到深刻而持久的作用。有的民族在某些时期发生所谓的民族精神"危机"，比如20世纪80年代以来的前苏联和东欧一些国家，其实就是民众原有信仰的危机，价值观的迷乱和信仰的动摇。我国在"文化大革命"后一段时间内也有这种情况。一个没有精神信仰及内在道德规范和社会信念支撑的民族是一个没有灵魂的民族，因而也是一个失去方向和动力的民族。民族精神是一个民族延续的血脉、发展的动力、崛起的支撑、挺立的基石。从这个意义上讲，民族精神就是国魂、民魂，具有对内动员民族力量，对外展现民族形象的重要功能。一个民族如果没有高尚的民族品格，没有坚定的志向和远大的理想，就不能凝聚力量，成就伟业，更不可能得到其他民族的承认和尊重，自立于世界民族之林。

有所信仰，有所追求，生活有意义感，这是每一个健康的个人、健康的民族应有的心理和精神状态。民族精神反映和代表了本民族成员的信念、利益和愿望，体现了民族发展和历史趋向，能够使该民族的社会成员形成一种共识。这种共识把全体人民的愿望和意志紧密统一起来，从而互相支持、协调合作，沟通上下左右的感情，共同推进民族国家的发展。一个民族如果没有统一的精神取向和价值要求，就不可能形成统一的意志和价值目标，也便不可能有维系自身的凝聚力和向心力。民族精神像一座航标，指引着民族成员的追求方向。当然民族精神的导向不是要民众无条件地服从，而是具有亲和力、人性味的昭示，对人的思想和心灵润物无声的教化；而是通过对时代的文化和精神产品的赋义与释义，预示与捕捉时代精神的大致走向，从而唤起民众的兴趣和热情，帮助民众在生活实践中定位。由于民族精神积淀着民族发展的心路历程，凝聚着民族的道德价值和精神追求，在平静的社会生活中，它像四通八达的神经维系着民族成员的身心，捍卫着本民族认同的价值标准；而是在急剧的社会变迁中，维系并牵引着民族躁动不安的心理，使之驶向正确的方向。

民族精神一旦形成，就自然地规定着民族成员活动的各种方式，以风俗习惯来指导民族成员的活动，以"应当"或"不应当"的准则以及各种舆论来调控民族成员的活动，特别是唤起民族成员的"自我意识"。这种"自我意识"统摄着民族成员的精神世界，并贯彻到民族成员的活动之中。使民族成员的情感为之激发、意志为之坚强、信念为之忠贞，使它的行为从"他律"转向"自律"。黑格尔在《历史哲学》中曾高度评价民族精神的作用，称之为"具有严格规定的一种特殊的精神，它把自己建筑在一个客观的世界里，它生存和持续在一种特殊方式的信仰、风俗、宪法和政治法律里——它的全部制度的范围里——和作为它的历史的许多事变和行动里。这就是它的工作——这就是这个民族"。民族精神作为民族成员精神生活中的一面多棱镜，使民族成员看到自己美或丑的形象，决定应该做什么不应该做什么，使偏离民族精神的行为受到抑制和矫正，使坚持民族精神的行为得到褒奖和弘扬。民族精神从信仰和理性两个层面支撑和平衡着民族心理，使民族得以不断繁衍、壮大。没有民族精神作为统一的价值取向和道德要求，一个民族就不可能形成统一的意志和实践目标，也不可能维系自身的凝聚力和向心力。显然，没有数千年来形成的那些价值观念和道德的支撑，中华民族就不可能有团结统一的今天。但凡一个民族，一个国家，民族精神的状况都是与自身的生存状况直接相关的。民族要团结和凝聚，离不开民族精神；民族要前进、发展和振兴，离不开民族精神；民族处于危难艰险时更需要民族精神。民族精神作为一种高度凝聚的深厚的社会意识，植根于民族成员的心灵中，流淌于人民大众的血液里，具有强大的精神能动性和"软实力"。尤其当民族处于生死存亡之时，民族精神的能量表现得会更直接、更具体、更突出。危难中迸发出来的民族精神，会激发起整个民族火山般的热情，呈现出强大的精神动力。像那些为民请命、舍生取义的壮举，"先天下之忧而忧，后天下之乐而乐""天下兴亡、匹夫有责"的脍炙人口的格言，以及"位卑未敢忘忧国"所体现的责任感，已内化、积淀为我们民族的文化心理和精神基因。有了这些民族精神基因的支撑，无论在什么情况下，人们都会自强不息、践行正道，为社会做出应有的贡献。近代的民族革命、抗日战争和后来改革和建设时期的无数事例，都说明了这一点。

第二章　中华民族精神的历史渊源

中国共产党第十六次全国代表大会报告提出必须把弘扬和培育民族精神作为文化建设极为重要的任务，纳入国民教育全过程，纳入精神文明建设全过程。把培育和弘扬民族精神作为新时期文化建设的重要任务，一方面表明了党中央高瞻远瞩，面对全球化背景下各种新情况、新问题和激烈的国际竞争，适时地把中华民族精神作为实现中华民族伟大复兴的精神支柱，并把它作为一项长期教育任务来抓，以春雨润物的形式把中华民族精神的培育和弘扬落到实处；另一方面也说明随着经济和社会的全面发展，中华民族要在新的历史条件下自立于世界民族之林，传统民族精神需要继承和弘扬，更需要实现创造性地现代转换，以增强中华民族的凝聚力。

第一节　中华民族精神是个历史范畴

党的十六大报告对中华民族精神做了一个准确概括：在五千年的历史长河中，中国人民用自己的汗水和智慧创造了灿烂的中华文明，形成了以爱国主义为核心的团结统一、爱好和平、勤劳勇敢、自强不息的伟大民族精神。这个概括的含义十分丰富，一是中华民族精神是历史形成的，是五千年历史文化积淀的结果；二是民族精神的核心是爱国主义，是所有炎黄子孙对祖国的一种深厚情感，这种情感的产生是以对中国历史文化的认同为前提的；三是民族精神所包括的"团结统一、爱好和平、勤劳勇敢、自强不息"这些特质都是中国传统文化的精华。正是在这层意义上，当今要培育和弘扬民族精神当然离不开中国的历史和文化。

民族精神是个近代概念，它源于西方。在18世纪德意志历史主义思潮中，赫尔德最早提出了"民族精神"的概念。他认为德意志人民只有在民族精神的激励下，才能万众一心去实现民族统一和重新恢复其光荣与强大。该文与近代民族主义思潮相结合，在世界范围内引起了强烈反响，民族精神问题由此为全世界关注。在内忧外患中苦苦寻求中华民族生存之道的中国人，他们睁眼看世界时，也注意到西方兴起的民族主义思潮和关于民族精神问题的讨论。甲午中日战争后，近代西方民族主义理论传入中国，民族精神问题逐渐成为19世纪末20世纪初我国学术界和思想界关注的热点。

虽然近代意义的民族精神来源于西方，但是几千年来，有一条看不见的脊梁一直在支撑着中华民族顽强地生存、延续和发展，这也是中华文明几千年来延绵不绝、从未中断，而且历久弥新的奥秘所在。这条看不见的脊梁，虽然人们有不同的认识角度，但大家都承认这就是中华民族精神的历史表现形式。中华民族精神的形成和发展是一个历史过程，有它特殊的历史形态，是一个历史范畴，今天所要培育和弘扬的中华民族精神实际上就是对中国传统民族精神的继承和发展。

民族精神是民族特质的凝聚和集中表现，是一个民族社会发展的历史积淀和升华，它渗透在民族的整个机体里，贯穿在民族的历史长河中，连续性和稳定性是其突出特点。中华民族大家庭里的各个民族都为中华民族的形成和发展，为中华文明的继承与弘扬奉献了自己的智慧、心力和汗水。各民族在长期共同创造中国的历史过程中，也共同铸就了伟大的中华民族精神。中华民族精神的内涵不是一成不变的，而是随着社会的发展、时代的进步而不断更新，体现出鲜明的发展性和时代性。

从较宏观的角度看，以爱国主义为核心的爱好和平、团结统一、自强不息、勤劳勇敢的中华民族精神的形成和发展是个漫长的历史过程。关于中华民族精神的发展，学术界有不同的认识角度。如果从民族精神的时代形态看，中华民族精神的发展过程可以分为古代中华民族精神、中华民族精神的近代转换和现当代中华民族精神三个发展阶段，并且由于时代背景不同，各个不同时段的中华民族精神体现出鲜明的时代特征。

其一，中国古代民族精神的形成和发展。中华民族是一个古老的民族。在距今170多万年前，中华民族的祖先就已经在祖国这片土地上生息繁衍。公元前21世纪，奴隶制国家夏朝建立，使中国成为世界上最早由原始社会进入奴隶制社会的国家之一。公元前475年，中国比西方要早近一千年开始进入封建社会。可以说，中华民族是人类文明的先驱，而且在世界几大古代文明中，只有中华文明没有中断地延续下来，在各个民族共同创造中华文明的历史过程中，培育了中华民族精神。

春秋战国时期，中华民族经历着剧烈的社会变革。经济的发展、阶级关系的变动和诸侯之间的纷争，原有的社会秩序崩溃，新的社会秩序还没有建立，伴随"学在官府"局面的打破，知识和文化下移民间，出现了庄子所说的"道术将为天下裂""道术纷纭，更相倍谲"的局面。代表不同利益的知识阶层对社会的变化纷纷发表自己的见解，形成了"百家争鸣"的局面，这也是世界文明史上所说的"轴心期"。在"百家争鸣"过程中，产生了许多影响中国历史文化发展及其形态的核心思想和观念，诸如"天行健，君子自强不息"的进取精神，君子忧道的忧患意识，重人轻神、民贵君轻的民本主义思想，反对分裂、崇尚统一的爱国主义政治取向，反对战争、倡导和平的人道主义思潮等。这些思想和观念奠定了中华民族的精神基础和价值准则。如雅斯贝尔斯在论述轴心期对人类文明发展的作用和影响时所言："直到今日，人类仍然靠轴心期所产生、思考和创造的一切而生存。每一次新的飞跃都回顾这一时期，并重新被它激发思想才智。自那以后，轴心期潜力的苏醒和对轴心期权力的回忆，或曰复兴，总是提供了精神动力。复归到这一开端是中国、印度和西方不断发生的事。"诸子百家提出的各种观念或思潮相互激荡，推动着社会的进步，最终出现了以秦王朝的建立为标志的政治上的国家统一和文化上的民族认同，这表明中华民族精神已经初步形成。

秦汉时期随着中华民族多元一体格局的形成，思想意识进行新的整合。早在春秋时期，伴随着夷、夏之间的斗争与交往，这种融合不断扩大范围。最后，到春秋战国之际，原来的诸夏及部分散布在中原各地的旧氏族部落（他们往往被以各种"蛮""夷""戎""狄"称呼）终于熔铸成了一个整体。他们彼此之间不再有血缘的隔阂，在语言、文化、礼俗、生活方式等方面也不再显示出差别。这个新形成的共同体很自然地沿用过去"华夏"的称呼，那些原来各氏族部落独自崇拜的祖先，则成了华夏族共同崇拜的祖先，其中具有最高地位的祖先，当然也就非周人的祖先莫属，就像后世编写的氏族谱或"百家姓"，处在首位的自然是当朝皇族的姓氏。这样，黄帝就成了全体华夏族居民一致认同的祖先。

秦汉的大一统，更加促进了各民族对黄帝的认同，黄帝已经成为中华民族团结凝聚的象征，成为中华民族的人文初祖。此外，秦汉时期大一统的政治观念、儒家文化的价值理想、贵和尚中的思维方式、厚德载物的宽阔胸怀、自强不息的奋斗精神等基本价值理念成为社会的主流思想，引导着中华民族战胜一切困难，不断向前发展，这标志着中华民族精神的基本确立。

从魏晋到1840年鸦片战争以前，中国社会动荡多变，王朝屡经盛衰更替，但以天下一统为荣、以国家分裂为耻的思想传统不断强化，各民族对中华民族及其历史文化认同又有新的发展。儒家以其博大胸怀，广泛吸收佛学、道家以及其他各种思想精华，不断丰富和发展中国文化的价值内涵。自强不息、厚德载物的价值追求，革故鼎新的发展观念，勤劳勇敢的人生信念，整体至上的思维旨趣等，在中国社会发展过程中得到加强，中华民族精神在延续中发展，在发展中创新。从总体上说，在中国古代民族精神发展时期，道德的理想主义成为那个时期民族精神的鲜明特征。由于受自然经济和宗法社会的影响和制约，中国古代文化价值系统以道德为第一取向，道德高于一切，压倒一切，这也深刻影响到中国古代民族精神的表现形态。

其二，中国古代民族精神的近代转换。近代中国陷入内忧外患的深重危机之中。对这种危机，李泽厚先生在《十九世纪改良派变法维新思想研究》中用诗化的语言进行描述：

> 19世纪上半叶是中国封建社会走向穷途末路的时期；清王朝用高压手段所维持的相对稳定的统治年代已经一去不复返，用鲜血和烈火染成的'康乾盛世'的红漆招牌毕竟要摔下来了。土地的高度集中和日益加重的地租盘剥，带来的是农民群众频频不绝的起义，起义的组织力量——会党取得了广泛的发展，'天地会'的势力遍布全中国。与此同时，丝织、造纸、制瓷、冶铁等部门的资本主义萌芽在这时也大大突破了明清之际的水平，它们在暗中侵蚀着旧制度的基础。外国商品和走私鸦片的大量输入，纹银的外流，加重了这种情况，并造成社会经济的枯竭。据统计，鸦片战争前几年流出的白银就等于当时银币流通总额的五分之一，平均每年流出额等于国家每年总岁入的十分之一。但是，就在人民的膏血和眼泪已流成海洋的时候，社会的上层却仍在麻木的平静中欢庆升平，官员们仍旧贪婪地计算着自己的爵位和黄金，士子们仍旧蛆虫般地钻营幻想着飞黄腾达的年代……这的确是一个暴风雨前异常沉闷昏热的时刻，一切都在无声无息地腐烂，一切都走向无可救药的崩毁，这里充满着贪污、腐化、卑劣、无耻，同时也迅速地成长着无可遏止的愤怒和仇恨……这种情况深刻而尖锐地反映在当时清明的思想家的头脑里。

在这个特殊的历史时期，争取民族生存、争取民族独立成为最重要的现实问题。中华古代民族精神在时代要求下，进行近代转换，以争取民族独立和国家富强为目标的变革精神成为近代中华民族精神的鲜明特征，爱国主义、英雄主义成为时代最强音，中华传统民族精神也被赋予了新的时代内涵。关于传统民族精神在近代的转换，学术界也做了许多深入思考和认识，正如焦润明先生所言，从文化转型的角度看，中华传统民族精神的主要构成要素从内容到形式在近代都发生了很大的变化，并在新的历史条件下获得了弘扬和发展。就其主要方面而言，传统的忧患意识在近代表现为对中华民族整体前途命运的忧患，并成为近代救亡图存的思想基础。两次鸦片战争失败的伤痛，使许多有识之士深刻地感到中国已面临旷古未有的"大变局"。王韬在为《火器略说》作跋时曾力陈中国面临的危机："呜呼！迩来日人狙伺于东，俄人鹰瞵于北，几于玉帛干戈待于两境，苟我不早自强，则强邻悍敌，方且日伺我左右，而天下事愈难措手矣。"薛福成在其《答友人书》中也发出了"夫以我疆圉如是之广，而四与寇邻，譬诸厝火积薪，懔然不可终日。呜呼！中国不图自强，何以善其后"的警告。甲午中日战争失败后，中华民族危机日益加重，人们的忧患意识也较前更加浓重。梁启超警告说："敌无日不可以来，国无日不可以亡？数年以后，乡井不知谁氏之藩，眷属不知谁氏之奴，血肉不知谁氏之祖，魂魄不知谁氏之鬼。"1898年以后，帝国主义列强掀起了瓜分中国的狂潮，他又撰文惊呼中国"将为土崩，将为瓦解，将为豆剖，将为瓜分，将为鱼烂，将为波兰，将为印度，将为安南，将为缅甸"。戊戌变法失败后，梁启超逃亡日本，专门撰写《瓜分危言》一文，从"有形瓜分"和"无形瓜分"两个角度，论证中国所面临的亡国灭种危机，向国人敲响警钟。孙中山也强调："方今强邻环列……蚕食鲸吞，已效尤于接踵；瓜分豆剖，实堪虑于目前。"可以说，这种忧患意识成了近代救亡图存的思想动力。那些忧国忧民的志士仁人"以天下为己任"的弘道品格，在近代既表现为对民族大义的维护与献身，又表现为对社会理想的执着追求。

中华民族自强不息的精神一直激励着近代志士仁人上下求索，拯救民族于危亡。自强不息精神在近代主要表现为对以救亡图存为目的的变法自强思想的张扬和对强国富民道路的不懈探索和追求。在西方文化的冲击下，中国近代社会发生着全方位的转型，这一切催促人们竞相追求变易之道、会通之途。近代中国人除向西方探求变革之理外，还力图从本民族的文化传统中寻找精神营养，传统的变易哲学和刚健自强观念也成为近代思想家探索强国富民道路的思想源泉。变革弊政以求自强，成为一种强劲的社会潮流，使近代中华民族精神表现求变求新的思想内涵。如龚自珍说："法无不改，势无不积，事例无不变迁，风气无不移易。""祖宗之法无不敝，千夫之议无不靡，与其赠来者以改革，孰若自改革？……《易》曰：穷则变，变则通，通则久。""奈之何不思更法？"冯桂芬认识到："法苟不善，虽古先吾斥之；法苟善，虽蛮貊吾师之。"梁启超在《变法通议》中大声疾呼："法者天下之公器也，变者天下之公理也，大地既通，万国蒸蒸，日趋于上，大势相迫，非可阏制，变亦变，不变亦变。变而变者，变之权操诸己，可以保国，可以保种，可以保教；不变而变者，变之权让诸人、束缚之、驰骤之，呜呼，则非吾之所敢言矣。"处于剧烈变动中的近代中国人追求变革、关注变革以图拯救民族危亡的思想十分强烈，这也是中华民族自强不息精神的近代表现。

孙中山在中国历史上第一次明确提出"振兴中华"的口号，他领导的辛亥革命，经过无数次艰苦斗争，终于推翻了封建君主专制制度。中国共产党领导的新民主主义革命，成千上万的烈士勇于牺牲，后继者高举起他们的旗帜，踏着他们的足迹继续前进。这种革命英雄主义精神，激励着无数仁人志士为中华民族的重新崛起，为中国文化的复兴而艰苦奋斗。以革命精神为特质的近代中华民族精神，经过五四运动的洗礼，又增添了民主、科学、自由、自主精神。在革命精神的统率下，民主、科学、自由、自主等现代意识，成为培育和弘扬中华民族精神的动力。

除此之外，传统的华夷观在近代历史条件下被赋予了新的时代特征，成为产生近代民族主义思想的直接精神来源之一，也成为中华民族认同的新起点。

其三，中国现当代民族精神的创新。与中国现当代社会变迁和时代变换紧密联系，中华民族精神获得新发展。伴随着中华民族现当代历史主题和时代任务的变化，中华民族精神在从现代到当代的时代变换中同时也实现了从革命到建设的主题转换，经历了不同的发展阶段。宇文利在《中华民族精神现当代发展阶段》一文中将之概括为五个发展阶段，即承古布新：中华民族精神的现代肇始期；革命为先：中华民族精神的现代孕育和发展期；从革命到建设：中华民族精神由现代到当代的转型期；曲折前行：中华民族精神的当代发展和波折期；开拓创新：中华民族精神当代发展的新时期。

五四运动是传统民族精神向现代民族精神转变的历史界标。作为一场社会政治运动和思想启蒙运动，它掀起了广大民众的爱国运动，唤起了民族的觉醒。这种觉醒，是民族独立意识和民族国家意识的觉醒，大大激扬和振奋了中华民族精神。五四运动把以科学与民主为主要标志的精神引入中国人的精神世界，丰富了中华民族精神的内涵，并将其推进到新的历史阶段。实际上，以五四运动为起点，中华民族精神在继承和发扬传统民族精神的基础上，赋予了新的时代内涵，出现了许多富有时代特色和内涵的新民族精神形态，诸如井冈山精神、长征精神、延安精神、抗战精神、红岩精神、西柏坡精神等。这些精神以崭新的面貌出现并逐步成为中华民族的精神生活和思想世界中高扬的鲜活旋律，它所赋予中华民族的勃发的生机和活力鼓舞着中华民族开始民族复兴的新征程。

自1949年中华人民共和国成立至今这半个多世纪的发展历程中，我们国家在迈向现代化的同时，民族精神得到了继承、弘扬，同时也不断创新。先后生成了"五爱"精神、抗美援朝精神、铁人精神、焦裕禄精神、抗洪精神等新时代民族精神。20世纪80年代以来，与时俱进、开拓创新又成为中华民族精神的主旋律。正如《人民日报》评论员所说："解放思想、实事求是，与时俱进、开拓创新，是马克思主义的一条认识路线，是一种思想方法，是一个历史过程，也是一种精神状态。"

与时俱进是指随着时代的变迁，人的认识、人的精神面貌应该不断变化和更新：与时俱进的"时"，就是不断发展变化的客观实际；"进"，就是理论和实践要随着客观实际的变化而发展：创新是一个民族进步的灵魂，是一个国家兴旺发达的不竭动力，也是凝聚和鼓舞人心为了完成伟大事业而不懈努力奋斗的一种重要社会精神气质和文化价值取向。创新的内容十分广泛，如为追求真理勇于牺牲的精神、敢于冲破传统观念和科学权威的勇气、超出常规勇于创新的胆识、丰富的想象力和敏锐的观察能力、勤于思考的发散思维方法等。中华民族是个富于理论思维的民族，有与时俱进、不断创新的优良传统。江泽民同志曾经指出："中华民族是勤劳智慧的民族，也是富有创新精神的民族。"近些年来，以人为本、重在建设的文化建设指导思想以及相应的方针政策的制定和实施，有力地推进了当代中华民族精神的建设。江泽民同志在建党80周年讲话中提出："要增强自立意识、竞争意识、效率意识、民主法制意识和开拓创新精神。"如李宗桂所言："这里的自立、竞争、效率、民主法制和开拓创新意识是对此前中华民族精神在继承、弘扬基础上的培育和创新。"此外，改革开放以来逐渐形成并在近年日益强化的契约观念，公民意识、公正意识、平等观念、改革开放意识、全球意识以及赋予新内涵、新精神而不同于五四时期的科学精神和民主精神等，也是当代中华民族精神构成的重要要素。这些新的意识和观念，既是当今开拓创新精神的表现，也是开拓创新精神的结果。开拓创新精神，成为当代中华民族精神的重要内涵和基本特征。

中华民族精神的历史发展，既表现出明显的时代性差异，又表现出突出的民族性、连续性和稳定性，它是在继承中发展，在发展中创新。不同历史时期中华民族精神的内容和特质虽然有所不同，但其主脉一直没有变。经过历史的选择和扬弃，经过社会整合和文化整合，逐渐形成中华民族精神的基本风貌，构成了其最基本内涵。从历史事实、社会实践和理论建构的层面审视中华民族精神最为基本的内容和特质，便是党的十六大报告所概括的以爱国主义为核心的团结统一、爱好和平、勤劳勇敢、自强不息的精神。对中华民族精神的这种概括，应当说是体现了对中国历史文化的时代性、民族性和世界性的理性把握。

总之，中华民族精神深深扎根于中国历史文化的沃土之中，中华民族所以能在五千多年的发展中，历经磨难而信念弥坚，饱尝艰辛而斗志更强，创造出灿烂的中华文明，民族精神始终是重要的力量源泉。对中华民族来说，21世纪是既充满希望又充满竞争的时代，这种竞争，不仅表现在经济实力、国防实力等方面，也突出体现在民族凝聚力方面。中华民族要屹立于世界民族之林，必须要有民族精神作为民族赖以生存和发展的精神支撑。当代的中华民族精神，应该广泛吸收人类文明的一切优秀成果，兼收并蓄，海纳百川，既与我国的历史文化传统相承接，又同社会主义思想道德相统一；既体现对中国历史文化的继承，也反映当代中国人的精神风貌，并作为中华民族实现伟大复兴最强大的精神动力。

第二节　中华民族精神的起源

中华民族精神的源头在哪里？其发展的基调和底色是什么？这是研究中华民族精神首先要问到的问题。在本书中，我们试图从物质和精神两个层面来解答这一问题。

一、从地理环境、生产方式中探索中华民族精神的成因

一个民族生存的地理环境与所采用的生产方式是孕育该民族精神的外部条件，它们奠定了该民族精神的发展基调，是该民族精神形成的重要渊源之一。中华民族也不例外，正是中华大地这片神奇的土地以及适应这片土地而产生的生产方式铸就了中华民族最初的性格，所以，要探讨中华民族精神的起源，我们就必须首先把目光投向它们，这正如斯大林所说："形成社会的精神生活的源泉，产生社会思想、社会理论、政治观点和政治设施的源泉……要到社会的物质生活条件、社会存在中去寻求，因为这些思想、理论和观点等是社会存在的反映。"

中华民族所处的地理环境有三个突出特点。第一，中华大地幅员辽阔，是一个四周具有天然阻隔的相对独立的地理单元。它的西北是帕米尔高原，西南有世界上海拔最高的喜马拉雅山脉；北方多为草原和沙漠，气候严寒，人烟稀少；东北部和东南部濒临大海。这种天然的阻隔，在生产力低下、交通不发达的古代，显然有很大的限制性。这一地理特点使中华各民族向内发展要比向外发展容易得多，这在一定程度上促进了民族融合与中华民族的认同感，并且在中华先民的心中植下了"中国就是天下"的观念。以现代的认识水平来看，这种观念当然包含着固守传统、盲目自大的成分；但放在漫长的历史过程中看，却能激发出中华民族强烈的自信心和自豪感，激发出对祖国的热爱。第二，中国虽然拥有漫长的海岸线，但内陆地区的面积要远远大于沿海地区。由于中国的黄海和东海风浪极强，

缺乏良港，不利于航行，总的来说中华民族没有向海洋发展，中国基本上属于一个内陆国家。陆地上生活同海上生活相比，要相对平稳和安全一些，"尽管生活亦甚艰辛，但一般没有什么大风险，用不着时常为性命担忧"。由于陆地上生活的相对安稳，使"和谐安定"既成为中国人的生活习惯，又成为中国人对理想人生的一种追求，对民族心理有很大影响。第三，灾害频繁。据李约瑟统计，在大约2100多年的时间里，中国共发生1 600多次大水灾和1 300多次大旱灾。这给中国人民带来了苦难，但也同时锻炼了中华民族的生存能力，铸就了中华民族不畏艰险、吃苦耐劳的品质。

作为中华民族主体的汉族发源于黄河流域和长江流域。这两个地方地处温带，水源充足、土壤肥沃，适宜农业生产，因而农耕在相当长的时期成为中国人的主要生产方式。历代王朝都以农立国，重视农业生产，可以说农业生产是古代中国最重要、最基本的经济活动。以农为本的经济模式对中国人的精神层面产生了深远的影响。首先，农业生产要求人们"凡举大事，毋逆大数，必顺其时，慎因其类"（《礼记·月令》）。道理很简单：只有遵循自然界四季变迁的规律和万物生长发育的常理，才能有所收获。这使中华先民渴望了解天地运行规律，了解天人和谐相处的途径，于是，"中和"的素朴观念便深深地植根于人们心中。其次，农业生产一般以年为周期：经过冬天的严寒肃杀之后，随之而来的则是万物更新、生机勃勃的春天景象；在付出春、夏两季的艰辛劳动之后，到金秋便能品尝到收获的喜悦。农业生产的这一特点培养出中华民族勤劳、乐观、理性的人生态度。再次，农业生产以土地为生产资源，土地耕作较游移不定的游牧生产来说更为稳定。天灾人祸可以毁坏家园，却毁不掉土地，只要一息尚存，就有生产复苏的可能。这是中华民族成为"韧"性十足的民族的重要原因。农业生产的这种稳定性，也就成为中华文化传统代代相传、从未切断的经济背景。最后，我国疆域广大，资源丰富，农作物品种繁多，在古代中国，中华民族基本上能够做到自给自足，根本不需要对外掠夺。地大物博培养了中华民族仁爱、宽厚、爱好和平的特点，使中国人举手投足间表现出大国风范。据《资治通鉴》卷二十一记载："天子每巡狩海上，悉从外国客，大都、多人则过之，散财帛以赏赐，厚具以饶给之，以览示汉富厚焉。"又如《明宣宗实录》卷七十六说："朕恭膺天命……君临万邦……尔诸番国，远在海外，未有闻之，并特遣太监郑和、王景弘等制晓谕，其各敬顺天道，辅揖人民，以共享太平之福。"这都是大国风范的真实记载。

伴随农耕的生产方式所萌发出来的是人们对于土地的深深眷恋。在中国人眼中，土地是衣食之源、生命之根，甚至是修身之本。《周易·系辞上》写道："安土敦乎仁，故能爱。"《礼记》写道："不能安土，不能乐天；不能乐天，不能成其身。"在民间，也有"宁念家乡一捻土，莫爱他乡万两金"的谚语。在以往的农村里，土地庙随处可见，土地爷爷和土地奶奶被人们塑造成一对慈眉善目、和蔼可亲的老人。这反映出中国人对土地由衷的爱慕与崇拜。在古代，许多中国人往往以衣锦还乡为最大的荣耀，以魂归故里为走向人生归途时的最后选择。这种对乡土的眷恋，构成了培养爱国情怀的基础。当然，过重的乡土情结有可能萌生狭隘的心态，并且与妄自尊大、盲目排外的地方观混合在一起，容易加剧民族的内耗和纷争。所以，只有将爱故乡之情升华成爱祖国之情，才能适应时代发展的潮流。

二、从神话传说中觅寻中华民族精神的踪迹

神话是远古时代蒙昧时期人类精神活动的产物，是人类童年时代心路历程的写照，是先民认识世界的一种方式。每个民族的神话都传达了该民族对于世界的最初认识，浓缩了一个民族关于远古时期的记忆。它从一开始就被打上了民族个性的深刻烙印，蕴含着一个民族主体方面的内在规定性，表现该民族独特的思维特点、情感方式、价值取向和人生态度。可以说，神话就是一个承载着民族文化基因的伟大宝库，它对民族精神的形成起着不可忽视的作用。民族神话的不同内容和不同风格，反映出民族精神的差别。法国著名学者丹纳作了一个生动的比喻，他将神话比作一个民族的"原始底层"，认为这一原始底层"在最初的祖先身上暴露的心情和精神本质，在最后的子孙身上将照样出现"。因此，要追寻民族精神的足迹绝不能绕开关于该民族神话的研究。

研究中国神话传说在塑造中华民族精神方面所起的作用，有两点特别值得关注：其一，中国的神话传说几乎不含有宗教式的宿命意识，它充满的是理性、务实、乐观的精神。例如，对于"火"的来源，古希腊神话认为来自普罗米修斯从天上盗来的火种，而中国古代神话则直接根据生活经验，认为来自燧人氏钻木取来的火种，包含着对人类智慧的肯定。再如，在中国神话传说中，英雄人物一般都是经过后天努力才获得成功，因其自身道德上的魅力才获得众人推崇。大禹就是这样的典型。大禹治水的成功，靠的不是天赋的神力，而是"劳身焦思，居外十三年，过家门不敢入"（《史记·夏本纪》）的奉献精神和"身执耒臿，以为民先，股无胈，胫不生毛"（《韩非子·五蠹》）的吃苦耐劳品格。中国神话所体现出的乐观精神也很突出。那些直接以胜利告终的故事自不必说，就是以悲剧结束的故事，中国先民们也往往给它加上一个充满希望的"尾巴"。例如，火帝的女儿精卫淹死后化为精卫鸟；夸父渴死后，其手杖化为桃林；鲧治水失败，死后又生下了禹，继承完成他的未竟事业。其二，与希腊神话注重个性、知识性和趣味性不同，中国神话的内容侧重于伦理精神以及教化的推广。在希腊神话中，诸神都具有复杂的性格，很难用一个"善"或"恶"来简单概括。而中国的神话传说所讴歌的神人或英雄，虽然所从事的活动各异，但在性格上却差异不大，他们都有强烈的社会责任感和使命感，往往以救苦救难、律己甚严的有德之士的面目出现，都具备聪明智慧、勇敢无畏、务实乐观、公而忘私、勤劳朴实、开拓进取、坚韧不拔、矢志不渝的崇高精神。他们在道德上无可挑剔，是人们效仿的楷模。由此可见，中国的神话传说与社会伦理教化结下了不解之缘。后人从女娲补天、精卫填海、愚公移山、后羿射日、钻燧取火、神农尝百草、大禹治水等神话传说中，获得的不仅仅是智慧和经验，更重要的是精神力量。

透过中国神话特有的表达方式和表达内容，先民们的重德、务实、理性、乐观、勤劳、勇敢、坚忍、以大局为重的价值取向与精神追求，已经初步展现出来。这正是中华民族精神的萌芽。先民们的优秀品质，经过世世代代的丰富发展，成为中华民族精神的有机组成部分，激励着一代又一代的后来人。陶渊明在《读山海经》中写道，"夸父诞宏志，乃与日竞走"（《读山海经十三首》之九）、"精卫衔微木，将以填沧海"（《读山海经十三首》之十），其赞美之情，跃然纸上。顾炎武作《精卫》诗自励："万事有不平，尔何空自苦？长将一寸身，衔木到终古？我愿平东海，身沉心不改！大海无平期，我心无绝时。"在中国共产党第七次全国代表大会上，毛泽东以愚公移山的精神激励中国人民坚持斗争，

争取更大的胜利。中华先民们的光辉业绩和高尚情怀被嫁接在神话传说的英雄身上，并借助他们的活动折射出来；在神话传说的流传过程中，先民们的性格与精神得以强化并被后代继承下来，熔铸到自强不息的民族精神之中，成为中华民族生息繁衍的内在根基。

三、从先秦诸子中挖掘中华民族精神的营养之源

德国哲学家雅斯贝斯（Karl Jaspers）曾经提出"轴心时代"的观念，他提出："人类一直靠轴心时代所产生的思考和创造的一切而生存，每一次新的飞跃都回顾这一时期，并被它重新燃起火焰。"雅斯贝斯所说的轴心时代，在中国指的正是春秋战国时期。在这个时期，虽然政治上动荡不堪，但在学术上却是黄金时代。各种思想火山爆发般地喷涌出来，涌现出一批思想巨匠和繁多的学术流派。他们建构起中国文化的骨架，无愧是中华民族精神的营养之源。现择先秦时期影响最大的儒、墨、道、法四家，简要地加以说明。

儒家思想覆盖面广，渗透性强，居于传统文化的核心，是锻铸中华民族精神的主要原材料。先秦儒家的思想尤其是孔子的思想是后世儒家的依归，凡是能被称为儒家者，都必须认同孔子的思想，或者从其思想出发，或者以其为归宿。先秦儒家的思想对民族精神影响最突出的体现在以下四个方面。一是注重道德自我的树立。先秦儒家奉行道德至上原则，强调道德自觉意识。其核心理念是"仁"。在《论语》中，"仁"字出现了109次之多。"仁"是一个含义极广的范畴，它囊括了忠、恕、孝、悌、智、勇、恭、信、义等具体的德目。在孔子看来，道德是人之为人的根据，道德水平的高低是区分君子与小人的主要标准。道德的完善全靠个人的努力，孔子说："仁者远乎哉，我欲仁，斯仁至矣！"（《论语·述而》）他特别重视人的道德主体性。其后继者孟子以"善端""良知良能""尽心、知性、知天"等理念进一步充实发展了孔子的"仁"学思想，为"人是道德存在"寻找到了先天的根据。先秦时期另一位大儒荀子则另辟蹊径，以"性恶论"为理论出发点，主张隆礼重法，从加强后天教育和学习的角度来高扬道德规范的必要性。他与孟子一个强调先天，一个强调后天，可谓殊途而同归。二是倡导以和为贵。先秦儒者关于"和"的思想有许多论述。孔子弟子有子称："礼之用，和为贵，先王之道，斯为美。"（《论语·学而》）孟子讲："天时不如地利，地利不如人和。"（《孟子·公孙丑下》）荀子说："和则一，一则多力，多力则强，强则胜物……"（《荀子·王制》）《中庸》写道："中也者，天下之大本也。和也者，天下之达道也。致中和，天地位焉，万物育焉。"儒家所讲的"和"，包括"包容、和谐"与"适中、恰当"两层含义，强调"和而不同""和而不流"的原则。中和思想在我国历史上影响深远，对于中华民族的宽厚包容、爱好和平、团结统一、独立自主的民族品格的形成和发展具有重要意义。三是主张以人为本。孔子在中国哲学史上第一次提出了人道原则，把人事作为理论研究的中心，他"不语怪、力、乱、神"。在他的仁学思想体系中，一条核心就是"仁者爱人"。他主张关心人、帮助人、尊重人、爱护人。有一次马棚失火，孔子得知后先问人伤着没有，而不是着先过问马匹损失的情况。孟子提出"民为贵，社稷次之，君为轻"（《孟子·尽心下》）的民本思想。荀子将君和民的关系比作舟和水的关系，劝告统治者要平正爱民、隆礼敬士、尚贤使能。《大学》的三纲领、八条目也都是围绕着治国以民为本、以修身为本的原则展开的。四是高扬自强不息的进取精神。孔子对自己的评价是："发愤忘食，乐以忘忧，不知老之将至云尔。"（《论语·述而》）他一生虽然坎坷颠沛，但"知其不可而为之"，从不放弃自

己改造社会的志向。《孟子》书中列举了不少受困厄却自强不息、有所作为的人物。《大学》教导人们要学以致用，要将格物、致知与修身、齐家、治国、平天下联系起来。《易传》明确提出"天行健，君子以自强不息"这一千古名句。从先秦开始，儒家就确立了自强不息、经世致用的人生态度。这是中华民族具有强烈的社会责任感、使命感、饱受苦难而不屈的渊薮之所在。

李约瑟在《中国科学技术史》中指出："道家思想在中国人的思想中所占的地位至少和儒家同样的重要。"先秦道家以老子和庄子为代表，他们都崇尚天道，向往自然朴素的生活，倡导鄙弃功利乃至反抗强权的精神。就其思想的侧重点来说，老子倡导无为、不争、谦退、柔弱、虚无、清静，希望人们能返璞归真，保持赤子之心；而庄子则注重从"道"的角度关照万物，超越利害、贵贱、是非、得失、荣辱、祸福、生死，追求没有苦难的逍遥自得的精神境界。在《庄子》一书中，大量的关于神人、至人、真人的描绘，就是这种愿望的表达。老庄的这些观念、思想尽管包含着消极避世的因素，但更多的却是豁达、乐观、超脱的因素。这些精神深深地浸润着中华民族精神，使得"中国人很少真正彻底的悲观主义，他们总是愿意乐观地眺望未来"。

战国时期，与儒家并称显学的还有墨家。他们讲究功利、注重实效，对中华民族精神的影响主要体现在务实方面。先秦墨家的务实精神首先体现在名实观方面。对于名实关系，墨子主张"取实予名""察类明故"。在检验认识的标准上，墨子主张"三表法"，即"上本之于古者圣王之事""下原察百姓耳目之实""观其中国家百姓人民之利"（《墨子·非命上》）。这些思想贯穿着从经验出发、从事实出发的原则。其次，先秦墨家的务实倾向还体现在对社会政治生活的看法上，墨子的核心思想是"兴天下之利，除天下之害"（《墨子·非命下》），围绕此思想，墨子主张尚贤、尚同、节用、节葬、非乐、非命、兼爱、非攻、天志、明鬼。据《墨子》记载："子墨子曰：凡人国，必择务而从事焉。国家昏乱，则语之尚贤、尚同；国家贫，则语之节用、节葬；国家喜音沉湎，则语之非乐、非命；国家淫僻无礼，则语之尊天、事鬼；国家务夺侵凌，则语之兼爱、非攻。"（《墨子·鲁问》）由于墨家有较强的平民色彩，不被统治者赏识，在后来的历史发展中没有拥有主流话语权，但墨家一些思想精粹却通过非官方的形式流传下来。我们中华民族的务实精神、勤俭节约的精神、爱好和平的精神，都与墨家思想有密切关系。

众所周知，中国历时两千多年的古代社会所奉行的政治原则一直是"外儒内法"。法家倡言法治，提倡纲纪，在治国方略上比儒家更现实，是对儒家道德理想主义的补充。法家对于中华民族精神的形成也发挥了重要作用，培育了中华民族革故鼎新的精神。先秦法家集大成者韩非，在继承商鞅等前期法家关于古今异势、因时变法等观点的基础之上，依据盛衰存亡之理，提出"变古异常"的理论，主张"美当今"，反对"法先王"。他指出："世异则事异"，"事异则备变""今欲以先王之政，治当世之民，皆守株之类也"（《韩非子·五蠹》）"法与时转则治，治与世宜则有功"（《韩非子·心度》）。韩非的这些理论成为中华民族顺势应变精神的思想来源。

第三节　中华民族精神是中国历史文化的凝结和升华

以爱国主义为核心的爱好和平、团结统一、自强不息、勤劳勇敢的中华民族精神并不是哪一天、哪一个时代突然形成的，是中国历史文化长期的积淀与升华。中华民族精神的构成要素都包含在中国历史文化之中。

中国传统文化博大精深，可以从不同方面来揭示它丰富的内涵和特点。但是，从传统文化与中华民族精神形成的角度来看，传统文化中"天下为公"的无私奉献精神、"见利思义"的以义制利精神、"自强不息"的积极进取精神、"革故鼎新"的改革创新精神、"仁者爱人"的博爱大众精神、"厚德载物"的宽厚包容精神、"克勤克俭"的勤劳俭朴精神、"致中和"的尚中贵和精神、"居安思危"的民族忧患精神、"杀身成仁、舍生取义"的英勇献身精神、"富贵不能淫、贫贱不能移、威武不能屈"的人格独立精神等，为建构中华民族精神做出了创造性的贡献。

首先，爱国主义是中国历史文化的优良传统。民族精神的核心是爱国主义，爱国主义是什么？人们一般都是引用列宁论述俄国小资产阶级时讲的一句话："爱国主义就是千百年来巩固起来的对自己祖国的一种深厚的感情。"后来人们发现原来译文不准确，新版《列宁全集》做了修改，译为："爱国主义是由于千百年来各自的祖国彼此隔离而形成的一种极其深厚的感情。"新译较旧译增加了"彼此隔离"四个字，这四个字有着很深刻的含义。

爱国主义通俗地说就是热爱自己的国家，但"爱国"作为"主义"，它又应该是一种思想理论体系。人们认为，爱国主义作为一种思想理论体系应该有三个层次的内容。其一，爱国主义是一个民族国家所有公民对自己国家的一种神圣美好的心理感情，蕴藏于每个国民的情感世界里，它产生于共同地域、共同经济利益、共同历史文化传统。爱国主义的初级形式是乡土观念、乡土深情。在一定意义上说，爱国主义就是乡土观念、乡土深情的放大和升华：在感情上表现为对自己国家的热爱、依恋、亲近和在任何情况下都无法割舍的情愫。它应该是不依附任何外在条件而独立存在于国民心中，贯穿于民族国家的发展过程中。对于每个国民来说，爱国情感只有强弱、深浅、自觉与不自觉的区别，而没有本质上的不同，也就是说，爱国主义在本质上是超阶级、超政治的，它不能成为一人之私、一党之私。其二，爱国主义是民族国家在历史长期发展过程中逐步积累形成的一种道德规范和文化传统，是爱国的心理情感外化而形成的伦理原则和行为规范。因此，爱国主义在具体表现上又有鲜明的历史性和民族性。热爱自己的国家，不背叛祖国，不损害民族利益，保持民族气节，在国家遭到外国入侵，在民族遭到灾难时，勇于保护全民族的利益以及强烈希望祖国繁荣昌盛等，都是爱国主义的具体表现形式。其三，爱国主义既是一种深层次的心理情感和伦理原则，更是渗透于一言一行中的实践行为。也就是说，爱国主义不是空洞说教，不是哪个阶级、哪个政党粉饰的花边，而是要知行合一，更多地体现在言行上。

爱国主义是一种自觉的价值选择。爱国主义价值观体现在价值目标上，表现为人们对祖国统一、民族团结、社会进步的追求和向往的精神状态。这种追求和向往一旦化为心灵的"内省"，上升为有目的、有意识的价值观念，蕴藏在民族机体内的炽烈的爱国热情就会形成巨大的民族凝聚力，从而把整个民族动员起来、组织起来，自觉地投身于为祖国、为全民族的共同利益而奋斗的伟大实践中。

在一定意义上说，一部中国古代史，也是一部中华民族爱国主义发展史。早在《战国策》中就提出了爱国的观念。在《战国策》卷二中游腾对楚王说："周君岂能无爱国哉？

恐一日之亡国，而忧大王。"虽然此处的"爱国"与当今"爱国主义"在内涵上有所差别，但也说明爱国作为一种观念在我国由来已久。中国传统文化中的爱国思想主要包括家国一体、推孝为忠、涵养正气、天下为公、精忠报国、和谐统一等内涵，它源于血缘关系、地缘关系、人缘关系、神缘关系等，是在自然关系基础上引申出的一种个人与国家之间的关系。这种表现为对故乡的热爱和眷恋，进而形成的报效祖国、服务人民的爱国思想，为现代爱国主义精神的培养提供了价值基础、思想来源和合理内核。

其次，"自强不息"和"厚德载物"是中国传统文化的两个基本命题，这两个命题经过历史的沉淀，凝聚和升华为中华民族精神的核心方面，具体到人们的道德准则和行为规范中就是爱好和平、团结统一、自强不息、勤劳勇敢。"自强不息"就是要永远努力向上、绝不停止，表现了中华民族奋发进取、顽强拼搏的刚健精神；"厚德载物"就是要执中致和、修德养性，表现了中华民族兼容并包、博大宽厚的和合思想。如果将其设定为一个精神坐标的话，可以说，这种自强不息精神就是提升中华民族积极向上的纵坐标，而厚德载物思想则是引导中国发展趋于中正平和的横坐标。

易学思想以其广泛而强大的渗透力深入到中国文化的各个领域，成为中国文化生生不息的脉源。"人更三世，世历三古"的《易》，作为中国文化典籍中群经之首、大道之源，在中国文化发展史上具有独特而重要的地位，其对中国文化的始源性影响也是深远而恒久的。

清代纪昀在《四库全书总目提要》中说："易道广大，无所不包，旁及天文、地理、乐律、兵法、韵学、算术，以逮方外之炉火，皆可援以为说，而好异者又可援以入《易》，故《易》说愈繁。"诚如纪昀所言，《周易》虽然以卜筮之文现世，其中却汇集了先民们最深邃而幽微的智慧。其博大深邃的哲学思想、周密玄奥的数术理论、神奇科学的归纳方法、探赜索隐的思维模式、充满人伦关怀的人文精神，使得几千年来学者们各据其为典、引以为源。"夫易，圣人之所以极深而研几也。惟深也，故能通天下之志；惟几也，故能成天下之务；惟神也，故不疾而速，不行而至。"《汉书·艺文志》对《易》更是推崇，其中这样说：

> 六艺之文：《乐》以和神，仁之表也；《诗》以正言，义之用也；《礼》以明体，明者著见，故无训也；《书》以广听，知之术也；《春秋》以断事，信之符也。五者，盖五常之道，相须而备，而《易》为之原。故曰"《易》不可见，则乾坤或几乎息矣"。

《易·乾·象传》："天行健，君子以自强不息。"这是第一次明确地提出自强不息的思想，这里所说的"天行健，君子以自强不息"是从天道说明人道、人道效法天道的角度提出来的，认为天的运行刚健永不衰竭，因此，君子应该以天为法，奋发有为，积极进取。以天道说明人道，认为人道是效法天道的，这是中国文化的一个根本思想。自强不息最早是作为一种根本的人生态度提出的，即要求"君子"积极进取，奋发有为，永不停息。随着社会的发展，自强不息思想逐步深入民众，从而形成为中华民族为了一定理想、目标而拼搏奋斗的民族精神，成为中华民族历千年而不衰的主要精神支柱之一。《易·系辞·上》所谓"《易》与天地准，故能弥纶天地之道。仰以观于天文，俯以察于地理，是故知幽明之故"，说的就是这一点。

《易》中自强不息思想，有多层面的意义。一是居安思危、临危不惧的忧患意识；二是自信自强、乐观向上的积极态度；三是生生不已、持之以恒的进取精神；四是胜不骄、败不馁的顽强精神。《易》虽然是古代周人对自然和社会的深刻认识和反思，是他们对人类生存智慧和生活经验的总结和概括，构成了中华传统文化中的精华部分，也成为中华民族精神的重要组成部分，其中居安思危、自强不息的精神内涵，一直是中华民族存在和发展的强大精神动力，它是中华民族饱经磨难、历久弥新、愈挫愈勇、愈挫愈奋的不竭动力。"天地之大德曰生……刚健而文明，应乎天而顺乎人。"天体运行，健动不止，生生不已，人的活动应效法天，故应刚健有为，自强不息。"文王拘而演《周易》；仲尼厄而作《春秋》；屈原放逐，乃赋《离骚》；左丘失明，厥有《国语》；孙子膑脚，《兵法》修列；不韦迁蜀，世传《吕览》；韩非囚秦，《说难》《孤愤》；《诗》三百篇，大底圣贤发愤之所为作也。"司马迁的这段记载，反映了中华民族愈是遭受挫折、愈是奋起抗争的精神状态和坚韧不拔的意志。如果说这些只是知识分子和上层人士的思想表现，那么，"人穷志不短"等民间俗谚，则反映了自强不息精神在民众中的广泛社会影响和普遍意义。

"天行健，君子自强不息"，具体到中国古代的文化形态，表现为如下几个方面：第一，弘毅自励。"士不可以不弘毅，任重而道远。"中国传统文化中凝聚着"天下兴亡，匹夫有责"的社会责任感和"天将降大任于斯人也"的历史使命感，它昭示华夏儿女胸怀天下，志存高远，勇担重任，建功立业。第二，居安思危。忧国忧民的忧患意识是贯穿于中国数千年历史的一种基本文化精神。人称"大道之原"的《易经》全篇贯穿着忧患意识，其《否卦》爻辞所提出的"其亡！其亡！系于苞桑"的警句，就是以戒惧的方式论证时刻警惕败亡、常怀忧患的至理名言。春秋以后，忧患意识的内涵又有所扩大，这首先表现在孔子"忧道"观念的提出。孔子说："君子忧道不忧贫。""德之不修，学之不讲，闻义不能徙，不善不能改，是吾忧也。"对真理能否弘扬的担忧，是孔子对忧患意识的一种升华。而战国中期的孟子从民本思想出发，又将忧患意识发展为"忧民""忧天下"。他说："乐民之乐者，民亦乐其乐；忧民之忧者，民亦忧其忧。乐以天下，忧以天下，然而不王者，未之有也。"这样，从周初的"忧位""忧君"到孔子与孟子的"忧道""忧民""忧天下"，忧患意识的内涵愈益丰富，一直成为后世仁人志士关心国家民族前途命运的一种心理品质。"君子安而不忘危，存而不忘亡，治而不忘乱，是以身安而国家可保也。"历朝历代仁人志士，以这种忧患意识自励自警，未雨绸缪，忧国患民，上下求索。第三，革故鼎新。《大学》引汤之《盘铭》曰："苟日新，日日新，又日新"；《易》曰"穷则变，变则通，通则久"，这种变革精神是中华民族自强不息精神的又一鲜明体现。在中国社会发展史上，每一次大的进步，无不张扬着改革的旗帜，显示着改革的力量。正是在无数次自我反省甚至批判中，中华民族战胜了一次又一次的危机和挑战，焕发出生生不息的活力。

"厚德载物"是由坤卦《象传》提出的。中华民族又是热爱和平、不尚暴力的民族，中国人以宽厚精神著称于世。宽厚精神涉及人和自然、人和社会的关系，涉及本民族与不同国家、民族的关系，涉及一个人、一个民族的外在关系；宽厚精神是以宇宙的空间为坐标，要求人们以宽阔的胸襟对待他人、其他民族和宇宙万物。这是古人以宇宙整体动态平衡的观点引导出的人生哲理、民族生存的智慧。

厚德载物精神的内容很丰富，其内容主要有：同心同德，协和万邦，兼收并蓄，天人合一。面对博大精深的中国传统文化，许多世界大师都对"以和为贵"思想心醉神迷。他们认为，西方人是在与外界对立冲突中建立民族形象和认同的，而中国人却是在与万物和谐共处中把握自身精神和本质的。17世纪初，英国学者罗伯特·勃顿就曾盛赞中国人和平而安静。英国著名哲学家罗素则写道："现代世界极为需要中国传统伦理思想，特别是'和气'的思想；如果这种思想能为世人接纳，那么这世界将充满欢乐祥和。"德国学者莱布尼茨的《中国新事萃编》、法国学者伏尔泰的《风俗论》以及当代英国学者汤因比的《历史研究》等著作里，都有类似阐述。

厚德载物的和合思想是中华民族传统文化中一个重要的、独特的、延续不断的哲学概念、文化理念、政治理论和社会理想。"天地和合，生之大经也。"和，是指各要素的联系共处；合，则是指各要素的汇拢团聚。和合连用，是指多个元素、要素在动态系统过程中有机结合、和谐共生，最终融合成为一个新的统一体。在这个统一体中，不同方面、不同要素相互依存、相互影响、相异相合、相反相生；和谐而又不千篇一律，不同而又不彼此冲突，和谐以共生共长，不同以相辅相成。

几千年来，厚德载物的和合思想已经深深融入中华儿女的血液里，贯穿于中国传统文化对人与自然、人与社会、人与人之间关系的深刻认识和辩证处理之中。

勤劳节俭是中华民族的主要道德规范之一，崇俭抑奢一直是人们奉行的行为准则，在几千年的漫长历史中，无数有识之士从各种角度论述了这一行为准则的重要意义。

在先秦时期，人们就已认识到节俭的必要性。《易经·节卦》说："天地节而四时成，节以制度，不伤财，不害民。"认为制定适当的制度以节制财政支出，才能不伤害国家财力和人民的生活。《商书·太甲》说："慎乃俭德，惟怀永图。"这就将慎守俭德与国家的长治久安联系起来。这些思想为后人进一步所发展和充实。先秦诸子都将节俭作为一条重要的道德规范。孔子说："奢则不逊，俭则固，与其不逊，宁固。"他鄙视那些"耻恶衣恶食"的士人，讴歌"饭疏食饮水"而乐在其中的志士。孟子则着重从道德修养和磨炼人才的角度，阐述了俭朴艰苦生活的意义。墨家主张"节用""节葬"，他们"多以裘褐为衣，以跂蹻为服"，努力实践着节俭的主张。在先秦诸子中，大倡俭德并对节俭思想的重要性做出全面论述的，则当首推以老子为代表的道家学派。

老子将俭啬视为立身处世所必须持守的"三宝"之一，是治国修身的根本法则："治人事天莫若啬。"认为只有俭啬，才能在灾祸来临之前及早服从于道，而及早服从于道就是积德。如此，则能战无不胜，就能掌握国家政权。懂得了这一道理，以之治国则可长治久安，用于治身则可生命长存。老子还用多欲不节的危害警告世人："祸莫大于不知足，咎莫大于欲得。"可见，崇俭抑奢不仅是治国安邦的需要，而且是保全身家性命的需要，是维持生命健康的需要。这一观点是对商周以来节俭思想的重要发展，它将俭德与人们期望安全、健康的生理和心理需求直接联系在一起，从而具有了更强烈的警世作用。历史经验表明，统治者纵欲挥霍，必然将聚敛无度、侵害民财、为非作歹，进而荒废政事、败坏德行、伤害身体，引起天怒人怨、败家亡国。因此，历代明智的统治者都将崇俭抑奢与王朝兴亡联系起来。

唐太宗李世民曾经反复与臣下讨论这一问题。他说："夫欲盛则费广，费广则赋重，赋重则民愁，民愁则国危，国危则君丧矣。"唐太宗还在《帝范·崇俭篇》中说：俭奢为

"荣辱之端""五关近闭，则令德远盈；千欲内攻，则凶源外发……故桀纣肆情而祸结，尧舜约己而福延"。他还引用老子的话教育臣下说："古人云：不见可欲，使民心不乱。固知见可欲，其心必乱矣。至于雕镂器物，珠玉服玩，若恣其骄奢，则危亡之期可立待也。"

重德求善是中国传统文化的重要特征，历代思想家都十分重视社会道德风尚和个人道德修养问题。不少人认识到，崇俭抑奢直接影响着个人的道德修养和整个社会风气。春秋时期鲁国的御孙认识到："俭，德之共也；奢，恶之大也。"对此，宋人司马光曾经在家训《训俭示康》中作了很好的阐释，他说："共，同也，言有德者皆由俭来也。夫俭则寡欲。君子寡欲，则不役于物，可以直道而行；小人寡欲，则能谨身节用，远罪丰家。故曰：俭，德之共也。侈则多欲，君子多欲则贪慕富贵，枉道速祸；小人多欲则多求妄用，败家丧身，是以居官必贿，居乡必盗。故曰：侈，恶之大也。"三国时的诸葛亮在《诫子书》中说："俭以养德"，视节俭为道德之基，认为节俭能培养良好的道德品格。

古人的话语是富有启发意义的，它们指出了节俭与寡欲、俭啬寡欲与正直、廉洁等道德规范之间的互相联系、互相依存关系。而奢侈多欲则必然贪图富贵，为了达到这一目的，就会不择手段，甚至不惜出卖自己的灵魂，贪赃枉法，行贿受贿，偷盗抢劫，胡作非为。

崇俭抑奢不仅是培养良好的个体道德的基础，而且是形成良好社会风气的必由之路。明清之际的著名思想家唐甄曾就这一问题进行过专门的论述。他指出："人情之相尚，或朴或雕，或鬼或经""转阴阳，判治乱"，都是"风使之然"，如果"得其机而操之，则可以天下大治"。这里所说的"风"，相当于我们今天所说的社会风气。他认为，只要能掌握社会风气转变之关键，就可以实现天下大治。他又指出："圣人执风之机以化天下，其道在去奢而守朴。"因此，明君应当持守恬淡的生活，目的是为了树立良好的道德范例，"以养天下之心"。与唐甄同时期的另外一位思想家顾炎武，也将"革奢侈"作为改革社会风气的根本途径。

中华民族精神深深根植在中国历史文化的沃土中，是中国历史文化长期积淀和升华的结果。但是，时代在变，我们所面临的问题在变，我们必须对传统的民族精神在继承的基础上进行现代转换，赋予它新的时代内涵。

民族精神必须明确化、具体化。重建优秀的民族精神，最重要的内容就是将我们已有的民族精神明确下来，让国民更好地认同与把握。模糊不清的民族精神难以成为全民的共识，也无法产生多大的作用。只有明确而具体的民族精神，才容易转化为每位国民的精神，才有利于提高民族素质及促进民族发展。

中华民族精神隐含于传统文化之中，但并没有形成一套明确、具体的理论，因而没有很好地植根于国民的潜意识，也就没有充分发挥其作用。

因此，当今培育和弘扬民族精神必须有一套系统的理论，有一套可操作的办法，有一条良好的教育途径，才能把民族精神内化到每一个国民的心中，熔铸到国民的灵魂里，使民族精神真正成为自觉意识。

由于时代的局限性，中国历史文化中也有许多消极的因素，有许多不适应当代需要的东西。如自鸦片战争以来，在振兴中华的呐喊声中，无数仁人志士都在痛苦地反思民族精神。梁启超、孙中山、鲁迅、林语堂等人，都试图改变民族的种种不良传统及重建民族精神。孙中山先生在多次演讲中，都慨叹中华民族如一盘散沙，批评国人失去民族主义，太缺乏（或者没有）民族观念，只有家族观念和宗族观念，导致民族命运式微。他提出了反省民族缺点、改造传统文化、振奋民族精神等主张。鲁迅因为感到愚弱的国民无论有怎样健全的体魄、怎样的长寿也是毫无意义的，深刻认识到当时的首要任务是改造国民的精神，所以鲁迅花了大半生的精力研究国民精神，以《阿Q正传》等作品深刻反映民族的某些弱点。林语堂在1925年做了《中国的国民性》的演讲，列举了我们民族种种优劣之处以后，将忍耐性、散漫性和老滑性归结为民族的三大弱点，吁请国人注意。在抗战前夕的危急年代，他专门出版了《吾国吾民》一书，在"中国人的性格"一章中，列举了"老成温厚、遇事忍耐、消极避世、超脱老猾、和平主义、知足常乐、幽默滑稽、因循守旧"等十条予以刻画描述。抗战期间，梁漱溟在《中国文化要义》一书中罗列种种资料，将国人的特点列举为自私自利、勤俭、爱讲礼貌、和平文弱、知足自得、守旧、马虎、坚忍及残忍、韧性与弹性、圆熟老道等十点。美国哲学家、教育家杜威访华后认为，影响中国民族特性的是孔、老、释三家思想，孔、老虽相对，但影响并无二致，使中国人知足安分、宽容和平、消极保守。英国哲学家罗素则在访华后写成《中国问题》一书，在列举了幽默、忍耐、谦让等特点后，更指出贪婪、怯懦、冷漠为阻止中国民族进步的三大缺点。英国传教士阿瑟·史密斯经22年对中国社会的观察经验和收集材料分析，写下了《中国人的特性》一书。他批评中国人爱"面子"，缺乏诚信，缺乏爱心同情心，缺乏公共精神和时间观念，马虎、守旧、忽视精神等缺点，肯定国民具有节俭、勤劳、生命力强、富于韧力等优点。史密斯认为，为了革新中国，必须追溯性格的动因，使人格升华，良心必须得到实际的推崇。中华民族精神的重建，是一件关系民族千秋发展的大事。

所以，当今培育和弘扬民族精神，最主要的工作：一是要把传统中华民族精神的优秀成分很好地继承下来；二是要把中国历史文化中那些消极落后、不合时代需要的成分剔除；三是要对那些既有价值，但又有时代局限的因素进行现代改造并重新组合，使之成为当代中华民族精神的有机组成部分。

第四节 传统文化在民族精神培育过程中的现代价值

中华传统文化是一个博大精深的整体，它承载着中华民族的基本价值追求，蕴含着中华民族的民族精神，有着独特的民族特质。因而我们讨论民族精神不能脱离一定的文化背景，某种民族精神说到底是一种文化精神。如果脱离了对某一民族传统文化行为方式的考察，很难想象民族精神还会有哪些基本内涵。我们把握民族精神，其实质就在于去把握该民族的传统文化活动方式，这种文化活动方式具体说来是由一个民族的思维方式、思想传统、价值观念、审美意识等因素构成的文化系统。

从发展的阶段性来看，中国传统文化是一个不断发展、丰富并自我更新的过程，既有古代的传统，也有近代的传统。因此可以说既有古代的传统文化，也有近代的传统文化。就中国古代传统文化而言，刚健有为、厚德载物、贵和尚中、仁民爱物、修己安人、以义为上、天人合一、整体为上等，都反映了当时的文化精神；就中国近代传统文化而言，爱国主义、民族主义、科学精神、民主精神、自由精神等，反映了新时代的文化精神，是古典文化精神的更新和进步。值得注意的是，无论中国古代的传统文化还是中国近代的传统文化，有些基本价值理念是贯穿始终的。如：自强不息的奋斗精神，爱国主义的深厚情怀，和谐统一的博大胸襟，崇德重义的高尚情怀，文化中国的理想追求，勤劳勇敢的质相秉性等，这些基本的价值理念，体现了中国传统文化的主流价值，反映出中华民族文化的特质。通过全民族的社会实践，通过思想家们的理论提炼，逐渐形成了党的十六大报告所概括的以爱国主义为核心的团结统一、爱好和平、勤劳勇敢、自强不息的中华民族精神。

显然，无论中国传统文化的基本精神还是中华民族精神，无论其内容还是表现方式，都是中国风格、中国气派的，反映了中华民族的民族性。传统文化与民族精神有着内在的质的统一性，因此，我们今天在培育和弘扬民族精神的过程中必须注意对传统文化的保护和弘扬。具体而言，传统文化在民族精神培育过程中的现代价值可以从以下几个方面来认识。

一、中华优秀传统文化是我们民族的生命之根

蕴含在博大精深的中华传统文化之中的文化精神是民族精神不竭的源泉。中国之所以为中国，中华民族之所以为中华民族，不仅在于我们有着共同的辽阔疆域，共同的语言，更在于我们有着共同的民族文化传统及其所塑造的心理素质。中华传统文化塑造了中华民族心理核心观念，是民族理想的价值导向。这种民族心理和民族理想的本质乃是对国家对民族的高度认同，而正是这种高度认同才使得中华民族得以生生不息，历经磨难而更强，屡遭践踏而愈奋。著名学者张岱年教授曾从民族精神的高度，为我国民族存在、民族生存、民族发展寻根。他在《民族寻根与文化传统》一文中指出："每一个民族都有其民族之根，认识民族之根是民族团结进步、兴旺发达的基础。每一个民族之根都有其复杂的内容，而其中最重要的是民族的文化传统。"他还鲜明地指出了中国文化的三大特点，即悠久性、独立性和坚韧性。而支撑中华文明五千年绵延发展、屡遭磨难而生生不息的生命之根，则是蕴含于传统文化之中博大深沉、底蕴无穷的中华精神。中国传统文化是中国各民族共同创造的，也涵盖着众多民族，因而具有统一的民族心理。中华民族的各族人民各有不同的宗教和思想信仰，而彼此相容。"道并行而不相悖"，正是中华民族各种思想信仰兼容并存的基本情况。而儒家所倡导的"自强不息，厚德载物"构成了中华民族共同心理的核心内容。中华民族之所以能形成多元一体的独特格局，之所以能在如此众多的兄弟民族之间形成共同的中华民族心理，是因为中华传统文化深入人心，实际起了核心作用、中枢作用和纽带作用。

振兴中华的爱国主义和推进有中国特色的社会主义，是我们中华民族的共同理想。这个共同理想，是保持我们民族凝聚不散的强大精神支柱。而这个共同民族理想赖以确立的坚实思想基础，则是长期积淀而成的中华传统文化精神。张岱年先生就指出："古代思想家的最高理想是'大同'，大同思想对于民族融合曾经起过积极的作用。大同理想与爱国情操是并行不悖、相互补充的。"他在《传统文化与社会主义——对于传统文化的反思与分析》一文中，更进一步具体分析了自古以来的大同理想："中国自古以来，有一个以大同为最高理想的传统。《礼记·礼运》讲'大道之行也，天下为公……是为大同'。这虽然不一定是孔子所讲，但至少是战国时期儒家的社会理想。到近代，康有为著《大同书》，孙中山多次题写'天下为公'。传统的'大同'思想，可以说为中国人民走上社会主义道路提供了一定的思想准备，中国的广大人民接受社会主义，欢迎社会主义制度，这与传统的大同思想有关。"民族理想的确立基础，是整个民族共同体有共同认可的价值观念。中

华传统文化正是通过民族共同体所认同的价值观念，促进了民族理想的形成和巩固。

综上所述，中华优秀传统文化塑造了中华民族共同的文化心理。确立起的中华民族共同理想，是连接中华民族大家庭中各成员的纽带和精神支柱。正是中华优秀传统文化才使得中华民族得以生生不息并得以发展壮大，因而它是我们民族生存的生命之根。

二、中华优秀传统文化是民族自信心与民族自豪感的精神支柱

作为一个有着五千年文明史的民族，如果我们对祖先所创造的文化，尤其是其中的优秀文化传统采取虚无主义的态度，那实际上也就等于否定了我们自身的存在。一个民族要独立、要生存、要发展，就必须有强烈的民族自信心、民族自尊心、民族自豪感。而要支撑这种强大的精神动力与精神支柱，不仅需要民族经济的物质基础，而且需要发掘民族文化中所包含的更为博大深沉的民族精神。只有强大无比的民族精神，才能使一个民族在全球舞台上，在世界民族之林的激烈竞争中，挺起胸来，抬起头来，没有这个强大的精神脊梁，再富有的人也不过只是一种"经济动物"而已。正如张岱年先生所说："正确认识民族文化的优秀传统是提高民族自信心的主要依据，如果一个民族不具备文化优秀传统，或者虽有文化优秀传统而本民族的人民对之无所认识，那么这个民族的人民是不可能具备民族自信心的，而如果一个民族的人民缺乏民族自信心，也就不可能具有民族的自尊心与自豪感，那么这个民族的前途是没有希望的。"

说到底，这种民族自信心和自豪感是基于对民族的高度认同感，反过来它又使这种认同感得以进一步巩固和强化，从而成为民族凝聚力的思想基础。要维护民族团结、民族统一，保持一种强大无比的民族向心力、凝聚力，不仅需要民族国家的统一市场，共同利益的物质基础，强大中央政权的政治基础，而且需要优秀传统文化的思想基础。没有这种各族人民在长期实践中所创造并经优秀思想家所提炼出的优秀传统文化，民族凝聚就失去了赖以存在的心理基础，民族团结就没有力量，国家统一就缺少深层次的内在精神基础，各个民族之间的联系就缺少强大的精神纽带。如前所述，中华民族几千年来表现出了高度的凝聚力，逐渐形成了"天下一家"的民族观念。春秋战国时期，华夏民族逐渐吸收了四境的戎狄蛮夷诸族，经过汉魏晋唐的民族融合，而形成汉族。到了近代，汉族进一步与满蒙回藏维等五十多个少数民族团结而成为现代的中华民族。张岱年先生在《爱国主义与民族凝聚力的思想基础》一文中指出："民族凝聚力有其精神基础，亦即思想基础，这就是能维系人心、增强民族团结的思想根基，就中国而论，这也就是中国文化中的优秀传统。"例如中国古代哲学宣扬"厚德载物""以和为贵"，这就是中华民族凝聚力的思想基础。我们今天仍须发扬这个"厚德载物""以和为贵"的优秀传统。香港回归之际，按照邓小平同志"一国两制"的伟大构想，努力实现祖国统一的过程中，民族文化、民族精神的凝聚纽带作用，显得尤为突出。"厚德载物"的宽容精神，为理解"一国两制"构想，提供了一把钥匙。当然，中华传统文化中有益于提升民族自信心和自豪感的东西还很多，有待我们进一步去发现和弘扬。

三、中华优秀传统文化是爱国主义的深层根据

中华民族精神的核心是爱国主义，而中华传统文化的鲜明特征之一，就是具有爱国主义的深厚传统，甚至可以说是源远流长，根深蒂固，形式丰富。对于世界历史上的许多民

族、国家来说，古代民族、古代国家往往没有延续下来，而近代意义上的民族国家，通常是在16世纪以后伴随民族统一而形成的历史产物。因而，具有明确的爱国主义思想传统、文化传统，往往仅是近代以来的事。而我们中华民族，却是五千年来薪火相传，爱国主义传统一直是中华文明的思想主流。支撑中国爱国主义思想传统的深层观念，则是上下五千年、绵延而不断的中华传统文化。1994年底，张岱年先生还专门写了《爱国主义与民族精神》一文，开宗明义地挑明了这层关系："爱国主义有其思想基础。爱国主义的思想基础就是民族的自尊心与自信心。而民族的自尊心、自信心又有其思想根源。民族自尊心、自信心的根源在于对民族文化的优秀传统有一定的认识。"

爱国同时也意味着自觉维护国家、民族的独立。在当今经济全球化的时代大潮中，一个民族，尤其是原先经济文化比较落后的发展中国家，要取得民族独立，巩固民族独立，发展民族独立，不仅需要独立自主的民族经济，独立自主的民族国家，独立自主的民族外交，而且需要独立自主的民族文化、民族精神。如果没有独立自主的民族文化、民族精神作为精神脊柱，那么独立自主的民族经济、民族国家、民族外交，又怎么能够真正建立起来，真正支撑下来？张岱年先生曾指出了这一问题的症结所在：各个民族国家之间，"各有其独立的民族特点。这里有一个保持民族文化的独立性的问题。一个民族，如果丧失了文化的独立性，也就会丧失民族的独立性；丧失了民族的独立性，就沦为别的民族的附庸了。保持民族文化的独立性，是一个至关重要的问题"。在我们的经济融入世界市场之际，把握民族文化、民族精神主体性与开放性有机结合的恰当尺度，乃是命运攸关的紧迫问题。

在当今世界全球经济一体化日益加强的背景下，维护国家民族的独立还得使自己的民族保持旺盛的创造力。创造力是一个民族兴旺发达的不竭动力和源泉。一个民族，要发展、要兴旺、要崛起，不仅需要民族经济的原动力，而且需要民族精神的助推力。在这里，民族精神是一种取之不尽、用之不竭的文化信息资源、精神动力源泉，其威力绝不亚于精神原子弹。张岱年先生透彻地指出了这一点："中国文化的优秀传统对于中华民族的发展具有非常重要的积极作用。正确认识民族文化的优秀传统是提高民族自信心的主要依据，是增强民族凝聚力的思想基础，是培育民族创造力的智慧源泉。""一个兴旺发达的民族，必具有充沛的创造力。"中国现代化起飞，没有强大而旺盛的创造力作为动力是难以实现的。而这种强大、旺盛的创造力与中华民族文化的优秀传统之间的关系是不言而喻的。

四、中华优秀传统文化是民族精神现代化的依据和动力

中华民族精神是高层次的中国文化传统，既然是传统，就有个现代化的问题。中华民族精神的现代化，不是中国文化的物质层面和制度层面的现代化，而是指中国文化的深层意识的现代化，即人们灵魂的现代化。在实现民族精神现代化的过程中不可避免地要借鉴和引进外来的先进文化和思想。就中国和世界许多其他国家的历史经验来看，在这一过程中往往容易迷失甚至误入歧途，其根本原因就在于放弃了自己的传统文化或者说完全割裂了外来文化与自身传统文化的关系。当然在这一过程中也有成功的例子，例如，中国近代精神运动的成果——"进步""斗争""创造"等观念的形成，是和进化论的传播联系着的。而在中国，为进化论的传播准备了理论铺垫的，则是深深根植于中华民族心理的求变

和自强不息的信念，这一信念来自于作为中华原典的《周易》。《周易》主张"变"，认为"变则通，通则久"；同时它还主张"自强不息"。这些观念为进化论的移植准备了丰厚的土壤。中国最早的一批进化论者康有为、严复、谭嗣同、梁启超等人，都是以易学作为交接点去领纳和发展进化论的。更为有趣的是，作为知识系统的生物进化论在西方一开始便受到强烈的抗拒，至今余波未已。而在近代中国，它很快被提升为哲学世界观，成为资产阶级改良派进行改革的理论武器。这种差异主要是由中西文化的不同传统决定的。

由此可见，我们要引进外来优秀文化和思想，要使民族精神现代化，必须以传统文化为依据，否则会误入歧途而不可能成功。既然民族精神的现代化离不开对外来先进文化和思想的吸收和接纳，又不能采取全盘吸收外来文化或抛弃自身传统文化的途径来实现民族精神的现代化，那么我们就必须高扬民族主体精神，同时又反对全盘西化。而传统文化正是这样一种强大的精神武器。改革开放新时期，在市场经济新体制下，许多人喜欢沿着西方哲学的思路，单纯谈论个人主体性问题。这是我们必须坚决反对的，我们不仅应该充分肯定个人主体性、个人独立人格的必要性，更要强调保持中华民族主体性、保持独立国格的必要性。只有这样才能实现民族精神的真正现代化。总之，中华民族精神是中华传统文化的核心和灵魂，而中华传统文化则是中华民族精神不绝的动力和源泉，是中华传统文化孕育和培养了中华民族精神，要使中华民族精神真正实现现代化，必须坚持和发扬中华优秀传统文化。

最后，民族精神的形成，要以民族经济发展为客观物质基础，以民族心理认同为自发思想基础；在这两大基础上，更需要有一批自觉代表民族利益、民族文化的理论家、思想家，为确立民族精神、熔铸民族灵魂，做理论升华，做哲学奠基，做思想呼唤。在五四运动前后，中国文化革命的伟大旗手鲁迅，曾以"改造国民性"为口号，提出中华民族精神现代革新的时代课题。不过在当时的历史条件下，他的思想重心主要在"破旧"方面，揭示国民的劣根性，以唤醒国人。历史发展到今天，我们更应在坚持中华优秀传统文化的前提下，既有"破旧"，又有"创新"，努力培育出具有当代气息的现代化的民族精神，由此我们更加深切地感到当代呼唤民族精神的深远意义：中华民族精神是我们这个古老伟大的民族生生不息、存在发展的文化根基，是我们在世界六大原创文明中唯一能够不中断、不失落、开创持续五千年之久的连续性进化模式的活性文化基因，是我们在中国共产党领导下，走出近代民族危机，走向现代腾飞的强大精神支柱，是我们在 21 世纪，融入经济全球化、政治多极化、文化多元化时代浪潮，自立于世界民族之林，千锤百炼、屡经磨难、坚不可摧的精神长城！

第三章　中华民族精神在经济全球化进程中的发展

经济全球化是当今世界发展的重要趋势，在一定意义上说是当今人类社会运动和发展不可避免的时代潮流与显著特征。每一个民族，不论其人口多少、历史长短、规模大小、地位高低、力量强弱，都或多或少地朝着与世界其他民族扩大交流、加大交融的趋势发展，也都面临着经济全球化所带来的种种影响。也正像有人说的："不管人们是举起双臂欢呼它还是恐惧地诅咒它，全球化的浪潮正在以加速度从西方向东方，从现代化中心地区向边缘地区席卷而来，深刻地改变着世界的面貌，也深刻地影响着人们的思维方式和价值观念。"在经济全球化潮流带给人类的合流与分道、融合与冲突、机遇与挑战中，一个民族能否保持自身的民族特色，能否健康顺利地发展，甚至能否持续生存下去，都与该民族的民族精神状况息息相关，与其民族精神能否得到弘扬和培育密切相关。因此，关注中华民族精神在经济全球化进程中的发展具有重要而现实的意义。

第一节　全球化的潮流及其影响

当代，全球化是备受世人关注的一个热点问题。就实际情况来看，全球化不仅成为一个风靡一时、与人们的社会生活紧密相关的术语，还代表了当今人类社会运动和发展的潮流与客观进程，呈现出现实生活中人们所面临的实际境遇。有学者指出："'全球化'挂在每个人的嘴边。这个风靡一时的字眼如今已迅速成为一个陈词滥调，一句神奇的口头禅，一把意在打开通向现在与未来的一切奥秘的万能钥匙。对某些人而言，'全球化'是幸福的源泉；对另一些人来说，'全球化'是悲惨的祸根。然而对每一个人来说，'全球化'都是世界不可逃脱的命运，是无法逆转的过程。"尽管人们对全球化术语很熟悉，但迄今为止，无论是在学术领域，还是在非学术领域，仍未对全球化形成一个统一的定义。不少中外学者虽都曾从经济、政治、文化等视域，从器物抑或是制度层面分析和解读全球化，但要给全球化下一个准确定义却是相当困难的。鉴于此，有学者呼吁说："全球化，像国际研究中许多关键词语一样，有着很大的无法确定的领域。因此，我们需要将深刻缠绕于同一变化巨流中的现象分清，看哪些应当包括到'全球化'中来，哪些应当排除在外，从而形成一个约定性的含义。"然而，没有统一的定义并不妨碍人们对全球化问题的关注。实际上，正如英国学者吉登斯所指出的，"近年来，全球化已经成了大多数政治讨论和经济辩论的核心问题"，成为与人们的生产生活及生存发展息息相关却又不可剥离的重要内容。

我们认为，"全球化"这一概念最初是在经济层面上使用的，指的是经济全球化，也即世界经济发展中呈现出的相互交融和影响的趋势。但社会发展是一个全面复杂的系统，经济全球化并非是一种孤立的现象，而是具有深刻的社会影响。因此，人们在使用"全球化"这一概念时往往并不局限于其经济指向，而是指包含着经济全球化、政治多极化和文化多元化等因素在内的一个社会综合发展的趋势。如有人曾说过："全球化决不仅仅限于经济活动。全球化是包括经济、政治、社会、文化等在内的全方位的全球化。"但是，"全球化"无论怎样发展，也不会带来世界各国各民族之间的无差别统一，尤其不会实现文化的全球大同。这里，我们将全球化视作一种给人类社会生活带来全面性影响的整体性潮流，侧重考察经济全球化对文化发展的影响。实际上，出现"全球化"这一术语虽然只是近几十年内的事情，而作为过程的全球化却很早就有发端。在全球化的起点问题上，研究者们各执一端，以至于有研究者指出："任何给全球化这样的重大社会转变指出确切起点的尝试，可能会给人以误导。"尽管在关于全球化的具体起点问题上众说纷纭，但笔者赞同大多数学者所持的观点，即认为实际意义上的全球化是随着资本主义开拓世界市场而逐渐拉开帷幕的。在这一点上，马克思和恩格斯很早就有过观察和论述，他们虽然没有明确使用"全球化"的概念，但却以深邃的历史眼光洞悉人类社会走向"世界历史"的转变。他们在《共产党宣言》中指出："资产阶级，由于开拓了世界市场，使一切国家的生产和消费都成为世界性的了……过去那种地方的和民族的自给自足和闭关自守的状态，被各民族的各方面的互相往来和各方面的互相依赖所代替了。物质的生产是如此，精神的生产也是如此。各民族的精神产品成了公共的财产。民族的片面性和局限性日益成为不可能。"这意味着，随着不同民族和国家之间跨国界的普遍交往，它们之间原本存在的界限会逐渐模糊和淡化，相互融合的趋势也会逐渐增强。这种融合的趋势，"把全球各国人民，尤其是各文明国家的人民，彼此紧密地联系起来，以致每一国家的人民都受到另一国家发生的事情的影响。"而这个趋势不断发展所带来的结果，就是"各个相互影响的活动范围在这个发展进程中越是扩大，各民族的原始封闭状态由于日益完善的生产方式、交往以及因交往而自然形成的不同民族之间的分工消灭得越是彻底，历史也就越是成为世界历史"。可以看出，马克思和恩格斯在对人类社会和世界历史发展的研究中，睿智地体察到世界全球性发展的趋势，并借此描绘和指明了全球化的起始和过程，这对于今天观察全球化问题有着鲜明的启示意义。

全球化是一种波及和影响人类社会进程的巨大浪潮，它带来的是一种持久性的影响。"当这种影响深深地渗透到生活中，对一个国家的文化、语言、社会价值观、审美观、政治过程、公共政策、对待少数民族的态度和市场行为等产生持久的影响时，这便是全球化了。"安东尼·吉登斯指出："我们有更充分更客观的理由认为，我们正在经历一个历史变迁的重要时期。而且，这些对我们产生影响的变迁并不局限于世界某个地区，而几乎延伸到世界的每一个角落。"还有学者更形象地描述道："从欧盟欧元意欲争锋到因特耐特跨国布线，从东亚金融风暴对全球经济的深刻影响到政治家个人的逸闻或丑闻在世界各地的即时反映，从恐怖主义、毒品走私的日益猖獗到难民潮、核扩散问题的汹涌而来，从政治民主化浪潮到经济市场化冲击波，从关贸总协定的入关谈判到货币基金组织的援助计划，从俄罗斯库尔斯克号核潜艇的沉没与打捞到美国国家导弹防御系统延迟部署，从巴以政治谈判到联合国千年首脑会议……不仅在物质、器物层面，而且在制度、文化层面，从工作、生活方式到思考、话语方式，在前所未有的深度和广度上，总能从中观察和捕捉到所谓'全球化'的基因或影响。"不难看出，全球化作为一种不可逆转的时代潮流，渗透到社会的经济、政治、文化、科技等方方面面。它在一种超乎人类想象的深度和广度上深刻地改变着人类活动和社会发展的历史，影响并重构着人类的思维和行为及其生存方式，塑造着现代社会的运行模式。

在我们看来，全球化具有一种天然内生的两面性，它对人类社会所产生的影响是沿着一种相互对立而又相辅相成的轨道，在一种"二律背反"的趋势中展开的。它"具有自省的特质，牵引经济、政治、社会的角色，使得后者愈来愈随着新的现势的逻辑作出反应，冲击也是双向的。全球化的过程使得普遍性与特殊性的张力日益突显"。也就是说，全球化意味着一种双向对立的发展趋势和过程：一方面，全球化的发展消除了不同民族和国家之间彼此分隔的闭关自守的状态，带来了各民族、国家之间的融合。马克思和恩格斯曾对世界市场的建立所带来的民族之间融合的趋势作出过科学的分析。他们指出："随着资产阶级的发展，随着贸易自由的实现和世界市场的建立，随着工业生产以及与之相适应的生活条件的趋于一致，各国人民之间的民族分隔和对立日益消失。"全球化的发展带来的不仅是不同民族、国家之间在其政治、经济和文化的外在形式上的融合，而且促成了不同民族、国家及其成员在生产方式、生活方式、思想意识和价值观念上走向整体化的趋势，也即它们自身特性减少而共性增多的融合与趋同的过程。这个过程体现了全球化发展所要求的世界体系的共同性的一面，是一种全球性趋势。另一方面，全球化并不是一个全球完全走向整齐划一的单一化过程，而是在走向融合和趋同的趋势中凸显出要求尊重不同民族、国家之间的差异性。美国学者约翰·奈斯比特指出："全球性越高，地方特色越鲜明——人们在经济方面越是一致，越会在其他方面（如语言、文化）展现出特色。"实际上，全球化也并不是一个追求世界单一趋同的和平过程，它不可避免地造成了不同民族和国家之间因为种种潜在或现实的矛盾和冲突而分化的趋势。这种趋势的直接表现就是矛盾冲突的各方更倾向于保持自己的自主性、独立性和完整性，并产生保持在融合趋势中不被同化或不丧失自身特色的愿望和努力。换言之，这个趋势也是民族性得到不断加强的趋势。这样，全球性和民族性趋势统一于全球化的进程当中，使之呈现出明显的两面性的影响。有学者曾形象地把全球化比喻为一柄双刃剑，并以经济全球化所带来的两面影响为例指出："它是加快经济增长速度、传播新技术和提高富国和穷国的生活水平的有效途径，但也是一个侵犯国家主权、侵蚀当地文化和传统、威胁经济和社会稳定的有很大争议的过程。"需要指出，全球化所带来的民族融合与冲突的趋势虽然统一于全球化的进程之中，但它们各自发展的速度、程度也会由于时间、空间和具体对象的不同而有所不同，也就是说，全球化带来的双向发展趋势不是对等的、均衡的。一般来说，全球化过程中全球性和民族性的要求和发展趋势是相对的。在全球性加强的同时，民族性相对减弱。但全球性无论多强，都无法消灭民族性。当然，民族性在遭遇到不公正的全球性的强大压力时，也会因此激发乃至高涨，从而出现全球性越强，民族性也越强的冲突。

全球化对民族产生的影响是巨大而多样化的，它不仅对民族的经济形势和政治状况产生重大影响，也会给民族的思想文化、价值观念和精神意识带来重大冲击。有论者认为："全球化最初也是一种文化现实以及属于表现和意识范畴的内容……它融合和重建的不仅仅是经济，更兼有思维、文化和行为的方式。"事实上，马克思和恩格斯当年就曾经指出了大工业对其所触及到的民族的精神领域产生影响的状况。他们提出，大工业"尽可能地消灭意识形态、宗教、道德等……因为它使每个文明国家以及这些国家中的每一个人的需要的满足都依赖于整个世界……从而消灭了各民族的特殊性。"在全球化浪潮的影响下，世界联系的紧密化使得民族之间的交往普遍化，不同民族之间在思想意识和价值观念上的冲突与交融、对抗与对话成为普遍的图景。在这方面，近年来很多发达国家的学者都有过大体类似的评论。比如，英国学者安东尼·史密斯认为，伴随着全球化的出现，"族裔的过去正在更新，旧的文化正在肢解并在重新创造……古老的传统和宗教观土崩瓦解，并迫使许多人把实践和信仰从他们从前的背景中分离出来，把多种多样的文化、人民和生活方式结合进自我形象和社会关系中。"法国学者魏明德指出："价值体系的改变正受到发生在全世界的全球化过程的影响，而且未来这种影响也会继续下去。"美国学者拉兹洛更明确地指出，在全球化的影响下，"价值观念的变化正在加速，并向全世界扩展。"众所周知，一个民族的思想文化和价值观念塑造并体现着该民族的民族精神。在全球化进程中，不同民族的异质的文化模式、思想意识、伦理道德、价值观念和精神风格会在相互交融和扩展中发生碰撞和冲突。对于其中的任何一个民族而言，适合于本民族需要尤其是利于保障本民族生存、发展和进步的其他民族的优秀民族精神，自然会被吸纳和消化而成为自身民族精神的一部分，而那些不利于本民族发展和进步的异质民族精神则会遭到不同程度的抵制和排斥。反观之，在全球化提供的与其他民族日益扩大的交往中，一个民族的民族精神也会展现和暴露在其他民族面前，其结果自然也是被吸纳或者被排斥。也正是在这种融合与冲撞、吸纳与排斥的进程中，民族精神才能得到发展和进步。

全球化的进程并不是一个各民族同处平等地位、均衡发展的过程。马克思和恩格斯当年在分析资产阶级建立世界市场时就指出："正像它使农村从属于城市一样，它使未开化和半开化的国家从属于文明的国家，使农民的民族从属于资产阶级的民族，使东方从属于西方。"在全球化潮流中，经济的强势可能会支撑和造就文化的强势，而文化的强势也可能会导致某种程度上的文化侵略和文化扩张。这种趋势在目前一些发达国家或经济力量强大的国家中已经比较明显地展现出来。文化影响价值观，塑造和改变着一个人乃至一个族群的思想意识和精神观念。当代，以美国为首的西方发达国家由于具有强势的经济地位和由此而来的政治和文化领域内的话语权，不但较多地谋取和享有全球化带来的种种优势和先机，同时还竭力将自己的价值观念和民族精神推行和渗透到其他民族中去，以使其他民族接受本民族的思想价值体系。这种推行自己的价值观念到其他民族和国家中去的做法，就连美国学者也不得不承认。美国政治学者梅尔·格托夫就说："事实上，新的全球化生活方式好像是美国文化和价值观的一元化。"在美国国内，有信奉文化霸权主义的人竟提出："如果世界趋向一种共同的语言，它应该是英语；如果世界趋向共同的电信、安全和质量标准，那么它们应该是美国的标准；如果世界正在由电视、广播和音乐联系在一起，节目应该是美国的；如果共同的价值观正在形成，它们应该是符合美国人意愿的价值观。"借助强大的经济实力在全球化潮流中大力推行美国的文化价值观和精神观念，由此可见一斑。强势文化和精神观念的推行对发展中国家和不发达国家的文化意识和精神观念造成了严重影响。2000 年，时任马来西亚副总理巴达维在第 14 届亚太圆桌会议的演讲中指出："全球化通过全球媒体、娱乐业、旅游和贸易使人们接触到各种不同的文化，但它也导致西方文化中最肮脏、最无价值、最颓废的东西在非西方社会泛滥成灾，使本土文化岌岌可危。"不管这些评价是否完全准确，但却比较真实地揭示了经济全球化进程中强势大国对处于弱势地位的民族国家实行思想文化和价值观念渗透、推行霸权主义的事实。正是由于认识到这一点，在当今世界范围内才兴起了一种反对和限制文化帝国主义滋生蔓延趋势的呼声。然而，即便如此，美国政界中却从上个世纪以来一直都有人呼吁要加强美国的安全。还是在近30年前，就有美国政坛人士呐喊："在今天这个受到威胁的世界上美国要想重新取得任何安全，或者在国内重新取得任何和平或进展，必须有一种民族精神的觉醒。我们一定要重建我们的防御力量，但是，除非我们恢复我们的民族精神，否则我们就不能做到。"可以看出，即便像美国这样本已处于强国地位的全球化的鼓吹者和受益者，在全球化潮流所带来的融合和冲撞中，仍十分注意保护其民族精神，尤其注意通过发扬和发展其民族精神来增强自己的抵御力量。相比较而言，对于发展明显滞后的发展中国家来说，学会如何在全球化的进程中弘扬和培育本民族的民族精神，保护其健康发展而不至于被同化或吞噬，则是一个更为重要和紧迫的课题。

第二节　中华民族精神在经济全球化进程中的境遇

随着经济全球化的扩展和中国改革开放程度的加深，中国正日益深入地融入经济全球化的进程当中，也越来越多地受到经济全球化的影响。同时，在改革开放和中国特色社会主义建设的进程中，中华民族也正在为实现全面建设小康社会的奋斗目标和构建社会主义和谐社会而努力。内外两方面的环境和条件，构成了中华民族精神在当今经济全球化进程中的发展境遇。

一、经济全球化对中华民族精神的影响

经济全球化给人类带来了发展机遇，同时也给国家和民族带来了风险和挑战。中华民族拥有悠久的历史和灿烂的文化，具有长期孕育的民族精神。在中国快速融入世界经济全球化的潮流之中，经济全球化的浪潮一方面使中华民族精神获得了良好的发展契机，另一方面也使之遇到了严峻的挑战。

（一）经济全球化对民族精神产生影响

正如前文所提到的，经济全球化本意是指世界经济发展中呈现出的各个国家和民族在经济上相互交融的经济一体化趋势。但是，人类社会的发展是一个复杂的过程，经济全球化并非只是一种孤立的经济趋势，同时也包含着政治多极化和文化多元化等多种趋势。经济全球化给人类社会发展带来了显著影响。这种影响不仅发生在社会物质生产领域，也发生在社会精神生产领域。也就是说，当代，经济全球化带来了更为广泛的民族之间的交流。这种交流超越了经济领域和经济层面，渗透到包括民族的文化、语言、社会价值观、审美观、政治过程、公共政策和市场行为等在内的社会经济、政治、文化、科技等各个方面。它不仅在物质层面，而且在制度和文化层面上深刻影响人类活动的方式和社会运行的模式，改变着人类的思维与行为方式乃至生存方式，从而影响到包括民族的思想文化、价值观念和民族精神在内的社会文化生活格局。在经济全球化浪潮的影响和推动下，不同民族的民族精神会在相互接触中交融碰撞。这种交融碰撞所依托的途径往往是各民族国家间日益扩大的经济交往，其所展现的方式也往往会表现为各民族国家之间的各种合作和冲突。

（二）经济全球化给中华民族精神的发展带来的机遇和挑战

当代，中国正在进行着改革开放和中国特色社会主义建设，面临着社会转型、体制转轨和思想观念的更新。经济全球化一方面开阔了中华民族的视野提供了与其他民族交流往来并吸收外来文明和优秀民族精神的良好机遇；另一方面也增加了与其他民族间发生纷争、矛盾和冲突的可能，并由此给中华民族精神的发展带来严峻挑战。

1. 经济全球化给中华民族精神带来的发展机遇

经济全球化加快了世界经济一体化和贸易自由化的趋势，使世界范围内商品、服务、资本、人才、科技和资源等各种要素的流动更加自由和便利。随着改革开放和经济全球化程度的加深，中国在日益扩大的国际分工和合作中借助世界范围内生产要素的适时转移和资源优化配置大大活跃了国内外经济市场，实现了经济快速发展和经济总量的持续增长。实际上，改革开放以来，中国已经成为经济全球化的受益者。联合国发布的一份《人类发展报告》中曾作出过这样的判断——中国是经济全球化积极的一员，未来也仍可能是全球化的受益者。众所周知，经济的发展是社会发展和进步的基础，也是有利于民族思想发展和精神进步的重要因素。在经济全球化进程中，中国的经济发展为中华民族精神的弘扬和培育提供了强大的经济基础和物质保障，同时也使中华民族从事经济活动和其他各种社会实践的心理状态、思想意识、行为态度、思维方式和精神面貌等逐渐得到改观。这些无疑都为中华民族精神朝着积极、健康、开放和创新的趋势发展提供了条件。

从现实状况来看，世界上任何民族在自身独特的生存和发展环境中都会培育出一些不同于其他民族的文化特征，在经济方式、政治制度、法律思想、宗教艺术、科学技术等领域也总会与其他民族有所不同。这是不同民族得以区别的特征，也是不同民族能够相互借鉴、吸取对方优点的客观前提。当代正处于经济全球化潮头的西方国家所代表的西方文明虽然有着某种不可克服的缺陷，但对于整个人类的进步和发展也有着积极意义。在漫长的历史发展中，中华民族曾经泽被于世、惠及于人，也曾在文明的交流和传播中吸纳世界其他民族的长处并从中深受惠泽。在经济全球化所带来的日益扩大的交流与对话中，西方的一些优秀的思想文化成果，譬如高效的社会治理和管理经验、积极进步的政治理念、健康向上的文化思想和社会精神等，其有益成分完全可以被中华民族吸收、借鉴和利用。就民族精神而言，譬如美利坚民族敢于冒险和创新的精神、英吉利民族的谦虚态度和规范意识、德意志民族的严谨作风和思辨精神、法兰西民族的热情奔放、俄罗斯民族的坚毅果敢、日本大和民族的认真态度和好学精神等，都可以作为其他民族精神的优秀成分为中华民族所借鉴。因此，在这个意义上说，经济全球化进程也给中华民族与世界其他民族进行思想文化和精神交流开辟了广阔的空间，也为中华传统文化和中华民族精神的丰富、创新和发展提供了契机和条件。

外来的精神文化和思想观念能够为中华民族文化的更新和中华民族精神的创新提供助力，促使中华民族在比较和鉴别中获得转型思路和发展方向。有学者形象地描述说："很自然，全球化为所有的文化领域带来新的素材。它可以提供饮食、着装的不同方式，提供我们希望获得的更为丰富的日常消费品，令我们以和亲人交流的方式与外国人交流，使我们读到和看到更多样的东西，形成对世界更丰富的看法。在有着深远历史的文化中，这种多样性应该是积极的，可以繁衍出新的文化的语言。如此，一场中国舞蹈演出可以将传统动作、中国古老文化题材与当代西方音乐家谱写的乐曲结合在一起，服装和色彩也许来自另一个亚洲国家，布景则表现超越民族界限的抽象风格。"当然，民族文化的转型并不等于文化的混沌融合，也不等于盲从，要找到民族文化和民族精神的发展路向，中华民族固然需要依靠发扬和培育自身的特色，但无论如何，借助并扩大全球化所创造的优势都应当是不可忽视的。

经济全球化一方面为我们实现建设中国特色社会主义的时代任务和民族复兴的历史使命提供了机遇和条件，一方面也使弘扬和培育中华民族精神的任务凸显出来。实际上，中华民族精神的发展需要的并不仅仅是客观环境和条件，还需要有良好的主观条件。就中国人精神状态看，中国走上了富强之路，社会稳定发展，人民日渐富裕，中华民族的精神面貌大为改观。从整体的精神风貌和心理状态看，中华民族在开放性、进取性、主动性、竞争性、参与性、创新性等方面都比以前大大提高。进入新世纪以来，中国的发展呈现出一种朝气蓬勃的局面，经济快速发展，政治局面稳定，文化日益繁荣。这种良好的发展机遇对中华民族精神的进步无疑是十分有利的。正像有论者指出的那样："无论在历史上还是在现实中，我们都看到，凡是比较兴盛的国家，那里的人民大众大都在不同程度上对自己的生活怀有满意感，怀有创造新的生活境界的积极性、主动性、创造性和信心；而当我们看到哪里的人民大众对生活满怀愁怨，充满悲观甚至失望的情绪时，哪个国家就必定是衰落的，或者必定很快就要衰落。"中国在经济全球化进程中呈现的良好局面既意味着中国具有实现更大进步的机遇，同时也意味着发展中华民族精神的机遇。

实现民族复兴是中华民族百年来的历史使命，建设中国特色社会主义是中华民族面临的时代任务，二者都是当前处于经济全球化潮流中的中华民族的必然选择，也都需要把握全球化所带来的条件和机遇，以发展着的中华民族精神来鼓舞和支持才能顺利进行。历史的经验证明，无视或者蔑视全球化的客观潮流、企图逃避或者抵制它终归都要受到历史无情的惩罚。马克思曾嘲讽不把握历史机遇、不适应时代变革的清政府。他尖锐地指出，正如小心保存在密闭棺木里的木乃伊一接触新鲜空气便必然要解体一样，"一个人口几乎占人类三分之一的大帝国，不顾时势，安于现状，人为地隔绝于世并因此竭力以天朝尽善尽美的幻想自欺。这样一个帝国注定最后要在一场殊死的决斗中被打垮"。历史的悲剧不能重演。在经济全球化的进程中，我们只有勇于和善于把握机遇，才能使我们的民族精神得到发展和进步。

2. 经济全球化给中华民族精神发展带来的挑战

经济全球化在促使不同民族和国家日益接触和逐步融合的同时，也带来了它们之间不平等和不和谐因素的产生，从而也不可避免地导致矛盾和冲突的发生。法国学者魏明德指出："全球化与本土化之间的冲突，本是各个文化都会遭遇、又考验各个文化的挑战，中国特有的历史环境，让这一过程变得格外激烈与惨痛。"对于中华民族精神而言，经济全球化带来的矛盾和冲突给其发展带来了严峻挑战。这种挑战主要表现在以下几个方面：

（1）综合国力竞争加剧带来的挑战

经济全球化能够给民族国家的经济发展带来有利的发展机遇，但不可忽视的是，作为不同的利益单位，不同民族和国家也必然会产生利益分歧和矛盾冲突。在当代，世界范围内综合国力的竞争日趋激烈。综合国力虽然主要是以经济实力和物质因素为客观的可量化指标，但精神因素也起到不可忽视的重要作用，尤其是民族精神的作用更为突出。德国著名军事理论家克劳塞维茨在其《战争论》中形象地将物质因素比作刀柄,把精神因素比作"贵重的金属"和"真正的锋利的刀刃",并把民族精神视为国力竞争中起关键作用的因素。美国学者约瑟夫·奈也把包括民族精神和社会凝聚力在内的精神力量称为综合国力中的"软实力",视之为衡量一个国家综合国力强弱的重要尺度之一。实际上,民族精神作为社会凝聚力的源泉,影响和制约着综合国力中其他物质因素的发挥程度和增长水平,在很大程度上决定着国家综合竞争能力的高低。在经济全球化的进程中,不同民族国家间综合国力的竞争,不但本身包含了民族精神的竞争,且其最终结果也要通过民族精神竞争的结果表现出来。从这个意义上看,民族精神既是构成综合国力的重要组成部分,也是衡量综合国力强弱的重要标志。中国是当今世界最大的发展中国家,也是规模意义上的大国。作为最大的发展中国家,中国在国际社会一定程度上代表了发展中国家的利益,这既为处于全球化弱势地位的广大发展中国家所赞赏和拥护,同时也易于遭到处于全球化强势地位的少数发达国家的嫉恨和排挤。作为规模意义上的大国,中国拥有辉煌的历史,在近几十年来又逐步走向强盛,这也难免使中国成为某些推行新霸权主义的国家所忧惧的对象。因此,在经济全球化进程中,中国面临着日趋剧烈的竞争和挑战。这种竞争和挑战不但是对中国经济发展水平和经济增长能力的度量,同时也是对中华民族精神的严峻考验。

(2)意识形态领域的冲突带来的挑战

意识形态领域的矛盾和冲突是不同民族国家之间在根本利益上存在分歧和对立的意识表现。当今的世界并不是意识形态已经终结的世界。只要世界范围内有不同的文化模式、政治制度和社会形态,不同性质的意识形态就仍旧存在。随着经济全球化进程的深入发展,国际范围内不同意识形态领域的接触会增多,相互之间的竞争也会不断加剧,尤其是在不同社会制度之间,意识形态领域的竞争和冲突更为剧烈。在当代,由于全球化在实质上并不是各民族国家公平、公正、均势发展的过程,在全球化棋局中处于强势地位的西方发达国家为了牢牢把握全球化的主动权和控制权,并使广大发展中国家处于边缘化的地位,加紧对发展中国家进行意识形态的渗透,并通过各种途径向它们推销和灌输自己的意识形态、价值观念、生活方式和政治模式等。改革开放以来,中国在意识形态领域坚持马克思主义的指导地位,但在主流意识形态之外,近年也出现了一些不和谐的声音。这些声音的出现,其中一个重要原因就是西方国家实施的意识形态渗透和侵入。由此,中国这个在社会制度、政治体制、意识形态和国家利益等领域与西方国家显然不一致的发展中大国始终是西方实施"西化"和"分化"策略的重点对象和主要目标。在日益扩大开放并逐步融入经济全球化的进程中,中国难免还会在意识形态领域受到外来思想观念的干扰和破坏。某些国家会乘机借助经济全球化的扩散对中国进行意识形态渗透,从而使中华民族自身的价值观念和道德规范受到挑战。这些挑战所造成的对中国意识形态安全的危害,实际上也对中华民族精神构成了挑战。

(3)文化传统迷失与民族认同危机带来的挑战

经济全球化使具有不同文化传统的民族和国家在很大程度上冲破了以往地域的界限和观念的藩篱,使拥有不同文化传统、风俗习惯和精神品质的民族在逐步接触中扩大交流。这种交流的结果是:一方面,各具特色的民族文化会因为文化的异质而直接产生种种矛盾和冲突;另一方面,不同质的民族文化传统也会逐步整合和实现一定程度的融合。就前一方面看,文化的冲突在一定意义上也就意味着民族精神的对抗。而就后一方面看,文化融合有其积极的一面，但也会"对地区文化和民族文化，对传统、风俗、神话以及更多决定各国或各地区文化认同的东西构成致命一击"，在一定程度上破坏了不同民族文化的自我保护能力，从而带来民族成员对文化传统认同感的逐步弱化。在造成文化冲击的多种途径和方式中，充当文化普及者的影视娱乐文化的影响不可小觑。德国前总理施密特针对文化娱乐工业的传播和影响指出："娱乐工业正所向披靡，不仅席卷德国，而且席卷全球，冲击整个世界的任何地方……娱乐工业所促成的低档次电视节目，尤其是极其廉价的乃至十分不良的节目的全球化正在危害各国的文化传统。"这种情况，诚如有人所指出的，文化全球化会给民族的文化传统带来祸患，"它可能加速每个文化对自身源头的忘却，那样，我们就只有一大盆共同的'汤'，一种建立在最平庸的参照和产品上的普遍的伪文化"。也就是说，在经济全球化进程中，不同文化的跨民族、跨地域和跨时空的融合会使民族文化特质存留的空间受到挤压，从而导致民族文化传统迷失和民族认同感的弱化。中华民族精神是中华传统文化的精髓和灵魂，向来被视为文化认同和民族认同的"守护神"。在日益扩大的对外交流中，西方现代文明的延伸尤其是文化霸权主义的扩张会强烈地冲击、震撼并侵蚀中华民族的文化传统和民族意识，导致人们对传统文化产生隔膜，从而出现民族认同感的消解。也就是说，全球化的趋势在一定程度上会影响和改变中国人的思维方式、价值观念、日常生活和行为方式。这种改变，自然有良性的一面，但其负面影响则使得传统民族精神赖以生存的社会结构和文化土壤逐步减缩和消失。这种对传统文化的漠视和民族认同感的消解表现在很多方面，比如对传统风俗习惯、语言文字等具有民族特色的文化心理特征的冷视和丢弃等。

　　需要指出的是，在经济全球化的进程中，中华民族精神的发展受到了种种影响和挑战。这些影响和挑战尽管可以出现在人们社会生活的不同领域和不同层面，但往往又是相互关联的。其中，体现在文化领域的挑战对中华民族精神的发展影响直接而深刻。当代，综合国力的竞争在越来越大的程度上受制于文化的竞争，也会较多地借助和渗透到文化交流之中。这恰似美国文化学者萨义德所指出的："文化不但不是一个文雅平静的领地，它甚至可以成为一个战场，各种力量在上面亮相，互相角逐。"实际上，随着全球化进程的日益深入，中国遭遇着西方文化以其经济、政治强势为基础而进行的日益凶猛的文化扩张和文化侵蚀，并在历史的和现实的、外来的和本土的、进步的和落后的、积极的和颓废的思想文化激荡中，在吸纳和排斥、融合和斗争、渗透和抵御中谋求保持中华民族的文化特征。但是，面对日益加剧的文化挑战，唯有积极地弘扬和培育中华民族精神，才能使中华民族立于不败之地。

二、中华民族精神在经济全球化进程中的发展现状

　　改革开放重新打开了中国了解世界和走向世界的大门，推动和促使着中国日益深入地融入经济全球化的进程。在与世界其他国家和民族日益广泛、深入的接触和交流中，中华民族精神获得了良好的发展机遇。鉴于建设中国特色社会主义是在国内外双重环境和条件下进行的，中华民族精神的发展自然也必须面对国内外的双重环境和条件。但较之以往，国内外的环境和条件都发生了显著的变化：一方面，经济全球化的趋势与政治多极化、文化多元化的趋势并存共生，使世界发展形势错综复杂，尤其是不同思想文化的交融激荡、碰撞冲突比以前更为明显也更加剧烈。改革开放以来，中国社会组织和结构形式比以前更

复杂、多变。社会经济成分、组织形式、就业方式、利益关系和分配方式的多元化和多样化趋势使人们的思想活动和精神表现的独立性、选择性、多样性和差异性不断增强，从而更加深刻地影响着中华民族精神的发展。

在经济全球化潮流所引发的激荡迅猛的发展趋势面前，中华民族积极主动地迎接机遇，应对挑战，以开拓进取的精神不断推进改革开放和建设中国特色社会主义的各项事业，展现了良好的精神状态和精神风貌。与此同时，中华民族在精神生活领域和精神世界内也更多地受到了来自异域思想文化的影响，因而在某些方面也出现了一些不利于民族精神发展的因素和表现。如，对中华民族优秀文化传统的冲蚀和传统价值观的解构，对优秀传统道德的颠覆等。

（一）经济全球化进程中中华民族精神的特征和表现

在改革开放和中国特色社会主义建设的推动下，中国逐步走上了日益强大和富裕的道路，中华民族的精神面貌发生了比较大的变化。当今迅猛的经济全球化趋势又把中国的发展与整个世界的发展紧密联系起来，使中华民族精神的发展在更高程度上与外部世界的变化联系起来。

1. 经济全球化进程中中华民族精神发展的特征

在当今经济全球化进程正在带来的生存与发展的环境、条件、要求等诸多情势的变迁中，中华民族精神在发展上呈现出一些特征。概括而言，这些特征主要表现为以下几个方面：

在发展的状态方面。由于中国在更大范围和更高程度上参与到世界发展的进程中，中华民族精神的现实状态和发展趋势就会自然而然地更多受到外部环境的影响。经济全球化所带来的机遇和挑战既可能使中华民族精神因获得契机而振奋，从而处于昂扬之态，又可能会因为源自国内外、族内外的不利因素而受到阻抑，从而出现低落不振之势。由于受到日益增多的内外部因素的影响，相比较而言，中华民族精神发生改变的频率会增加。但从总体上看，由于当代中国正处于中国特色社会主义事业和民族复兴事业的腾飞期，因而中华民族精神将会持续而长期保持着振奋的发展趋势。

在发展的内容方面。在经济全球化所带来的相对开放的环境和日益扩大的民族国家的交往中，中华民族与世界其他民族的交流更为频繁也更加深入，因而从世界其他民族中借鉴和吸纳优秀精神基因和内容的可能性和现实性都大大增加。与此同时，中华民族精神中的某些内容也会更多地为世界其他民族所吸纳。这种愈发深入的交流，使中华民族精神在内容上得到了丰富和发展。

在发展的水平方面。由于中华民族与世界其他民族在具体国情和族情上的差别，尤其是在文化底蕴上的异质性和文化内涵上的殊别性，因而即便是在对其他民族优秀的精神内容的吸纳和借鉴中，中华民族精神也会在对之进行适于自身情况的改造和吸收，实现超越和发展。

在发展的趋势方面。经济全球化使中国在发展的环境和条件方面发生了变化，也使中华民族精神在发展上所遇到的可变因素增加，在其发展的环境和条件等方面出现激变或突发情况的可能性也会有所增加。某些环境和条件的变化、某些突发的事件可能使中华民族精神得到激发或受到阻抑，因而使其在内容、状态、表现以及某些方面的特征和性质上发生异变。

2. 中华民族精神在经济全球化进程中的表现

从精神风貌看，当前，中国人民正从事着全面建设小康社会和构建社会主义和谐社会的事业，不断推进中华民族的复兴。就其总体状况和发展趋势看，中国的改革和发展呈现出良好局面：国民经济保持着持续、快速、健康发展的势头，国家的综合国力显著增强，社会稳定，文化繁荣。这种状况无疑有助于中华民族保持高昂的精神状态和健康的精神风貌。

从心理状态看，自改革开放以来，中华民族在适应新的社会发展趋势和要求中逐渐养成了更为开放的社会心态。随着社会主义市场经济的建立、健全和发展，人们参与社会生活和生产实践的积极性、主动性、开放性、进取性、竞争性和创新性等都有了明显进步。在经济全球化的进程中，这些健康、积极的心理状态逐渐得到进一步的巩固和发展，成为支撑中华民族从事推进改革开放和建设中国特色社会主义事业的心理基础。

从社会凝聚程度看，尽管近年来在国内外经济、政治和文化领域出现的一些不利因素一定程度上对中华民族的凝聚力造成了负面影响，但是，从整体上看，建设中国特色社会主义的实践对广大中国人民而言是合民心、顺民意、励民志的实践，由此而生发的民族凝聚力把中国人民紧密团结起来。就总体状况看，中华民族团结在推进中国特色社会主义建设和实现民族复兴的目标之下，形成了强大的民族凝聚力。

从民族精神弘扬和培育的程度看，近些年来，中华民族精神得到了比较健康而顺利的发展。改革开放以来所培育的团结竞争、开拓进取的民族精神得到了弘扬，同时新的时代精神也正在孕育和创造之中。进入 21 世纪以来，在不断推进全面建设小康社会和构建社会主义和谐社会的进程中，富有时代特色的精神不断涌现。比如，在重大事件中所培育的抗击"非典"精神、载人航天精神等，它们使中华民族精神在内涵上得到了丰富和创新，大大推动中华民族精神不断向前发展。

总的来说，中华民族精神在当今经济全球化进程中表现出振奋的态势和健康的发展趋势。伴随着经济全球化的日益深入，中国有实现更大发展的机遇，中华民族精神也因此会获得更大的发展契机。

（二）当今中华民族在精神领域中存在的问题

受经济全球化的冲击，中华民族在思想和精神生活领域出现了一些不可忽视的问题。这些问题毫无疑问会影响中华民族精神的弘扬和培育，妨碍中华民族精神的发展。这些问题主要表现在以下几个方面。

1. 在传统的思想文化观念上

尽管在改革开放和建设中国特色社会主义实践中，传统的思想文化观念不断更新，但是在长期的农业社会和封建制度中养成的国民性格中的陈规陋习和落后观念不可能在短期内被清除干净。一些落后陈腐的国民积习仍然存在，并且在外来思想的影响下可能沉渣泛起。其主要表现是：受小农经济意识熏染的不良文化习惯，如愚昧、守旧、怯懦、盲从、散漫、迟缓、安土重迁、低效和不守时等；血亲家族意识中的落后思想，如愚忠愚孝、泥古非今、因循墨守、等级辈分和资历观念等；封建宗法传统遗留的世俗心理，如权势崇拜、家长作风、贬抑个性、逆来顺受、羁制自由等。这些陈旧的积习和落后的观念在人们头脑中或浅或深、或多或少存在，对新型思想观念和精神品性的养成造成了一定的阻碍。

2. 在国民心态的现实倾向上

当前中国国民的心态在总体上是健康积极、平和向上的，但在一部分人身上也带有明显的物欲化、粗俗化、情绪化、冷漠化、躁动化和无责任化等不健康倾向。这些倾向在一定程度上导致了以下后果：物欲横流、道德沦丧、人格蜕化，使社会道德规范和伦理精神受到破坏；精神萎缩、消极厌世、玩世不恭，使个人失去人生理想和目标追求，也使社会发展缺乏动力和生机；自私意识泛滥、公共意识薄弱，社会责任感淡漠，使社会凝聚力降低。这些不良倾向显然会对中华民族精神造成侵蚀，对中华民族精神的发展极为不利。

3. 在思想道德和价值观念的现状上

人们在产生新思想与新观念的同时，也在一定程度上出现了社会生活特别是精神生活领域内的畸变。比如，在社会经济活动中，见利忘义、损公肥私、坑蒙拐骗、偷税漏税、失信欺诈等情况时常发生；在社会政治生活领域内，一些人假公济私、以权谋私、卖官鬻爵、贪污腐化、奢靡堕落的现象严重存在；在社会文化生活领域内，一些文化产品粗俗低劣、庸俗浅薄甚至充满低级趣味；在社会思想道德领域内，一些人思想迷茫、信念失却、信仰失落，一些人在社会道德趋向上出现了追求庸俗和低级的物质消费主义、崇尚拜金主义、享乐主义和极端个人主义的"去道德化"倾向，并一度出现道德失范，是非、善恶、美丑界限混淆的现象。这些现象和思潮虽然是支流，但是它们的存在和蔓延势必会侵蚀和损害人们的思想，腐蚀和破坏社会道德规范和价值标准，从而也削弱中华民族精神存在和发展的思想根基。

4. 在民族意识和精神表现上。

西方文化的强势攻夺，加上国内市场经济的负面效应，使人们既有的精神文化传统受到不利影响。这一点，清晰地表现在西方文化对中国人文化精神和文化性格的侵蚀和解构上。由于这样的破坏，在民族意识和民族心理方面，有些人出现国民意识、国家意识和民族意识模糊化，民族认同感和归属感削弱化，民族自尊心、自信心和自豪感淡薄化等各种不良倾向。尤其是在一些青年人中，悲观失落的心理、崇洋媚外的心理明显滋生，甚至还有丧失国格和人格尊严的思想行为出现。在精神传统方面，一些人出现精神滑坡、生活目标丧失、精神追求失落。某些优秀的精神传统，如见义勇为、助人为乐等，不仅在一些人身上难觅踪影，而且被讥讽为"傻"和"蠢"。这种现象的出现，无疑会妨碍民族精神的弘扬和培育，影响中华民族精神的健康发展。

以上这些表现反映了当前中华民族在思想和精神领域存在的问题。这些问题的产生与经济全球化进程中中华民族所遇到的现实社会环境中的冲突和矛盾及来自各个领域的挑战有密切联系。它们的存在不仅对当今中华民族精神的弘扬和培育，而且对其现实和未来的发展都极为不利，因此是在经济全球化进程中为推进中华民族精神发展而要高度关注和着力解决的问题。

第三节　当代弘扬和培育中华民族精神的意义与坚持的原则

在当今经济全球化的进程中，中华民族的生存、发展和进步不能够离开中华民族精神的支撑和推动。弘扬和培育中华民族精神具有十分重大的意义，也必须坚持一定的原则。

一、当代弘扬和培育中华民族精神的意义

在当代，弘扬和培育中华民族精神具有重要意义。这种意义，一方面是由中华民族精神历史传统的时代转换所产生的，另一方面也是由当代中国社会发展和中华民族精神发展的现实境域所规定的。结合中华民族精神的发展条件看，当代弘扬和培育中华民族精神不仅对中华民族自身意义重大，而且对世界发展与人类进步也有价值。

（一）弘扬和培育中华民族精神意义的双重指向

经济全球化使中华民族在当代弘扬和培育民族精神的任务日益凸显。从历史方位和时代方位看，当人类社会跨入 21 世纪之际，中国进入了全面建设小康社会、加快推进中国特色社会主义现代化建设的新的发展阶段，中华民族面临着不断推进民族复兴的任务。要实现这一任务，必须通过弘扬和培育民族精神来提供精神支持和精神保障。同时，在经济全球化条件下，各民族之间存在着激烈的竞争。在与其他民族的竞争中，如果一个民族没有坚强的民族精神，或者不能够很好地弘扬和培育民族精神，那么该民族的文化很容易被侵蚀和同化，从而影响到民族的前途和命运。因此，中国要实现经济发展、政治进步和文化繁荣，实现民族复兴，所面临的国内外环境日益复杂，所遭遇的风险和挑战也很多，弘扬和培育中华民族精神的任务由此更为紧迫。这是弘扬和培育中华民族精神对于中华民族自身的意义所在。

经济全球化扩大了不同民族之间接触和交流的空间，增加了不同民族之间通过交往而互相学习、取长补短的机会。这种交融和学习不仅体现在物质生活领域，还体现在精神生活领域。中华民族是一个爱好和平、崇尚进步的民族，拥有优秀的民族精神。中华民族精神既具有民族性的特征，也具有世界性的意义。它既属于中华民族，是中华民族的宝贵精神财富，同时也属于世界，是人类珍贵的精神财富。中华民族精神中的许多成分代表和体现着人类共同的优秀思想美德和精神品质，对促进其他民族乃至整个人类的协调发展和共同进步是有益的。实际上，无论是古代还是近代，中华民族精神的传播都曾为丰富和发展人类精神，为世界和平和发展以及人类的进步事业做出过重要贡献。随着经济全球化的深入，中华民族能够与世界上其他民族进行更为广泛的交流与融合，中华民族精神也能够在更大范围内和更高程度上为世界其他民族所借鉴，为世界的发展和人类的进步做出更大的贡献。这一点，正是弘扬和培育中华民族精神对于世界的意义所在。

综合起来看，弘扬和培育中华民族精神不仅有利于中华民族自身的发展进步，而且有利于世界发展和人类共同进步。这样，中华民族精神的发展也就不仅体现出民族性价值，同时也体现出世界意义。

（二）当代弘扬和培育中华民族精神的现实意义

弘扬和培育中华民族精神对于应对时代挑战，完成时代使命，增强民族的凝聚和团结，维护民族认同，实现国家统一和民族振兴都具有重大的现实意义。

1. 有利于增强中国的综合国力

随着经济全球化的发展，各国之间综合国力的竞争日趋激烈。作为发展中的大国，中国目前在经济、科技、国防等各种物质实力上还相对比较落后，在经济全球化所带来的愈

演愈烈的综合国力竞争中仍需要提高自身的综合国力和核心竞争力。正如前面所提到的，在综合国力和核心竞争力的范畴中，民族精神是一个不可忽视的重要因素。弘扬和培育中华民族精神一方面能够使中华民族获得新的时代精神力量，从而直接增强综合国力中的"软实力"；另一方面也能够使中华民族在复杂的竞争中增强自身的凝聚力和向心力，从而为其他物质实力的创造与发展提供精神条件。英国学者哈特曾经指出："要充分估计到国家的精神力量，因为教养人民具有高度的精神素质，经常都是重要的，其重要性并不亚于物质的斗争工具。"由此，在经济全球化的进程中，弘扬和培育中华民族精神将会有利于提升中国的综合国力，增强其应对日趋激烈的综合国力竞争的能力和水平。

2. 有利于发展社会主义先进文化

在经济全球化进程中，民族和国家的发展所依赖的不仅仅是经济的发展，居于背后、决定民族命运的还有更深层次的文化因素。实现文化的与时俱进，是关系到广大发展中国家前途和命运的重大问题。中国要实现民族文化的与时俱进，需要不断发展适应中国特色社会主义建设要求的社会主义先进文化。社会主义先进文化是代表和引领社会主义前进方向的文化，是民族的、科学的、大众的新文化。发展和建设社会主义的先进文化，应当坚持综合创新的思路，一方面继承中华民族的优秀传统文化，另一方面也要吸纳外来优秀文化。在发展和建设社会主义先进文化的过程中，特别需要注意的是要妥善应对伴随着经济全球化而来的西方文化的渗透和扩张，反对西方某些强势文化的侵略，维护本民族的文化独立与文化安全。从这个角度来看，弘扬和培育中华民族精神就不仅仅是社会主义先进文化建设的重要任务，同时也是社会主义先进文化发展的重要保障。通过弘扬和培育中华民族精神，中华民族可以在保持和发扬本民族优秀文化传统的基础上，抵制外来文化中消极和腐朽因素的侵蚀和渗透，同时也推动自身文化的创新和进步，从而有利于保证社会主义先进文化的发展。

3. 有利于实现民族团结和国家统一

实现中华民族的团结和国家的统一是全中国人民的美好愿望和神圣责任，也是整个中华民族的根本利益所在。在历史上，中华民族精神是维护国家统一和反对民族分裂的强大精神武器。当代，经济全球化浪潮在一定程度上使中华民族维护民族团结和实现国家统一的重要性更加凸现，也使中国人实现民族团结和完成国家的统一愿望更加强烈。同过去一样，中华民族精神仍是维系中华民族和全体中国人的精神纽带，也是实现民族团结和国家统一的重要精神支撑和强大精神力量。弘扬和培育中华民族精神能够增强海内外中华民族成员的民族认同感和归属感，唤起民族的凝聚意识和归属意识，激发包括台湾同胞在内的中华民族的爱国情感。通过弘扬和培育中华民族精神，海峡两岸的中国人可以构筑和增强团结与凝聚的精神基础，从而在爱国主义的旗帜下实现民族团结和国家统一。这既是中华民族精神重要作用的表现，也是弘扬和培育中华民族精神的现实意义。

4. 有利于推进小康社会与和谐社会建设

全面建设小康社会和构建社会主义和谐社会是当代中华民族面临的任务。作为社会主义社会建设的目标，小康社会与和谐社会对中华民族精神的发展提出了要求。作为民族共同的社会实践，全面建设小康社会和构建社会主义和谐社会需要团结和凝聚整个中华民族的精神力量。中华民族精神包含有不少崇尚和谐公平、激励开拓进取、倡导共同发展的精神内容，比如，刚健有为、自强不息的精神，兼容并包、厚德载物的精神，贵和尚中、以人为本的精神，天人合一、合而不同的精神等。这些精神在意蕴上与小康社会及和谐社会的精神要求相吻合，对于推进建设小康社会与和谐社会的社会实践是有积极意义的。中华民族精神尤其是上述这些精神内容的弘扬和培育，能够唤起人们投身建设事业的热情，直接有助于调动人们建设小康社会与和谐社会的积极性、主动性和开拓性，为全面建设小康社会和构建社会主义和谐社会的实践提供精神支撑和精神动力。与此同时，中华民族精神的弘扬和培育也不断充实和丰富着小康社会与和谐社会的思想内容和精神内涵，对于在精神层面上丰富小康社会和社会主义和谐社会的内涵也具有重要意义。

二、当代弘扬和培育中华民族精神的原则

从中华民族精神在现当代发展的历史经验看，弘扬和培育中华民族精神不能是盲目的、无原则的，而是必须适应中国社会发展和中华民族进步的现实要求，沿着正确而科学的方向进行。在今天，中华民族精神的弘扬和培育应坚持以下原则。

（一）坚持中国共产党的领导，团结和凝聚全民族的力量

现当代发展的历史证明，中国共产党是中华民族的优秀代表，是中国革命、建设和改革事业的坚强领导核心。在领导中国人民改变自身命运的过程中，中国共产党历史性地成为中华民族精神的继承者和发扬者，成为弘扬和培育中华民族精神的领导者和引路人。中国共产党严正申明自己是"民族一切文化、思想、道德的最优秀传统的继承者，把这一切优秀传统看成和自己血肉相连的东西，而且将继续发扬光大"。中华民族精神现当代发展的历程也证明，中国共产党不仅是弘扬和培育中华民族精神的代表，也是组织和带领中国人民弘扬和培育中华民族精神的向导和核心。

在经济全球化进程中，面对着日益复杂的世情、国情、党情、政情和民情，弘扬和培育中华民族精神必须坚持中国共产党的领导。近些年来，有人对中国共产党执政的合法性提出质疑，叫嚣应该取消中国共产党在中国的领导地位。他们所持的一个"理由"就是中国共产党已经背离并不再代表中国广大劳动人民的利益，也不能够凝聚起全民族的精神力量。这种观点是错误的，是别有用心的。列宁根据国际共运的历史经验指出，只有工人阶级的政党，即共产党，"才能团结、教育和组织无产阶级和全体劳动群众的先锋队……并领导全体无产阶级的一切联合行动"。邓小平结合中国的历史指出："中国一向被称为一盘散沙，但是自从我们党成为执政党，成为全国团结的核心力量，四分五裂、各霸一方的局面就结束了。只要我们党的领导是正确的，那就不仅能够把全党的力量，而且能够把全国人民的力量集合起来，干出轰轰烈烈的事业。"中国现当代以来的历史充分表明，中国共产党是能够真正团结和凝聚起全民族的精神力量的政治核心，是中华民族精神最出色的发展者和推进者。在当代中国，中国共产党同样是担负着组织和带领中华民族和中国人民弘扬和培育民族精神、实现民族复兴任务的引路人。当然，中国共产党自然也会面临日益复杂和艰巨的挑战，要团结和凝聚全民族的力量，必须始终把人民的利益放在首位，始终注意加强党的自身建设，营造良好的社会氛围和社会风气，为弘扬和培育中华民族精神创造好的条件。

（二）坚持马克思主义，为中华民族精神的发展提供思想指导

马克思主义作为人类文明的精神成果，在中华民族精神现当代发展的过程中起到了巨大的指导作用。马克思主义在中国的传播和逐步实现中国化的过程，也是中华民族精神得到不断弘扬和培育的过程。马克思主义中国化产生了一系列重大理论成果。这些理论成果从来源上看是马克思主义与中国实际相结合的产物，从形成过程上看是中华民族精神不断得到弘扬和培育的结果，从创造主体的角度看是中国共产党和中国人民群众集体智慧的结晶，从思想内容上看又是中华民族精神中居于高位次的精华。马克思主义及其中国化的理论成果从科学世界观和方法论的高度为中华民族精神的发展开辟了新的思想境界，使中华民族精神的弘扬和培育获得了科学而正确的方向，并由此焕发出新的生机和活力。历史的经验证明，中华民族精神在现当代得到弘扬和培育的过程，与马克思主义及其中国化的理论成果所提供的思想指导是难以分开的。

在一百五十多年来的发展历程中，马克思主义历经曲折和坎坷。在世界思想舞台上，关于马克思主义"过时了"和"终结了"的论调尽管时而出现，但已被历史证明是错误的。近年来反倒有许多曾经诅咒、攻击和诋毁马克思主义的思想家开始反思和重评马克思主义的思想价值。在中国国内，由于经济全球化带来的各种思潮和西方有图谋的意识形态渗透所带来的冲击，马克思主义及其发展面临着严峻的挑战，不仅借弘扬中华民族精神之名而攻击马克思主义之实者大有人在，而且借西方非马克思主义思潮来攻击马克思主义之影响者也时有现身。事实上，中国社会现当代以来所发生的变迁和中华民族命运所发生的历史巨变都充分证明了中华民族精神与马克思主义的高度契合性与适应性。今天，坚持以不断发展着的马克思主义中国化的理论成果为指导，弘扬和培育具有时代特色的中华民族精神，不仅符合马克思主义中国化发展的特征和趋势，同时也是保障中华民族精神健康发展的必然要求。

（三）坚持中国特色社会主义，保证中华民族精神的发展方向

现当代中华民族对社会主义的选择和实践，一方面充分彰显了中华民族精神的作用，另一方面也指引了中华民族精神发展的方向。在追求和建设社会主义的过程中，中华民族精神得到了弘扬和培育。无论是就其精神内涵还是就其精神实质看，中华民族精神都是与中国社会主义的社会性质和社会制度等根本特征紧密联系并结合在一起的。可以认为，社会主义在中国不断发展和完善的过程中，它自身所具有的质的规定性对中华民族精神的属性提出了要求，规定了弘扬和培育中华民族精神的方向。

在经济全球化进程中，不同民族国家之间虽然有着日益扩大的交往，从而不可避免地导致原本属于不同意识形态、采用不同社会制度的民族国家在精神领域的交流逐渐增多，但是它们之间在意识形态、社会制度、文化模式、思想道德、精神理念上的差异仍然存在，民族精神差异仍会存在。当代，由于资本主义国家在竞争中拥有相对强势的地位，它们对社会主义国家的精神侵蚀是不容忽视的。它们易于给人们造成的误解也正像有人所指出的那样，尽管"资本主义精神本身并不是既自然又合理，然而却显而易见地被视为既自然又合理"。事实上，在目前的中国，总有一些人把资本主义精神奉为至宝、圣经，对于其价值理念大唱赞歌并趋之若鹜。诚然，对于资本主义社会中一些利于社会主义发展进步

的精神因素，社会主义自然应当认真吸取借鉴，但对于要发展自身特色的社会主义中国而言，盲目模仿和全盘吸收所谓能刺激经济飞速发展的"资本主义精神"是不会有出路的。唯有坚持中国特色的社会主义道路才能从根本上保证弘扬和培育中华民族精神的正确方向，也才能真正有利于中国特色社会主义事业的发展和进步。

第四节　在全面建设小康社会与构建和谐社会中弘扬和培育中华民族精神

全面建设小康社会和构建社会主义和谐社会的实践是弘扬和培育中华民族精神、使之不断更新和发展的本源。小康社会是经济更加发展、民主更加健全、科教更加进步、文化更加繁荣、社会更加和谐、人民生活更加殷实的社会，社会主义和谐社会也是民主法治、公平正义、诚信友爱、充满活力、安定有序、人与自然和谐相处的社会。小康社会与和谐社会的发展目标不但对中华民族当前和今后的实践提出了要求，同时也为中华民族精神的弘扬和培育确立了发展目标。

一、立足于发展社会主义先进文化

弘扬和培育民族精神是社会主义文化建设的一项重要任务，其中包含着通过文化建设来实现弘扬和培育民族精神的要求。在今天，弘扬和培育中华民族精神，其根本途径就是建设社会主义先进文化。

民族精神是先进文化的灵魂和表现，先进文化是民族精神的依托和基础。从历史上看，中华民族精神的内容和特质是不同时代的优秀文化历经筛选和积淀、不断承传和创造的结果。在当代中国，弘扬和培育中华民族精神也必须注重中华民族文化的发展，尤其要建设社会主义的先进文化。社会主义先进文化是具有中国特色的文化，是民族的、科学的、大众的文化，也是面向现代化、面向世界、面向未来的文化。因此，在建设社会主义先进文化过程中弘扬和培育中华民族精神应当在结合实践、继承传统、博采众长中实现中华文化的发展和创新。发展社会主义先进文化所涉及的一个不可回避的问题就是如何对待文化的民族性和世界性，亦即如何处理传统文化和外来文化的关系问题。众所周知，一个民族在既定时代的文化不可能与该民族前代的文化以及其他民族的文化完全隔离，而是只有在继承和发展本民族优秀文化传统并合理吸纳外来优秀文化的基础上才能存在和发展。在经济全球化条件下建设中国特色社会主义先进文化，需要处理好两方面的问题。

其一，继承和发展本民族优秀传统文化。对任何民族而言，其民族文化的发展都具有继承性，即只有在继承和发展本民族优秀文化传统的基础上才能存在和发展。这是由文化发展的本质属性所决定的，也是由民族生存和进步的根本要求所决定的。中华民族有丰富的传统文化资源和深厚的文化积淀，要建设社会主义先进文化，首先要对传统文化进行批判地吸收，继承优秀的文化传统，从中吸取丰富的精神营养。毛泽东指出："清理古代文化的发展过程，剔除其封建性的糟粕，吸收其民主性的精华，是发展民族新文化、提高民族自信心的必要条件。"我们强调继承和发扬光大中华民族优秀传统文化既不是落伍、也不是保守，而是发扬中华民族精神、增强民族自尊心、自信心和凝聚力的重要途径。在中国传统文化中，既有大量优秀的文化精华，也有一些落后的、腐朽的文化糟粕。就文化传统而言，在浩繁的中国古代文化典籍中，刚健、仁恕、忠义、报国、中和、民本、重生等文化思想随处可见，融汇和体现在不同文化思想中的优秀精神观念比比皆是。诸如，儒家自强不息、礼让为先、推己爱人的观念，墨家自力更生、兼爱博施的观念，法家立法自治、依法共存、合法共荣的观念等。此外，厚德载物、推己及人的持生规范，经世致用、知行合一的求实态度，艰苦朴素、克勤克俭的勤俭意识，杀身成仁、舍生取义的英雄气概，富贵不淫、贫贱不移和威武不屈的立身情操，天下兴亡、匹夫有责的爱国胸怀，先天下忧、后天下乐的崇高品德，鞠躬尽瘁、死而后已的勤勉风格，摩顶放踵、利为天下的奉献思想，利国殉义、不避祸难的民族气节以及追求公义、大同、平等的社会理想等，都是中华民族优秀文化思想传统的体现。当然，在传统文化的精神资源中也有文化糟粕和带劣根性的东西，如"三纲五常"的伦理规范，"别尊卑、明贵贱"的等级制度，"刑不上大夫、礼不下庶人"的特权观念，"普天王臣、尽地王土"的宗法观念，"顺我者昌、逆我者亡"的专制作风，"天不变，道亦不变"的因循思想、"存天理、灭人欲"的禁锢主义以及八股文、宦官制度、男子纳妾、女子裹足、风水迷信等陈规陋习等。建设社会主义先进文化，就应该取传统文化之精华，去其糟粕，从中发掘富有永恒价值和时代价值的元素，并在此基础上结合新的时代要求发展和创新民族的优秀文化，为之增添新的时代内容和时代特色，用以教育国人、振奋精神。

其二，借鉴和吸收外来文化中的优秀成分，使之为我所用、为我所有。马克思指出："古往今来每个民族都在某些方面优越于其他民族。"李大钊认为："平情论之，东西文明，互有长短，不宜妄为轩轾于其间。"毛泽东也说过："应当承认，每个民族都有它的长处，不然它为什么能存在？为什么能发展？同时，每个民族也都有它的短处。"在民族文化上也是如此：外来文化中会有不少腐朽、消极的精神糟粕和不适合中国国情的东西，同时也有大量的人类文明的精华。建设中国特色社会主义先进文化绝不能对外来优秀文化视而不见或拒之门外，而应该从中国特色社会主义现代化建设的实践需要出发，批判地借鉴和吸收一切有价值的外来文化成果。列宁在谈到无产阶级文化建设时说："只有确切地了解人类全部发展过程所创造的文化，只有对这种文化加以改造，才能建设无产阶级的文化。"同样，在经济全球化带来的日益扩大的开放和交流中，如果回避和拒绝外来优秀文化，既是不明智的，也是不现实的，建设中国特色社会主义先进文化的任务也就根本不可能完成。

每个民族的精神特性只有在同其他民族接触和对比中才能得到展现和发展。鲁迅先生早年指出："国民精神之发扬，与世界识见之广博有所属。"此言不虚。中华民族精神的独特之处只有在与世界其他民族的对比中才能彰显，其眼界也只有在与其他民族精神的交流中才能更加开阔。因此，弘扬和培育中华民族精神，除了要继承和发展本民族的传统民族精神外，也应当充分利用经济全球化提供的契机借鉴和吸收其他民族精神的优秀内容。在20世纪初叶中国向现代社会转型的过程中，有人曾为改造国民性之中的劣根性，提出"现世优胜民族之思想，足为吾人刺激物"，并吁请"有心人所当精心研究，撷其精华，抽其神髓，以输入传布之"。与此类似，在当代发扬和培育中华民族精神，也要反对保守主义的错误倾向，防止盲目排外。当然，对于外来民族精神，我们只能合理地对它加以吸纳、改造和利用，而决不可奉为圭臬，视为圣灵，生吞活剥，食而不化。此外，对于某些民族利用各种途径来对中华民族精神进行消解的企图，则需要保持高度警惕并予以坚决反对。在这一点上，我们必须做到法国学者魏明德指出的那样，在全球化和本土化之间，"我们必须维护自身文化、历史、民族和伦理的特色，但我们同样需要以开放、实际的方式定义这些特色，要知道，比起过去，我们的特色更维系在未来。将我们的特色绝对化实际上只会令其脆弱。以灵活、进步的概念认识自身的特质，就可以随着时间的推移对其进行维护和丰富。我们最深刻的本质会随着我们不断前进而得到实现"。

二、致力于建设社会主义精神文明

社会主义精神文明是社会主义社会的重要特征，也是社会主义优越性的突出体现。作为中国特色社会主义现代化建设的重要内容之一，社会主义精神文明建设旨在为社会主义现代化建设提供思想保证和智力支持，为实现民族复兴提供精神动力。社会主义精神文明建设包括思想道德建设和教育科学文化建设。其中，思想道德建设的目标是要建立与社会主义市场经济相适应、与社会主义法律规范相协调、与中华民族传统美德相承接的社会主义思想道德体系。它的基本任务则是坚持爱国主义、集体主义和社会主义教育，加强社会公德、职业道德和家庭美德建设，引导人们树立中国特色社会主义的共同理想和正确的世界观、人生观和价值观。教育科学文化建设的目标和任务则是要坚持培育有理想、有道德、有文化、有纪律的现代"四有"公民。从总体上看，社会主义精神文明建设始终要坚持以科学的理论武装人，以正确的舆论引导人，以高尚的精神塑造人，以优秀的作品鼓舞人，它所着力解决的是民族的思想境界、精神支柱、精神动力和行为规范问题，最终是要凝聚和团结全社会的精神力量。这样，从社会主义精神文明建设的基本内容和目标要求上看，它与弘扬和培育中华民族精神的方向和目标是一致的和相通的。

从思想源头上看，社会主义精神文明离不开中华民族固有的文明成果，也离不开文明发展的大道。如果从文明传递的角度来看，建设社会主义精神文明也就是不断吸取、改造和熔铸中华民族优秀文化传统和思想道德传统，并结合时代的实际要求来完善和提高民族思想水平和道德素质的过程。在这个过程中，一方面，由于民族精神与民族优秀传统之间的结合性，它无疑构成了社会主义精神文明建设中所要借重的内容；另一方面，社会主义精神文明建设实践也在弘扬传统民族精神的基础上培育出具有时代特色的精神成果。因此，社会主义精神文明建设的过程实质上是弘扬传统民族精神和培育时代民族精神相统一的过程，是推进中华民族精神发展的过程。

加强思想道德建设是建设社会主义精神文明的根本要求。社会主义思想道德建设需要弘扬中华民族的优秀文化传统和思想道德传统，并结合时代的要求来改造和熔铸出新的思想道德内容，不断提高人们的思想水平和道德素质。经济全球化给民族成员在思想道德领域带来了冲击和影响，使加强思想道德建设的重要性更加凸显。《公民道德建设实施纲要》在谈到当前公民道德现状时指出："社会一些领域和一些地方道德失范，是非、善恶、美丑界限混淆，拜金主义、享乐主义、极端个人主义有所滋长，见利忘义、损公肥私行为时有发生，不讲信用、欺骗欺诈成为社会公害，以权谋私、腐化堕落现象严重存在。"当代中国，社会上的部分人出现了道德相对主义和"去道德化"的倾向，尤其是在对民族的传统美德和革命道德的态度方面出现了一些不可忽视的问题。伦理学家罗国杰把对待中国革命道德问题上出现的一些历史虚无主义的不良倾向概括为：否定中国共产党的历史及其领导下取得的辉煌成就；歪曲中华民族的历史，甚至否认中华民族抵御外侮的正义斗争；丑化中华民族和中国人民的形象，宣扬个人主义、拜金主义和享乐主义；贬低革命精神和崇高道德，淡化理想信念等。在现实生活中，一些人受西方价值观念和生活方式中负面因素的腐蚀，在传统美德上出现了弱化和失范的现象，甚至出现了严重的道德缺失和道德沦丧。因此，在社会主义精神文明建设中，要通过加强思想道德建设，用共同的理想和坚定的信念团结和凝聚整个民族，借此来纠正人们思想意识中存在和出现的不良思想倾向，抵御不良风气对人们精神世界的侵蚀，帮助人们确立正确的、科学的世界观、人生观和价值观。由于日益扩大的外来影响和冲击，社会主义思想道德建设必须坚持以爱国主义、集体主义和社会主义为根本原则和方向，通过开展社会公德、职业道德和家庭美德教育来营建团结互助、平等友爱、共同进步的人际关系。这就要求在全社会提倡一切有利于社会主义建设、有利于推动和发展社会主义的社会生产，一切有利于国家统一、民族团结和社会进步，一切有利于弘扬社会正气、利于追求真善美和抵制假恶丑，一切有利于履行公民权利和义务、用诚实劳动争取美好生活、团结向上的社会主义思想道德。

弘扬和培育民族精神是一项需要贯穿到社会主义精神文明建设全过程的重要任务。在社会主义精神文明建设中弘扬和培育民族精神需要了解的一个重要问题是如何对待中华民族精神的传统性和时代性，亦即如何在弘扬民族精神中培育时代精神、实现中华民族精神与时俱进的问题。我们知道，民族精神和时代精神之间虽有密切的联系，但二者并不是完全等同的概念。从时空坐标看，民族精神有传统精神和时代精神两种表现形式，是传统精神和时代精神的有机统一。一个民族在不同时代所表现出来的民族精神既具有传统精神的特征，也富有时代精神的特色。从其形成来看，一个民族的民族精神必然是其在某个特定时代中的时代精神，但是，在既定的社会时代中，并不是民族所有的精神都堪称为时代精神，也并不是所有的时代精神都能够历经时间和岁月的考验，最终沉淀为该民族具有永恒价值的民族精神。在一定意义上说，实现民族精神的与时俱进，也就是实现民族精神与时代精神的合理结合与融汇，使传统的民族精神获得时代特色，同时也使时代民族精神积淀和充实到民族精神中去。也即"结合时代和社会的发展要求，不断为之增添新的内容"。中华民族精神具有丰厚的传统积淀，但也需要随着时代的发展和进步不断得到充实和丰富，需要结合时代和社会的发展要求不断为之增添新的内容。实现中华民族精神的与时俱进，最主要的就是要不断丰富中华民族精神的内涵和思想内容，赋之以新的时代内涵，并使中华民族精神牢牢扎根于人民群众的心灵中，见诸人民群众的行动上，成为推动中国特色社会主义事业不断发展的强大精神力量。因此，在建设社会主义精神文明的过程中，应当立足和着眼于中国特色社会主义现代化建设的实际，把传统民族精神发扬和运用到中国特色社会主义建设的具体实践中，并根据时代和实践的要求对之进行科学改造和创新，为之增添符合时代特征的精神因素。与此同时，也要不断充实、丰富和提升在中国特色社会主义现代化建设实践中涌现出的改革创业精神，发掘其精神内涵中具有永恒意义和创新价值的闪光点，使之凝固和沉淀下来，成为中华民族精神的新内容。这一过程是一个长期复杂的过程，它贯穿于社会主义精神文明建设的全过程，渗透和体现在社会主义精神文明建设的所有内容和环节之中。

三、开展民族精神教育的系统工程

中华民族精神融个性和共性为一体，它既体现和渗透在民族成员个体的意识和行为中，又普遍存在于民族群体的思想和实践中。从思想传递和精神发生的角度看，弘扬和培育中华民族精神的过程实际上也是优秀的民族精神在中华民族成员之间经过熏陶和感染而发生的精神内化和外化相统一的过程。在这个过程中，教育是民族精神在民族成员身上实现内化和外化的重要环节，也是弘扬和培育中华民族精神的关键。把弘扬和培育中华民族精神纳入国民教育的全过程，实际上也是要求把弘扬和培育民族精神渗透到国民教育的各个环节中，使之成为贯穿国民教育全局和整个过程的一条主线。

从本质上看，民族精神属于社会意识的范畴，表现为一种社会意识。列宁在谈到工人阶级接受社会民主主义意识时提出了著名的"灌输"理论。他指出："工人本来也不可能有社会民主主义的意识。这种意识只能从外面灌输进去，各国的历史都证明：工人阶级单靠自身的力量，只能形成工联主义的意识。"实际上，社会意识灌输过程也就是一个教育实施和教育接受的过程。对于本质上属于社会意识范畴的民族精神而言，它在民族成员身上的生发固然可以通过民族成员之间在行为表现上的相互熏陶和感染等自发性的影响而产生，但更重要的则是要通过有意识的教育途径来完成。20世纪初，有人在探讨民族精神问题时就认为教育是意识和精神传递的有效途径。时人指出："夫教育者，所以提振国民之精神，感发国民之志气，使人人得成为国民之资格，能担当国家之责任者也。"李大钊在比较民族性养成中环境和教育的影响后也强调教育的作用。他说："余闻一国民族性之习成，其与以莫大之影响者，有二大端，即境遇与教育是也。境遇属乎自然，教育基于人为。纵有其境遇而无教育焉，以涵育感化之，使其民族尽量以发挥其天秉之灵能，则其特性必将湮没而不彰，久且沦丧以尽矣。"面对20世纪初民族精神凋敝、国家羸弱的状况，时人"诚知救国之术在振起国民之精神，养成国家之思想也，于是大声疾呼而言国民教育"。有人针对开展国民教育的目的强调说："夫所贵于国民教育者，为其保存固有之国粹，维持自古在昔特殊之种姓、风气、能力、道德，发扬历史之光荣……"还有人更明确地指出："教育者，时代精神之导火线也；时代精神者，教育事业之聚光点也。"从前人的这番论述中可以看出，教育不仅是塑造民族性格和提高民族素质的根本手段，也是培育时代精神和民族精神的根本途径。当前，中华民族成员的民族性格中还存有堪为诟病的不良表现，民族素质也有待提高。在当今经济全球化的进程中，开展民族精神教育对于弘扬和培育中华民族精神、推进中华民族精神在日益复杂和日趋激烈的国际竞争中健康而顺利地发展极为必要。

（一）当前开展民族精神教育的优势与困境

所谓优势，是指源于自然的或社会的有助于事物或某项工作实施的良好禀赋和便利的条件与形势。所谓困境，简而言之就是困难之境域。在当代中国，开展中华民族精神教育的优势是与中华民族的历史传统和中国的现实国情以及社会发展的历史和现实联系在一起的，其中最主要的优势有文化资源优势、社会制度优势、理论指导优势以及实践经验优势。而其困境，则主要表现在人们的思维、认知和实践上。

1. 民族精神教育的优势

第一，文化资源优势。尽管民族精神是一个抽象概念，但其表达载体和表现方式却是具体而多样化的。正如前文所引德国教育家威廉·洪堡之言，民族性多是以生动直观的形式在现实生活中显示出来。除了在语言和语言作品中以外，民族性也表现在脸容、形体特征、服饰、习俗、生活方式、家庭和公民社会的建制等许多方面，特别是表现在千百年来各民族人民赋予他们的造物和行动的独特印记上。实际上，从民族的自然物设、语言文字、文学艺术、社会风俗、道德习惯直到民族成员的行为实践等都能够表现其民族的特性，也都能够在某种程度上体现其民族精神。开展民族精神教育需要一定的载体支撑，而这些寄托和浓缩了民族精神的象征物正是进行民族精神教育的良好素材和丰富资源。中华文明是迄今为止唯一一个未曾中断的人类文明形态，在缔造中华文明的漫长过程中，中华民族积累和创造了丰富的人文资源。作为一个人文大国，中国不仅有辽阔的疆域、优越的自然资源，而且具有悠久的历史和灿烂的文化。毛泽东曾盛赞中华民族的光荣革命传统和优秀历史遗产，并从地理、历史、社会、文化、思想等诸多方面集中介绍了中国的物质禀赋与非物质文化遗产，特别是中华民族刚健有为的精神传统和光荣的革命传统。这些优秀的人文传统和精神文化资源为开展民族精神教育提供了丰富的素材，构成了开展民族精神教育的文化资源优势。概括地说，开展民族精神教育的文化资源主要包括以下几类：一是积蓄了中华人文气息、代表和蕴含着中华民族精神的物质文化资源，比如，孕育了中华文明的"母亲河"长江和黄河，反映了中华民族的勤劳、勇敢和智慧的长城等。二是浓缩和彰显了中华民族精神的优秀民族人物，他们的精神成为中华民族精神宝库中的一支。比如，一直从上古神话传说延续到今天的堪称"民族的脊梁"的华夏先贤、民族英雄和仁人志士等。三是集中了中华民族智慧的思想文化成就，包括文学艺术、学术流派、史章典籍等，比如，百家千行、三教九流、经史子集等。四是由古及今的优秀民族精神传统，尤其是现当代以来在中国共产党的领导下所创造的优秀革命精神和社会主义时代精神。比如，以爱国主义为核心的团结统一、爱好和平、勤劳勇敢和自强不息的传统，以井冈山精神、延安精神、西柏坡精神为代表的现代革命精神，以抗美援朝精神、"两弹一星"精神为代表的社会主义革命和建设精神以及以改革创新为核心的时代精神等。中华民族的历史源远流长，中华文化博大精深，中国历史和中华文化中所蕴含的丰富而优秀的思想文化资源，是我国民族精神教育珍贵而独特的资源优势，也为当前开展民族精神教育提供了丰富的思想养料。

第二，社会制度优势。民族精神是社会发展的产物，其形成和发展与社会制度之间有着密切的联系。在一定的社会形态中，包括社会经济制度、政治制度和文化制度在内的社会制度的组织结构和运行模式对于民族精神的培育和弘扬起到很大的制约作用。一般而言，良性的社会制度能够激发或促进民族精神的培育和弘扬，而不良社会制度往往会限制和阻挠民族精神的成功培育和健康发展。在人类社会形态由低级到高级的发展过程中，与以往的社会形态和社会制度相比，社会主义更有利于人与社会的全面发展，也更代表了社会进步和人类精神发展的方向。因此，社会主义制度在本质上有利于统一和凝聚最广大人民群众的精神意志、在实践上易于激发和调动全社会成员的精神力量，同时也能够有效地激励、保障和促进民族精神教育。

在当代中国，开展民族精神教育的社会制度优势集中表现在以下两个方面：首先，实行的是社会主义制度，坚持集体主义和社会主义的核心价值观。社会主义核心价值体系强调马克思主义的指导、中国特色社会主义的共同理想、以爱国主义为核心的民族精神和以改革创新为核心的时代精神，倡导人与人之间形成仁义礼智信的人伦关系和荣耻分明的道德观念、各民族成员及民族间形成团结、平等、友爱、互助的良好关系。因此，社会主义制度及其思想价值体系有利于凝聚和团结全体民族成员，也有利于民族精神的弘扬和培育。其次，坚持和完善以社会主义公有制为基础和以按劳分配为前提的社会主义市场经济制度，实行人民民主专政的国家制度、人民代表大会制的政治制度、共产党领导的多党合作与政治协商的政党制度以及民族区域自治、保障信教自由的民族宗教制度，建设民族的、科学的、大众的社会主义先进文化、发展社会主义和谐文化，致力于推进全面小康和社会主义和谐社会建设。所有这些都最大限度地保障了人民在国家的政治、经济、文化和社会生活中的主人翁地位，保障了各民族间的平等、团结和共同繁荣，调动了人民群众和国内各民族在建设中国特色社会主义共同事业上的积极性、主动性和创造性，也由此保证了中华民族精神弘扬和培育的方向，并在制度层面上保障和促进了民族精神教育的开展。

第三，理论指导优势。民族精神属于民族意识的范畴，其发展和创造的过程需要发挥民族的理论思维，也需要作为民族理论思维精华的科学理论的指导。恩格斯指出："一个民族想要登上科学的高峰，理论思维究竟是不能离开的。"在既定时代，科学理论是时代精神的精华，也是民族精神最高智慧的凝结和体现。纵观世界范围内各民族发展的历史，就其精神生产和精神发展而言，在没有作为民族思想智慧结晶的科学理论作指导时，该民族的民族精神的发展就多处于自发和无序的状态，并且极易陷入散漫、疲弱甚至变异的境地。依靠科学理论做指导，民族精神的发展就会呈现良性状态，其正确的发展方向会得到保证，其所反映和代表的思维境界也能得到合理提升。

中华民族是一个具有理性思维的民族。中华民族精神的形成渗透和体现着中华民族共同的思维模式和思想方法，并在传统思维理论的指导下得到发展。上个世纪初，马克思主义的传入使中国人的思维方式和精神状态发生了明显变化。综观中华民族精神现当代发展的历史，可以说，正是在马克思主义这一科学理论的指导下，中华民族精神才得到科学发展和升华。伴随着社会向前发展，马克思主义中国化在与时俱进中实现了不断创新，取得了一系列科学理论成果。这些都是符合时代发展和社会发展要求的科学理论，也都是中华民族思想智慧的结晶。这一系列科学理论成果是马克思主义中国化和当代化的科学创造，为当代中华民族精神的弘扬和培育提供了重要的思想方法，构成了开展中华民族精神教育的理论指导优势。

第四，实践经验优势。民族精神教育本质上是一种融思想道德和精神启蒙为一体的教育实践活动，要依赖生活培育和社会教育实践来进行。在一定意义上说，中华民族精神发展的过程实际上也就是民族精神在社会民族成员之间通过不断的教育和传承而实现链条式传递、发扬和更新的实践过程。在中华民族精神发展和进步的历史上，有无数"民族的脊梁"用切身实践书写了民族精神的壮丽篇章，不仅弘扬和培育、更新和塑造了民族精神，也对民族精神教育的实践做出了卓越贡献。前人对中华民族精神的发扬又激励和教育着后人，从而使得民族精神教育的脉系同中华民族精神一样绵延流长、历久不绝。

中华民族在传承和开展民族精神教育的过程中积累了丰富的实践经验。择要而言，中华民族精神教育的实践经验主要有：一是，坚持科学的思想方法和思想路向，用科学理论作指导，并以之武装广大民族成员的精神世界，统一人们的精神意志，提升人们的精神境界；二是，从优秀思想文化传统中发掘教育素材，同时积极进行民族精神教育资源的创造和创新；三是，在民族精神教育的实践群体上，要坚持教育主体和教育客体两方面先进性与广泛性、整体性与层次性的统一，在充分发挥教育者先锋表率作用的同时善于组织和发动最广泛的受教育群体，同时注意区分不同对象，实现因人施教；四是，在民族精神教育的途径上，坚持理论教育和实践教育的结合，一方面注重理论"灌输"，另一方面更要注重实践培养，同时注重教育方法和手段在实践中创造与在理论上总结提升的统一；五是，将民族精神教育纳入弘扬和培育民族精神的全过程中，纳入国民教育和社会教育的全部实践。这些经验来源于既往民族精神教育的实践中，自然也可以用于当前民族精神教育的实践。

2. 民族精神教育的困境

当代中国适逢社会快速发展与社会转型正面临发展的关键期和矛盾的凸显期。因此，当前开展中华民族精神教育既有难得的优势，也面临着严重的困境。从总体上看，当前开展中华民族精神教育的困境是由民族精神教育中存在的矛盾所决定的，其中主要的矛盾有以下两个：一是，民族精神价值标准的统一性与现实文化选择和价值判断的多样性之间的矛盾；二是，民族精神教育主体与客体之间的价值认知对接错位的矛盾。这些矛盾的存在，使得人们在精神领域尤其是在国家意识、民族认同、文化归属、公民精神上出现弱化倾向，也使得民族精神教育在一定程度和范围内出现了无为、无效的情况。

第一，社会转型期的多元文化冲击和传统道德裂变所引发的思想困境。世界范围内的经济全球化浪潮和国内正经历的社会转型使当代中国所面临的思想与精神状况呈现出复杂多样的局面。随着经济全球化、政治多极化和社会信息化进程的发展，世界多元文化激荡，中西文化价值冲突加剧，加上中国社会所面临的由传统向现代的转变受到现代科技和外来思想观念尤其是互联网文化和新生代道德的冲击，人们的社会生活和思想道德状况呈现多表象、多标准的状态，出现了传统与现实的反差、思想与理想的矛盾。这些反差和矛盾导致了在文化转型和思想道德建设过程中人们思想选择中的新与旧、开放与保守、积极与消极、先进与落后之间的激烈冲突。在精神生活领域内，思想多元化趋势引发了民族成员在道德观念和价值选择方面的多层次性与欠统一性，并在一定程度上导致了人们在精神活动和精神状态上出现某些混乱和无序，在面对道德选择与比较时无所适从，某些特殊人群尤其是低龄人群甚至会毫无顾忌地放弃道德传统。由此，一些过去被认为是优秀的精神道德内容似乎难以受到崇信，传统的民族精神也似乎丧失了其既有的凝聚力和吸引力。这样，在社会主义市场经济不完善的状态下，以社会个体利益最大化作为价值评判的潜规则无疑会干扰人们的道德平衡，使之呈现出复杂而难以理顺的思想观念，从而使得以统一和协调人们思想与精神状态为直接目标的民族精神教育面临着巨大的困境。

第二，习惯性的传统思维模式的僵化造成的认知困境。中华民族在数千年的历史发展过程中养成了具有束缚力和制约性的传统思维习惯，这种思维习惯在今天对人们的思想和行为仍有极大的影响力。在传统思维模式中有很多优秀内容，同时也存在着某些循规蹈矩、僵化迟钝的思维弊端。在社会生活内容和状态都已经发生了重大改变的今天，传统思维习惯中的一些不良倾向和落后方式并没有得到适当的清理和改造，而是在很多场合仍旧制约着人们对事物的了解和把握，并从而影响到人们对民族精神及其教育的认知。比如，传统知行观中知行分离的思维方法和重知轻行的习惯惰性会影响到人们对民族精神的践行，从而使民族精神教育过程的实效化和教育效果的终端化难以得到保障。再比如，传统教育观中教育过程主客分离的思维定势会导致民族精神教育的主体和客体之间缺乏深度沟通和有效互动，从而导致民族精神教育的实效性和渗透力不强，其所能发挥的实践价值和指导作用也受到限制。由于思维模式的困惑，面对纷繁复杂的社会新情况和新问题，人们对于民族精神教育的认知困境就呈现为人们精神认知上的巨大落差以及社会整体精神预期与部分社会个体精神实践水平之间差距过大的矛盾。这种矛盾的存在，无疑会严重影响到民族精神教育的实际开展和具体实施。

第三，社会关系和民族问题的复杂化带来的实践困境。在社会转型时期，我国的社会关系出现了比过去复杂得多的状况。发生在经济的、政治的、文化的以及社会体制内的变革使社会环境的多变性大大增加，也使社会阶层、组织结构等不同利益单位之间关系的复杂化程度大大提高。随着社会发展和社会关系的复杂化，我国民族关系上也出现了一些新情况和新问题。众所周知，作为一个多民族国家，中国56个民族在漫长的历史发展进程中凝结和铸造了深厚友谊，共同构成了多元一体的中华民族。中华人民共和国成立以来的民族区域自治制度为真正实现民族平等和团结发挥了重要作用，保障了民族之间团结、互助、友爱的良好关系。但是，伴随着经济全球化的冲击和外来势力的干扰，国家共同体内部的地域性差异容易转化为民族差异，一些原本微小或者潜在的矛盾可能会被激化和暴露，各民族间可能会因为本族利益而忽略国家和共同民族的利益，从而会出现对民族的认同、凝聚和团结的消解和损害。新的社会关系和民族问题的出现，加上原有民族精神教育的思路、模式和方法不能得到及时的更新和调整，势必会导致民族精神教育的实践出现种种困难，从而出现民族精神教育说服力不强、劝导性不足和制控性不力的局面。

（二）开展民族精神教育系统工程的现实思路

民族精神教育是一项庞大的社会系统工程。从社会构成上看，它涉及学校教育、社会教育和家庭教育等国民教育的各个环节。学校、家庭和社会是弘扬和培育中华民族精神的重要场所，也是对中华民族的成员进行民族精神教育的主要阵地和重要渠道。在学校教育中，弘扬和培育民族精神是加强思想道德建设和全面推进素质教育的重要任务，需要贯穿到包括不同学制阶段和不同学龄对象的学校教育的全部过程和各个教育环节中。在家庭和社会教育中，弘扬和培育民族精神作为社会主义精神文明建设的中心任务，需要渗透到各种群众性的精神文明创建活动中。从教育内容上看，开展思想道德建设是民族精神教育系统工程中至关重要的一环，也是弘扬和培育中华民族精神的基础性工作。不论是学校的课堂教育，还是家庭和社会的日常教育，民族精神教育都应当结合中华民族的历史文化和现实国情，采取一些既有明确针对性又有突出实效性的方式方法，把思想道德教育渗透和纳入民族成员日常行为习惯养成和道德品质塑造的全部过程中。在具体内容上，应该有以下几个方面的教育：一是世界观、人生观和价值观教育，二是爱国主义、集体主义和社会主义教育，三是社会公德、职业道德、家庭美德和个人品德教育。

开展民族精神教育的系统工程是一项复杂的工程。在当今经济全球化所带来的新环境和新条件中开展民族精神教育需要从内容、机制、方式、效果等各个方面来开拓思路。择要而言，应侧重把握以下几个方面：

1. 发掘和整合文化资源，丰富民族精神教育的内容

中华民族有悠久的历史和丰厚的文化积淀，为民族精神教育提供了丰富的文化资源。当前进行民族精神教育应当结合民族精神的现状和问题来拓宽思路，充分发掘和有效整合这些文化资源，充实和丰富民族精神教育的内容。在这方面，我们可以着眼于文化类型和

属域的特点，结合本属域内不同对象的特征，从中间发掘出可资利用的文化内涵作为开展民族精神的内容。比如，在城市文化、社区文化、企业文化、校园文化、军营文化和家庭文化中发掘符合其行业、区域特征的专题教育资源，也可以从社会文化中开发诸如红色旅游、商业品牌、民族文艺等多种形式的主题教育资源，使民族精神教育在不断适应新要求和新形势中保持内容的新颖性和丰富性。

2. 完善和改进组织体系，保障民族精神教育的机制

民族精神教育是特殊而重要的社会工作，需要有良好的机制保障。民族精神教育的广泛性和先进性兼备的特点要求在民族精神教育上必须发挥社会先进组织和先进分子的先锋模范带头作用，发挥党和政府的组织、引导、协调和控制作用，同时调动各方面的积极性、主动性和创造性，发动社会各界积极投入、广泛参与、密切配合、齐抓共管、形成合力的民族精神教育组织体系。与此同时，着重完善和改进民族精神的传承、扬弃、创新、驱动、激励、协调、监管和评估等一系列机制，使这些机制在民族精神教育的实施过程中相互配合、协调，形成联合统一、保障有力的民族精神教育机制，也使民族精神教育工作能够有序和有效地开展。

3. 倡导和开展主题活动，创新民族精神教育的方式

进行民族精神教育要力戒单纯的、抽象化的理论灌输和呆板说教，而是应当运用一切切实可行而又富有教育启发意义的工具和手段，把开展民族精神教育日常化、实时化、规范化，使之能够渗透到人们的日常生活、学习和工作中。应该从注重实效的角度化抽象为具体，采取富有生活气息的方式和手段开展有目的有意识的精神文明创建活动和民族精神主题教育活动。比如，组织形式多样的"青年文明号""婚育新风进万家""百城万店无假货"等继承和发扬民族传统美德的精神文明创建活动；组织参观、游览、比赛、演出，抓住各种节日、重大历史事件和历史人物所提供的教育契机开展形式多样的民族精神宣传和教育活动等。

4. 强化和优化舆论宣传，提高民族精神教育的效果

舆论宣传是民族精神传播和延续的重要载体。通过树立先进典型，对先进人物和事件进行宣传、推介和褒扬可以起到示范作用，带动和激发民族精神。通过对有伤社会风尚和传统道德的人物事件的批评鞭挞也可以纠正不良社会精神倾向，匡正和消除影响民族精神发展的消极因素。因此说，舆论导向在一定程度上影响着社会生活和实践中民族精神发展的方向，也影响着民族精神教育的效果。当代，信息网络事业发展飞速，一些时髦和新奇的网络信息传播方式诸如 www、bbs、blog 等浏览方式，icq、qq、msn、irc 等即时信息传递方式，ftp、bt、emule、p2p、maze 等对等联网信息交换方式不断更新，直接影响和改变着社会大众的思想价值观念和行为方式。开展民族精神教育需要适应形势变化，强化和优化以报纸、杂志、书籍、电视、广播尤其是网络为主要载体的大众传媒来进行舆论宣传，营造良好的舆论氛围和教育环境，切实提高民族精神教育的效果。

总之，开展广泛而深入的民族精神教育是一项全社会和全民族都需要高度重视并亟待抓好的"生命工程"。唯有这项事业做好了，中华民族精神才能在当今经济全球化进程中得到很好的弘扬和培育，中华民族精神也才能够健康顺利发展。

第四章　中华民族精神面临的挑战及发展途径

第一节　中华民族精神的发展空间与契机

西方列强在近代以"文明使者"的身份带着枪炮和鸦片来到东方，贴着"现代文明"的标签横行在中国大地上。从此，中华文化遭遇了前所未有的冲击，以儒学为核心的中华民族传统精神家园开始分崩离析。在随后的历次被反侵略反封建的革命运动中，中华传统文化又遭遇到多次冲击，其中的精髓部分也被当做封建主义的糟粕而抛弃。但是，在国内外复杂的环境中，先进的中国人民不断探索，并形成了中华民族屹立于世界民族之林的基础——当代中华民族精神。

民族精神和文化是一个民族精神家园的根基，自近代以来中华民族历经了坎坷，也磨砺了自己的民族精神，增强了我们对于精神家园的归属感和民族意识。改革开放之后，我们的民族又将面临新的机遇和挑战。一来中华民族共有精神家园尚在建设之中；二来，我们不得不迎接全球化、市场化和科学技术的考验，中华民族又该如何应对和发展呢？

一、市场经济与当代中华民族精神

我国正处于市场经济的时代，市场经济体制作为我国社会主义经济体制的存在已有30多年的历史了。市场经济在给我们带来了经济高速发展的同时，也带来很多值得质疑和批判的地方。当然，作为存在着的事物本身就是充满着矛盾，只有矛盾事物才有了发展的动力。在市场经济的改革与发展中，中华民族的经济实力大为增强，这也唤醒了民族成员强烈的民族认同感与民族意识。市场经济成为中华民族精神家园的建构的强大动力支持。

市场经济的提出在我国曾历经了种种艰难。最早提出需要市场经济的是陈云。从此在学界、政界、实务界引发了一场关于市场经济和计划经济的争论。而市场经济也从此登上了中国的历史舞台，在计划指导下的市场经济逐步显示出其优越性。市场经济的今天来之不易，市场经济的运行也在有条不紊地进行。这场关于市场经济之争的浪潮，不仅深化了对于马克思价值理论的重新认识和阐释，也增强了我们对于中国特色的市场经济的信心。

市场经济不再只是资本主义社会所特有的，它作为一种经济体制和形态也在中国进行着。按照价值规律的要求，经济由市场说了算，而我国以国家宏观指导为总原则的市场经济则是一种对于马克思主义价值理论的新的补充。在面临全球金融危机之时，当市场失灵不再能主导经济之时，美国同样也采取了国家宏观调控，力图拯救五大投资银行，收购通用汽车等，无疑也是对于新自由主义经济的批判和对于马克思价值理论的有益补充。

一个民族的发展，最根本的就是经济的发展和完善，这是民族发展的基本物质保证。中华民族传统文化源远流长，从自然经济走到商品经济经历了两千多年的历史。民族精神的培育和弘扬离不开经济的发展，同时民族精神作为社会意识的存在和上层建筑，也具有一定的独立性。其一，民族精神会反作用于经济基础，中华民族是一个和谐、中庸的民族，我们的传统文化也深深影响了我们的传统经济模式，中国经济长期处于一种闭关自守、自给自足的状态。其二，民族精神的发展程度与经济有时候是不同步的，19世纪早期德国日耳曼民族精神就很先进，但是它的经济水平却相对落后。

尽管民族精神具有相对独立性，然而，一个民族真正的完善和进步应该体现在其经济实力和民族精神面貌上。我们应该努力发挥民族精神的经济功用，在经济建设中大力加强民族文化的建设。因为，民族文化对于经济的发展可以发挥巨大的影响：第一，它可以形成组织文化，组织文化会影响一个经济组织的行为，从而影响经济绩效。第二，文化会影响社会大众的消费和储蓄行为，从而影响宏观经济波动。第三，文化还会影响社会制度的构成形态和制度效率。第四，文化还会影响社会的社会网络形态，从而影响人们的交互行为方式。第五，文化还会构成社会资本的一部分，影响一个经济社会中信息的传递。

民族精神作为一个民族文化长期演化的结果，是一个民族在道德上激励和约束民族成员行为的有效机制，它扮演着社会经济交往中"公正的旁观者"角色。由于民族是一个群体，因此，为了有效约束和监督民族成员的行为，社会需要形成一种基本的原则和秩序。长期而言，民族精神还可以影响民族成员的效用评价体系，从而最终改变民族成员的效用选择行为。民族精神作为一个民族独有的文化内核和精神认同体系，它还是民族的文化防御机制和发展动力机制，从而构成一个民族经济进化的稳定进化策略的重要部分。民族精神的经济功能，不仅能从民族的生存发展上得以体现，更能从民族文化经济功能上体现。中华民族的民族精神在市场经济产生中还有其特殊的一面，其市场经济有着独特的含义。按照马克思的"五形态说"和"社会主义的胜利说"来看，社会主义是在物质高度发达的资本主义社会之后产生的，而我国则是在贫穷落后的封建社会的基础上建立了社会主义国家，这一特例则有力地补充和完善了其理论。如前文所说有些国家经济与意识形态和上层建筑的发展是不同步的，在经济文化相对落后的国家也能实现社会主义，那么这就注定了中华民族在其发展进程中，不得不抽身出来进行经济基础的建设。因此，当代中华民族精神的经济功能更显重要。

民族精神对于市场经济的作用。首先，体现在民族精神具有强大的社会凝聚力和社会整合功能，是国家发展和稳定的精神基础。这也是为何市场经济产生之初在中国大地引发了各界人士的大讨论，只有整个民族达成共识，形成一种特有的精神力量之后，才能保证市场经济的有序进行和不至于误导；其次，当代中华民族精神是中华民族在长期革命实践的基础之上和在市场经济之下产生的一系列的精神成果，在一定条件下可以转化为强大的物质力量，民族精神的强大也体现在日益上升的综合国力上，是政治、经济、文化等的综合发展；再次，弘扬和培育民族精神，有利于开发民族智力，增强认知事物的能力，为现代化建设提供强大的智力支持，推动经济发展和社会进步。

同时，市场经济对于当代中华民族精神的作用既有正面的也有负面的，但负面的作用不一定就会阻碍民族精神的发展，因为一个具有反思精神的民族更能在逆境中重新认清自己、提升自己。市场经济的产生尽管带来了很多负面影响，但是为何仍然没有阻止它的发展，其要义在于民族精神的提升，即民族意识的提高。一个民族的认识能力在对于市场的反思与批判中得到提高。市场经济也在此条件下不断改革和完善。市场经济的发展因此为民族精神提供了物质的保障，市场经济还有利于推进民族精神的全面发展和现代化步伐：市场经济产生于我国落后的封建经济基础上，尽管辛亥革命后，民族资本主义也曾短暂地存在，但基本上不能触动两千年来的封建经济。封建自然经济的自给自足和小手工业作坊的封闭式发展，使经济停留在满足自身的需求上，而自身的发展和推动经济改革的步伐也异常艰难。然而市场经济的发展，其按照价值规律和市场调节来运作的规则打破了传统的自然经济的模式。市场经济的出现打碎了原来的墨守成规和安于现状的自然经济之梦，增强了逆水行舟，不进则退"的紧迫感，锻造了以"解放思想，实事求是，与时俱进，一往无前，不断超越，永不懈怠，永不满足，永不停步为特征的进取性的民族精神。

市场经济体制同时也繁荣了民族文化产业。民族文化作为一个产业的链条在市场规律的条件下更具活力和丰富的内涵。而作为民族精神载体的民族文化的繁荣，则提供了弘扬与培育民族精神的路径。文化产业化和经济还是有区别的，尽管文化产业化推动了文化事业的全面发展，拓展了文化的类型，但是文化是具有独特性的，中华民族的文化具有其特性，如果完全按照市场规律来办，就会磨灭和消解其独特性，文化就仅仅成为昙花一现的东西。

当然，按照价值规律办事的市场经济也有其自发的调节作用。一方面，人的有限性及市场经济的运作可能导致最后的垄断和基础物资分配的非市场性都会对市场经济形成严重的挑战。另一方面，因为市场经济的价值规律作用，市场会以经济效益为导向，因而会带来诸多不利的因素，如拜金主义、享乐主义、极端个人主义、各种伦理道德规范（诚信、责任）的缺失等，这些都是对我们弘扬与培育以爱国主义为核心的团结统一，集体互助、见义勇为、无私奉献的伟大民族精神的挑战。

因此，在市场经济条件下，对民族精神的弘扬与培育，应该做好以下工作：

第一，在市场经济条件之下，紧抓两个文明建设，两手都要抓，两手都要硬。市场经济和价值规律的自发调解在以往的社会实践中暴露出了它消极的一面，国家宏观调控和民族精神的激励在此时发挥了重要的作用。我们应当继续弘扬我国传统文化和民族优良传统，继续培育当代中华民族的民族精神。

第二，加强优秀民族文化产业的发展，为民族精神的弘扬和培育注入新的动力和智力支持。文化作为智力和精神的生产要成为产业并进入市场也是需要精神引领的，一个民族的文化的本真状态应该成为文化产业发展的根本，否则就会脱离文化本身。同时，文化产业有序、健康的发展将为民族成员精神家园的建构提供精神保障。

第三，将当代中华民族精神外化为各种优良的民风、制度，批判和纠正市场经济改革中所出现的一些不良风气。

二、全球化与当代中华民族精神

1492 年 10 月，哥伦布发现北美新大陆之时，也昭示了全球化扩张的开始。伴随着信息化和高科技的发展，全球化形成了一股飓风席卷全球，也吸引了人类的眼球。它以地域性扩展的视角直观影响了所有国家、民族甚至个人的生活。随之而来的经济全球化、政治全球化、文化全球化的提出和实现，使得每个国家不得不打开国门，接受全球化的洗礼。而民族精神作为民族特有的信念和观念体系，在全球化浪潮下又应如何应对？精神家园的建设能否在全球化之下和谐健康地发展呢？

全球化是一种进程，指的是物质和精神产品的流动冲破区域和国界的束缚，影响到地球上每个角落的生活。全球化还包括人员的跨国界流动。人的流动是物质和精神流动最高程度的综合。按英国学者戴维·赫尔德的说法："全球化是一个体现社会关系和交易的空间组织变革的过程，此过程可以根据其广度、强度、速度以及影响来衡量，并产生了跨大陆或区域间的流动与活动、交往与权力实施的网络。"经济全球化即贸易、投资、金融、生产等活动的全球化，即生产要素在全球范围内的重新配置，从根源上说，是生产力和国际分工的高度发展，要求进一步跨越民族和疆域的产物。

对于全球化的认识，我们也存在一些误解。以前的全球化确实是西方化和现代化的过程，但随着变化的加剧和观念转型的深入，它们之间已不完全等同。作为经济发展主要推进器的信息技术带来了广泛的政治、社会和文化结果。也有学者精练地概括出现代化与全球化的特征："现代化强调的主要是一种价值取向，全球化是现代化在特定的时期所达到的一种规模和水平。现代化从产生那天起就有国际化和全球化的冲动，而且在 20 世纪之前现代化不断地趋于国际化，但还没有达到全球化的水平。在 20 世纪里，现代化由一种国度性和地域性的价值创造运动扩展为一种全球性的共同的价值创造运动。"正因为对于全球化的理解不能拘泥于地域的影响，而使得其内涵可以从两个方面来理解：其一，全球化首先突破了地域的限制，使全球民族国家紧密地联系在一起，这是一个从未有过的时代，在这个时代里，我们互相认识、理解和认同，由于地域的关系而丰富和展现了全球的多样性。其二，全球化的产生和发展，在一定程度上消解了地域隔阂，使得某些经济和政治的合作成为可能（至于文明和文化的全球性还未有严格的定论）。因而，世界国家紧密连成一个整体，若有什么风吹草动就会如同多米诺骨牌和蝴蝶效应般牵一发而动全身，如由美国引发的金融危机逐渐演变为全球金融危机就是一个很好的说明。全球化如同一把双刃剑，它在将各个民族国家紧密联系在一起的同时，使得国家和民族的本土意识和民族意识越发鲜明和突出，造成多样化和不断高涨的自我认同意识的一个重要原因在于，全球化使本土的觉悟、意识、敏感、情绪和热情空前凸现出来。所以全球化绝不是同质化，而是对多样价值的认识、理解和认同。

然而，全球化的到来也引发了"反全球化"的负面效应，这种"反全球化"是基于不同民族国家利益主体差异之上的。不可否认全球化带来的高新技术，提升了人类的生活质量，但是全球化压力也会促使处于不同发展层次的民族国家采用非常规手段融入国际的竞争，这样无疑既会加剧当前各国之间的不公平竞争，也有可能将发展中国家引入误区。

对于全球化的正确理解关系到对于当代民族国家的界定和重新阐释。那么全球化是否就是非民族国家的时代，民族国家将不存在呢？这又涉及如何区分全球化中跨越民族界限与消解两者之间差异的两个问题。因为，全球化首先作为一种空间的突围，打破了地域对于人类消费、生产资料的限制，而且全球化也带来了人们物质生活和精神生活的丰富，使其受益。人们也因此而愿意打破横亘在他们之间的各种空间上的阻隔：地理空间、关系空间、心理空间、文化空间等，那么是否说明，空间的打破也就意味着独立个体的消解？对于以上种种空间的跨越不如说是对于空间之内强权的消解，如经济全球化带来的是对于国家间贸易壁垒的打破，那么文化如果能够全球化，同样要打破所谓的民族沙文主义和文化沙文主义。这样看来跨越空间的发展不但不是对于个体的消解，即对于民族国家的消解，相反却加强了民族国家的民族意识、民族认同，增强了对于民族精神的认同感。

民族国家作为一个主权单位，拥有着对政治、文化、经济、民主等各个方面的管理权利。韦伯认为民族国家就是"具有共同政治命运的共同体"。库纳在此基础上认为民族国家还是具有自我意识（民族意识）的族群。按照哈贝马斯的说法，民族国家是管理国家和税收的国家；是享有主权的地域国家；是在民族国家范围内的；是可以发展成为民主法治国家和社会福利国家。全球化之后，哈贝马斯也突破了原来对于民族国家的界定，称全球化下的民族国家为后民族结构的国家。哈贝马斯非常赞同和拥护全球化。当然这些对于民族国家的界定始终都是围绕着民族国家的特有属性和特征来论述的。那么民族国家在遭遇全球化之后，又会是什么样？哈贝马斯认为："全球化会使民族国家作为一个成熟的历史形态完成自己的历史使命并最终彻底走向衰亡。"民族国家衰亡后继而建立后民族国家社会，这就是哈贝马斯关于世界公民社会的构想。那么随之而来的问题是，民族国家作为民族精神真实存在的实体，如果它消逝了，那民族精神何以存在？要么将会有一种新的精神来替代后民族国家社会的民族精神，又或者是有一种虚拟的精神依存于后民族国家。因为，一旦后民族国家存在这个前提成立的话，后民族国家必定有一个可以维系其存在的精神的东西。因而，至少在现今社会和可以想象的若干年代后，一个没有民族精神存在的国家将会是什么样子？一个国家的存在与成长和人的存在与成长相似，试想没有灵魂和思想的躯体还可以叫做人吗？没有民族精神维系的国家能够存在吗？如前文一再强调的，全球化突破了诸多限制，必然会造成多样性的存在，使得不同民族国家即使在文化迥异、经济实力悬殊的情况下仍然能够交流与对话。而我们所以看到多样性又缘于全球化之下，民族国家对于民族意识和民族认同的增强。显然，双方是一个互动的辩证过程。由此见得，全球化不仅加强了各国的联系，也增强了各国的认同。

理论的解决往往易于实践，以上种种的分析尽管在经过合理的论证和说服下能够让人信服，对于全球化的理解也多是理论化和理想化。然而，在面对全球化的时候，当代中华民族精神又会遇到什么情境并如何应对，这才是关键所在。

难题一：如何在全球化之下维护国家领土完整和主权不受侵犯？爱国主义是当代中华民族民族精神的核心，而维护国家领土完整和主权的神圣不可侵犯正是爱国主义民族精神的体现。全球化的地域性突围，必须是基于领土完整和主权独立基础上的地域突破，否则就是对于民族国家基本权力的侵犯，这同时也是对于民族精神的沉重打击。

难题二：如何在全球化之下实现经济的可持续发展？经济全球化为民族国家带来了巨大的经济效益，但是由于经济实力的不同，在全球化的过程中，由于国际经济和政治旧秩序的存在，发达国家对不发达国家进行资本输出时，将环境污染、资源耗费等问题同时输送给不发达国家，让他们为发展付出沉重的代价。因此如何应对全球化中多元利益主体是我国发展经济的重要问题之一。胡锦涛提出的科学发展观，为我们提供了一条长远的、战略性的、可持续性的思路。近来，发展低碳经济、新能源经济成为经济全球化下我国的当务之急。经济发展最终目的是为人类社会的发展，而人类社会的发展不仅仅是经济的发展，经济的发展只是其中的一个基础的和重要的指标。因而，经济的发展绝对不能以牺牲人类的长期可持续发展为代价。

难题三：如何在全球化之下加强文化的交流合作与增强民族的认同？市场经济带来一些负面的影响和对于人性恶根性的放大，这与我国传统优良美德是相违背的。这使得我国的民族文化也淹没在市场经济的洪流中。全球化更是带来了对于中国传统文化的冲击，他民族文化的进入不仅是对传统民族文化的挑战，也要求中国传统文化的现代发展。近年来，儒家文化的世界风靡，国学研究的兴起，一方面表达了传统文化需要复兴的要求，另一方面，也昭示着我国的传统文化已经获得认可。正是在全球化之下，我们更加清晰地认识到多元文化交流下民族认同的重要性。

针对以上难题，笔者试图提出一些应对策略。

应对一：认清经济全球化趋势，加入经济全球化的行列。经济全球化一方面带来了人力和物力资源的整合与重新配置；另一方面，也带来一些不平等，如资源分配全球化中，技术的地域突破仍是一个难题，这里涉及技术壁垒、知识产权、垄断、技术攻关等诸多的问题，还有随之而来的环境污染、社会问题、法律问题、伦理道德问题等。辩证地看待经济全球化，维护本民族的发展和利益，才能顺利融入全球化中而又保持本民族的特色经济。

应对二：弘扬优秀的传统文化，加强国际间文化的融通。在全球华人界弘扬中华民族优良传统美德和传统文化倍增我们的民族认同和民族爱国情绪。全球化敞开了各个民族的大门，我们已经无法回避或闭关自守，加入全球化的行列，展开文化的交流与对话才能拥有本民族的发言权。多样性的全球化，展示了各个民族不同的风貌，同时也促进了各民族内生性地改造和弘扬其自身的民族文化与民族精神。

应对三：加强精神家园的建构和建设，增强精神家园的归宿感。全球化视野的突破，不仅是对民族国家何以存在的追问，也是对于多样化民族国家全球化的呼吁。全球化通过时间和空间的压缩将各个民族集中在共同的空间中，那么如何进入全球化的对话和以何种身份进入便成为问题的关键。精神家园的建构成为两者的合题。当代中华民族精神家园的建构能使我们更好地以自己独特的身份融入全球化，并参与其对话和融合。

三、科学技术与当代中华民族精神

自上个世纪 90 年代社会主义市场经济体制作为我国经济体制正式确立下来之后，市场经济作为一种经济手段就无形地在价值规律的指引下发挥着作用，调整着整个社会资源的分配，其中最为重要的是引发了人们对于科学技术的重视和科技创新的关注。加之全球化带来的一些技术的共享和竞争，同时促进了科学技术的发展，彰显了其在人类社会生活中的重要地位。

科学与技术是两个不同的概念，技术从属于科学，技术中有科学精神，科学精神体现于技术中。我们一方面要提升科学技术的创新和自主能力，为当代中华民族精神的建构注入新的活力；另一方面要加强对于科学的认识，提升对于科学精神和民族精神的关注，以促进精神家园的建设。

那么，何为科学？这是一个由来已久的难题，也是一个至今仍然困扰着人文社会科学家和自然科学家的问题。康德在《自然科学的形而上学起源》中曾经这样定义科学："每一种学问，只要其任务是按照一定的原则建立一个完整的知识系统的话，皆可被称为科学。"W. C. 丹皮尔在其著作《科学史·绪论》中也给科学下了这样的定义："科学可以说是关于自然现象的有条理的知识，可以说是对于表达自然现象的各种概念之间的关系的理性研究。"西方人对于科学的定义并非空穴来风，无论是从哲学史还是科学史上都可以看出科学的存在。古希腊人最早对于世界本原的追问，无论物质的形态是水、火、土、气还是其他，或者地心说、日心说等，在其背后都有一个规律性的东西，即对于世界本原的探索，这也正是对于科学的追问。

如果根据康德的定义，或者是整个西方传统的看法，许多人会质疑古代中国是否存在科学？或者是现今中国还有没有可能拥有科学？毋庸置疑的是，我国古代曾经拥有过辉煌的科学技术，如我们熟知的四大发明（造纸术、印刷术、指南针、火药）、丝绸、陶瓷、中医等。但是针对科学的广泛含义而言（尽管对于科学的界定学界的流派众多，但终究具有一些共性），这仅仅只能叫做技术而非科学，科学不仅需要一个一以贯之的原则和规律性的东西指引，而且要形成一个体系化的理论框架，而我国古代的技术却缺乏系统的理论和严密的概念体系，因此并不能满足我们关于科学的定义。

技术是功利的、实在的，目的在于解决问题，具有极强的针对性，而科学最本质的特征则与功利无关，它的目的是追求真理（可靠的知识），或追求对自然现象（乃至整个世界）的理解。从这个角度德语 Wissenschaft 式的科学定义亦有其吸引人的地方。科学与技术并非完全的独立，尽管两者都有相对的独立性，科学强调的是规律性、合理性，技术强调的是功利性、实用性，然而科学理性只有通过技术才能达成，而技术的实现同时可以体现科学的本性，两者须臾不可分离。那么，我们通常将科学与技术二词合在一起使用，意在强调对于技术本身的实用性和科学独立性两者的消解，以实现二者的"统一"。当然二者也有一个孰重孰轻的关系，科学是技术的灵魂和根本，技术的实现最终以为人类服务为目的，而科学本质，即隐藏在科学背后的科学精神的东西，才是我们乃至整个人类社会都在追求的东西。

那么，科学背后的那个东西——科学精神，是从事科学研究的人员在长期从事自然科学与社会科学活动中所形成的价值标准、行为规范、思维方式和传统等的总和，是人类科学发展过程中积淀下来的独特的意识、气质品格和情操。杜威认为科学精神有四个方面：理性精神、求真精神、求实精神、批判和怀疑精神。

我们认为，民族精神中的"精神"（Spirit）既不同于黑格尔所谓的"纯粹抽象的理念实体"，也不同于个人的"心理欲望"（Mind）和"自我意识"（Consciousness），而是在人们共同的生命活动中生发出来，并且经过他们中一部分人有意识地反思、提炼而形成的整个族类的生命信念、生活理想及原则。

从科学精神和民族精神中，对精神的分析可以看出，两者共通之处在于：认为精神都是一种超验的、抽象的东西，都认为精神是经过反思和批判的。因而，对于科学来说，科学家也应该有一定的批判精神。否则就不能称其为科学，而是技术。而民族精神作为人类的终极目标和追求，也是一个民族在不断反思和批判中积累下来为民族成员所认同的信念和原则。科学精神强调的是创新性和功效性，民族精神强调的是传承性和影响力。

科学与民族精神的关系呈现为一种辩证和互动的状态，具体体现在以下方面。

1. 科学的发展与民族精神之间的悖论

科学技术本身没有任何功利性，我们说技术具有功利性，是就技术的功能而言，技术本身并无功利与否。科学技术每前进一步便给人类带来新的知识成果和新的实践手段，提高了获取幸福的智力与物质水平。然而新的危险与不幸也相伴出现，人又要去遭受另外的苦难……科学技术这把"双刃剑"如果不能确保人的幸福，那么人对它又应采取什么"合理的态度"？这既是理性对科学技术的诘难，也是科学技术对人类理性的挑战。尽管科学技术本身是中性的，然而只要有了人的参与，必定接受人的评判和价值审判。科学技术背后还存在一个伦理审视的问题，即在科学技术的创新中，会与一个国家和民族的民族精神产生冲突，如果二者处理不当，就会阻碍民族的发展，甚至人类的发展。科学技术尽管可以促进民族的发展，体现民族精神的面貌，但是同时它的负面效应甚至可以摧毁一个民族。原子弹的发明者奥本海默曾为消灭罪恶的法西斯统治而倾尽全力研制原子弹，后来他又为消除给人类带来灾难的原子弹而奔走呐喊。历史带给人们的有时是无奈，但奥本海默为了世界和平所表现出的科学家的良知却是令人称道的。因此，如何处理好科学与民族之间的关系是非常重要的。科学家的反思精神在某种程度上既体现了科学精神，又体现了民族精神。

2. 科学的发展推动民族精神

如上所述，科学家或者一个民族能够反思自己的科学行为和科学技术本身，也将会大大推进民族精神的建设。科学精神就是融批判、理性为一体的精神。当然，科学的发展无疑为民族精神的积淀和弘扬奠定了坚实的精神基础和物质基础，前者对于民族精神来说补充了民族精神中的理性与创新精神，这是民族精神新的生命力；后者为一个民族的发展准备了丰富的物质基础，科学技术的发展是一个国家综合国力，也是一个国家民族精神的综合实力的体现。

3. 科学促成民族精神家园的建构

科学的最终目的乃至民族精神的最终目标，都是为了建构一个和谐健康的精神家园。首先，从事科学创新的成员是特定的民族成员，只有在自己的家园之中，才能有安全感和归属感，也才能充分发挥自己的主体性，实现科学的创新性。家园是从事科学活动的氛围，它可以促进科学的发展；其次，精神家园的建构是自人类产生以来一直执著追求的目标，我们为何总是追寻人的归宿和寻找人类的家园，源自人的本性，来于人的科学探索精神。例如世界本源为何？上帝为何只能信仰不能理解？人类中心主义是人的归宿吗？等等。人类在科学理性的指引下，从认识自然界、上帝、人类自己，到反思自己与自然界一系列的过程中，知道了我们需要什么——一个民族应有的精神家园，这正是建构民族精神家园的历史过程。

经济全球化的同时，并没有带来技术的全球化，技术成为每个国家竞争的核心问题，而支撑技术背后的则是科学精神，即对于技术的创新和对于技术方法与科学方法的反思与革新。我们在面对种种技术问题的时候，缺乏的正是此种科学的创新精神。"中国就是一个'世界工厂'……在中国生产奥迪并不意味着你拥有了奥迪汽车的一整套技术能力……现阶段，中国从事更多的是低附加值的劳动。由于不掌握核心技术，中国不得不将每部国产手机售价的20%、计算机售价的30%、数控机床售价的20%~40%拿出来，向国外专利持有者支付专利费。"中国是泱泱大国，尽管在国际市场中占据了一定的份额，然而却拥有很低的创新产品的专利权，这也是为什么在世界市场上，中国低技术劳动密集型产品占11%，如温州鞋、纺织品等，而高技术产品只占2%到3%。自主创新能力低下，已成为中国追赶发达国家的一大障碍。总而言之，缺乏一种创新的自主科学研发的精神，一味依赖国外的订单或者技术都会使我们陷入被动的境地。

国人也正在反思自己的科学问题，对于一味依赖国外核心技术，而只是作为世界工厂，这一现状对于民族精神的冲击相当大，一方面它打破了我们对于科学和技术的认识，另一方面为我们敲醒警钟，也只有提升我们自己的创新力才能真正展示民族的精神和风貌。

正当我们面对以上种种问题之时，中国的经济发展，已经给越来越多的中国人提供了选择自己生活方式的可能。因此，经济起飞应该使我们在生活方式上创造力大增。中国的企业界应该利用自己对中国国情的理解，开发适合中国社会的产品。中国的消费者，也应该对创造本土的生活方式有所自觉。在全球化的进程中，各国都希望扩张自己的生活方式的影响力，为最懂得给这种生活方式提供产品的本国企业提供机会。在这样的文化竞争中，一个节俭型而非浪费型的经济模式，对处于生态与能源危机的世界更有感召力。

2008年全球金融危机的爆发如蝴蝶效应般地影响到了中国。反思金融危机，有人提出我们当前经济问题的关键在于产业结构不合理，也有人提出是因为我们科学的创新水平不高。产业结构不合理，从根本上来说，还是源于科技创新力低下，市场经济的价值规律带来了资源的优化配置，没有国际竞争力和科技含量低的企业肯定会被淘汰，这样，某些产业结构就会逐渐萎缩。

以上所讲的是我国当代科学技术中所存在的问题，正是问题的存在才有了进步的可能。我国传统的民族精神和文化中含有思维的整体性、直观性的特点，而整体性的特点正好克服了科学技术因为精细化而带来片面性；直观性尽管是科学技术创新所需要的成分，然而科学技术更需要理性的论证和合理的揭示，这是民族精神所没有的。

邓小平同志提出"科学技术是第一生产力"，把科学技术提到一个相当的地位——位居于一切生产力之上。科学技术的发展成为中华民族发展的重中之重。中华民族科技水平的提高，不仅仅在于技术生产，更重要的是科学创新意识的培养和锻炼。这成为一个民族发展和民族精神弘扬的重要一步。同时，科学技术的发展必将为精神家园的建构提供物质保证，民族成员在此条件下才能更好地发挥自己的创造力和积极性。

第二节　当代中华民族的精神生态

通过对于当代中华民族精神的背景梳理，为我们展开了一幅当代中华民族发展的现实图景。市场经济的发展与成熟、全球化的发展与冲击、科学技术的呼唤与挑战，一方面为当代民族精神的建构提供了机遇，另一方面也引发了我们对于民族自身的反思与批判。展望未来正是基于对于现状的了解程度和反思深度。三者的冲击为当代民族精神的研究和精神家园的建构描述了一个概貌，进一步展开还需要进入到民族精神本身，追问当代民族精神状况。

一、现代性与民族精神

鸦片战争一声炮响打开了国门，国人被迫接受现代化国家对我们的侵略和占领；现代化的思潮涌入中国，五四运动"德先生和赛先生"的提出；毛泽东喊出了"工业现代化，农业现代化，科学技术现代化，国防现代化"四个现代化的口号。现代化是现代性程度的反映，现代性是一种价值取向，无论是前现代、现代、还是后现代都是人作为主体如何认识自身和自然界的态度。现代性的态度是在启蒙运动过程中形成的。文艺复兴以来科学观念的传播以及人文主义思潮的发展，使科学、自由和追求世间的幸福成了推动启蒙运动的主要因素。与科学革命和启蒙运动的开展相伴随的，是对宗教的猛烈批判，社会表现为一个世俗化的过程，或者用韦伯的话来说，是一个"世界的祛魅"过程，它改变了人们的思维方式和世界观，形成了人们的理性意识，推动了反宗教蒙昧迷信运动，催生了主体性意识，产生了自由、平等、博爱等价值观念，所有这些为现代资本主义社会的产生提供了思想基础，它们也因此构成了哲学意义上的现代性的基本特征。当然，现代性的萌芽也带来了科学技术的发展，人类生活水平的显著提高，另一方面对于现代性的误读和滥用也会带来消极和负面的东西，人类好不容易能够坚实地站立于地球之上，对于理性的迷失可能会使人类招致自掘坟墓的后果。

现代性作为一种思潮无疑推动了民族的发展，为民族精神注入新的时代气息，现代性所具有的自反性也是民族国家在反思自身之时应该学习的精神；同时现代性带来的负面影响也逼促着民族国家反思和批判自己的行为，以塑造新的精神风貌。在现代性的路途中，如何正确认识现代性和现代化直接影响到民族的定位与发展。现代性不是一个阶段性的成果，也不是一个时代的标志，现代性与前现代和后现代一样是一种价值取向与思想观念。如果以现代化来衡量当代国家的发展是不全面、充满缺憾的。而现代化作为现代国家发展的一种标尺，在一定程度上束缚了国家的发展。现代化整齐划一的标准泯灭了民族特色和传统文化，高楼大厦、时尚前沿、过度消费、猎奇性娱乐等成为人们追捧的对象，庸俗文化、低劣消费产品充斥着人们的生活；高楼可以让人居高临下，却是以遮盖甚至是以摧毁古建筑群为代价的；时尚前沿激发人们追逐新奇事物的热情，而热情过后带来的是无尽的空虚与生活的颓废；过度消费、猎奇性的娱乐活动刺激了经济，瞬间吸引了人们的眼球，却助长了奢侈的恶习和不良风气：总之，现代化主要还是围绕着物质的、效益的、功利的目的，它隐没了我们优秀的传统文化，造成了民族精神的缺失和精神的"无家可归"。现代性中理性因素的张扬，在一定程度上提升与凝练了民族的反思与批判精神；现代性的张扬也造就了一些不良后果。也正是其自身的自反性使得民族精神在现代性的境遇中不断地对其反思、批判和提升。

发达国家与发展中国家的划分某种程度上依据于现代化程度高低，因为这种共识影响了全球对于国家发展程度划分的依据标准。因而，现代化进入中国，需要就三个方面达成共识：其一，中国是否需要按国际的现代化标准，即对于整齐划一的现代化的认识，还是遵从大众化的现代化，或者是拒斥。其二，现代化如何融入中华民族长期发展的道路。无疑，现代化的思想理念是我们需要的，发达国家现代化的经验也是需要借鉴的。现代化造成的结果我们足以直观，这为我们的发展提供了经验，规避了发展中的风险。其三，现代化进程中如何处理与民族精神之间的关系。

对于最后一个问题的解决显得尤为重要。既然是现代化，那么肯定与传统不同，而民族精神是传统文化的凝练，那么，现代性和现代化与民族精神必然存在冲突。首先，他们是同一时空条件下的不同问题。现代性是我们当下的遭遇，当代民族精神也是我们当下的追寻。然而，现代性是启蒙运动的产物，民族精神是具有继承性的产物，后者具有深厚的文化根源，可以承前亦可启后。因此，在与现代性进行对话的同时，会存在某些断裂——现代性的无根性与民族精神的过去和未来维度。如果民族精神与现代性找不到切入点，那么两者就会格格不入。其次，两者的内涵不同。现代性主要是作为一种价值取向和观念，即人的理性的伸张，人对于自然、自身、民族的认识。民族精神代表的是整个民族的精神状况，而现代性中人的认识是其中的重要组成部分。民族精神的外延在此意义上大于现代性。最后，民族精神的发展需要现代性的"激活"。现代性正是作为当代民族精神建构的一个维度——当下的时间维度。这个视野也是承前启后，现代性也是启蒙运动的产物。而启蒙运动正是基于对传统的经院哲学时期人性泯灭的批判之上，同时现代性的自反性，带来了对后现代的呼唤和期待。因而，此一意义上的现代性又具有激活民族精神的作用。

二、传统文化与民族精神

如果说现代性是民族精神遭遇的当下维度，那么传统文化则是当代民族精神遭遇的曾任的时间维度。民族文化与民族精神又是何关系呢？在这方面，当前的理论界能够达成的基本共识是：民族精神是民族文化的灵魂，是民族发展、民族进步的精神动力。民族精神之所以是民族文化的灵魂，因为它是民族文化中被传诵最多、最广、最久的对象，是民族文化史的主流。一般而言，民族文化是一个民族在一定环境中创造出来的，是政治经济的反映。同时，民族精神是一个民族在创生中不断发生的精神世界，在这个世界中，先是一种民族潜意识、一种内在的思维定式，一种定向发展的趋向，这种潜在的精神，通过政治文化思想、民族性格、民族传统和价值观念的升华而表现出来。从这一视角来说，民族精神的载体，实际上是该民族的优秀文化传统的精髓。因此，民族精神一方面是传统民族文化的精华和提升，另一方面，民族精神作为内化于民族之内和民族成员心理的潜在精神，通过文化的形式表现出来。

依托于传统文化之上的民族精神是对文化的升华和凝聚，从先秦诸子百家到汉代经学，再到魏晋玄学、隋唐佛道之学、宋明理学，我国的优秀传统不胜枚举，其中也蕴含了文化的精髓——民族精神。总之，传统文化可以归结为以下方面：第一，民族的精神状态：刚健有为、自强不息的民族气概。《易经》中的"天行健，君子以自强不息""地势坤，君子以厚德载物"一直以来都是中华民族的至理名言，中华民族无论是在先秦的强大时期，唐朝的繁荣时期，还是清末的衰败时期无不以此治理国家和警示民众。由此生发的集体主义、爱国主义的民族精神成为民族的传统。第二，民族的思维方式：系统、整体的思维方式。儒家、易学、道家、佛家思想，最终都一统于儒家，儒家思想深深影响了这个有几千年历史的民族。儒家文化成为主流文化，儒家文化的一统也体现了中国人的整体思维方式。当然，各种文化本身也深深蕴含着整体和系统的观点，如《易经》中的阴阳八卦图，就是万事万物相生相克的图画，但最终仍以圆为圆满的结局。五行说就是典型的系统说的代表，五行相互生成相互联系形成一个系统的五行图。从哲学的划分也可以看出，西方哲学按照时间顺序划分为古希腊哲学、中世纪经院哲学、近现代哲学和后现代哲学，而中国哲学是不按照时间划分的，这样有违中国文化的系统和整体性原则，冯友兰先生就非常反对将中国哲学进行切割。第三，中国传统文化最终目的：回归到和合与中庸。和合很好理解，中国就是一个和合民族，老庄道家思想主张天地万物融为一体，心斋坐忘，忘我，天地万物齐一。中庸并非妥协，中庸是一种至高的境界。这也是中华民族精神特有的、独有的。正如曾仕强先生在解读《易经》所说，只有我们才叫中国。"中"就是"中庸"的"中"。《中庸集注》曰"中者，不偏不倚，无过不及之名。庸，平常也"。和合与中庸不仅是一种精神境界，即达到一种和谐统一的状态，而且也是一种精神的作为，即人在行为处事中的态度，这也是民族精神的象征和表现。

三、西方文化与民族精神

在全球化和现代化的冲击与席卷下，当代中华民族精神与西方民族精神的对话成为不可回避的事实。谈到民族精神我们经常会使用核心价值观作为一个评判准则，核心价值观一方面是本民族文化的核心的体现，即经过文化抽象和精炼后的原则；另一方面核心价值观的"核心"二字凸显了民族价值观的独特性，这与民族精神不谋而合。因此，核心价值观成为一个民族的民族精神的重要体现。说起西方文化我们经常用个人主义来做一个聚焦的诠释。那么西方的个人主义的文化特质和价值观对当代中华民族精神又有何影响和积极作用呢？

对待个人主义，首先要以开放和包容的心态看待。对于个人主义的积极一面我们要努力学习与吸收。个人主义的价值观带来了政治上的民主与平等，西方社会自古就重视个人的主体性的地位，人不仅在思想和精神领地保持自我的绝对自由，而且在政治上也营造出一种民主平等的氛围。个人主义的核心价值观，也充分发挥调动了个人的自主性和创造性，造就了西方人努力进取、锐意革新的精神。1782年，英国人瓦特改良了蒸汽机，从此英、美、法等国便步入工业革命时期，开始了资本主义的物质与精神财富的创造，为资本主义的发展奠定了厚实的基础。自从改革开放以来，我们开始逐渐以一种开放心态看待各种文化和价值观，共享着西方社会现代化形成过程中所创造的最基本的核心价值观，我们要做的是赋予这些核心价值观以更加真实而丰富的内涵。当然个人主义也有缺陷和不足，如果个人主义极度膨胀，整个社会就会失去规范和协调，影响人们正常的生活秩序。在政治上，特别是国际关系上，极度膨胀的个人主义极可能发展为单边主义危及全球安全，带来国际纠纷和秩序紊乱，对本国内部的政治带来民主的不平等；在文化上，极度膨胀的个人主义必定会带来文化霸权、话语霸权的大国沙文主义，给国际合作与交流设置无形的屏障；在经济上，极度膨胀的个人主义会导致经济的垄断和独裁，影响国与国之间的双边、多边合作。如果个人主义极度膨胀，人与人之间的关系亦会出现紧张、冷漠的局面。由于过于突出个人的地位，无形中将自己摆在一个至高的位置，他人会处于一种被无视、冷淡的境地。个人主义虽然只是西方国家核心价值观的精髓之一，但在政治、经济、文化等方面却充分表现出了它的巨大辐射力。在同个人主义的比较与对话后，适当融入个人主义的元素，则会更加彰显我们核心价值观的优势：

第一，对集体主义的激活。个人因素的加入，充分激发了小我的积极性、主动性和创造性。只有个人利益得到充分满足，个人价值得到充分体现，才能更好地发挥集体主义的功用，这样的集体就是有活力的、和谐的。反过来，具有充分活力的集体主义，才能主动、真正地做到关怀个体，并激发个人最大智慧。

第二，对思想和创造力的挖掘。步入现代社会，作为发展中的大国，我们迫切需要发展经济，加强法制社会建设，弘扬传统文化，没有思想上的彻底转变是办不到的。

吸收个人主义的内核，发挥个体的能量，尊重个体，这在一定程度上取决于我们是否敢于思想创新。国人的"诺贝尔情结"让我们关注思想观念革新的重要性，它是民族整体创造力提升的前提保障。

最后，建设具有中国特色的社会主义核心价值观体系。具有五千年悠久文化传统的中华民族之所以永葆魅力，走到今日，除了聪明智慧，更重要的在于其博大精深的文化底蕴、厚重的历史功底，即有其自我运作的一套思想观念、价值体系、伦理规则等。那么保持其特色就显得特别关键，而且核心价值观本身就是每个国家所独有的，一经形成和为社会所接受，就能够稳定恒久地影响着人们的价值判断、价值选择和价值取向。与此同时，我们还要关注核心价值观的与时俱进。不同时代具有不同的价值观，这里的不同具体来说是价值观的内涵和表现，其内在精神和内核是不变的，因为价值观来源于传统，来源于文化，来源于该民族的精神，也来源于同其他民族交流、对话与融合的核心价值观。中华民族传统的文化、悠久的历史已经深刻地影响并内化到每个成员的心理，作为核心价值观的一部分它根深蒂固，不易动摇，即使这样，传统文化经不同时代的个体的诠释与表现肯定也会不同。可以以个人主义价值观为例，我们与个人主义的对话和沟通，不是要照搬个人主义，全部拿来，而是学习其精神和方法。个人主义其实就是一种经济上追求竞争，政治上追求平等自由，文化上追求多元化，科技上追求创新的精神，那么对其拿来就是对其方法和精神的拿来。因此，只有在批判、反思西方个人主义核心价值观的基础上，对其进行学习和吸收，并结合中国社会主义现代化建设，才能更好地促进具有当代中国特色的核心价值观体系的建设。也因而为建构当代中华民族精神提供精神资源。

在面对西方文化个人主义的同时，我们的民族精神也会遭遇一些挑战。

1. 自由观对集体观的挑战

个人主义强调个体的自由和权利，裴多菲的名句："生命诚可贵，爱情价更高。若为自由故，两者皆可抛。"一语道出西方人对于自由的追求和向往。自由的可贵之处甚至高于生命。因而个人主义的自由观带来了西方民族国家对于自由和权利的奋斗与争取，整个西方民族的历史就是一个不断获取自由的历史。中国文化则更关注的是整体的利益和集体观念。国家的权力凌驾于个人之上，而在西方，国家权力是以绝对保证个人权利为前提的。无论是在民族危亡时刻，还是和平时代，中国文化造就了民族个体无私奉献的精神，集体观念也根深蒂固。随着现代性的进入，个体理性的张扬带来了对于自由的向往和自我意识的觉醒，因此也带来了两种观念的相互挑战。是集体的还是个人的？这是对中华民族传统精神的一种挑战，需要重新诠释和领悟。完全地转移，即全部的照搬将自由观取代集体观是不符合中国国情的，集体观植根于几千年的传统文化，完全的取代意味着对于传统的全部否定，这也是对当代中国人的思想观念的挑战，也不可能被完全接受。另一种是人为的嫁接，当然这需要土壤的培植，即中华民族能否及如何接受自由观，以及如何融入中华本土的问题。当然需要肯定的是，我们的集体观需要自由的观念和意识。集体观和集体主义的积极意义在于增强了个体的集体荣誉感、责任感和使命感，起到凝聚民族成员的作用，而集体主义矫枉过正就是对于个体的无视和不尊重，长此以往可能滋长个体的懒惰情绪，导致个体积极性和创造力的泯灭。对于个体的尊重与对于个体自由的发扬，一方面激发个体的主动性和创造力，另一方面有利于个体推动集体的活动，为集体注入生命的活力，而不只是将集体乃至民族国家的事情视为口头的和制度性的强制行为。这样的集体主义才能真正深入到民族成员心中，成为民族精神的组成部分。

2. 法律对道德的挑战

这里并非是说在中国就没有法律只有道德，在西方有法律而无道德，在相对意义上，由于中华文化带来的法律意识和观念相对薄弱，即对于自由观念的缺乏导致法律意识的淡薄和缺失。集体观就是集体的决定，人数多寡决定一切，而不是按照法律或最初的契约的模式来规制人的行为，那么人的因素就取胜于法律。因而在我国伦理道德的印迹就显著于法律的制衡。这也是为何儒家伦理道德一直成为我们的规范守则的原因。西方人坚决用法律来捍卫个体的自由和权利，而几千年来的中国历史造就了个人的生死和权利可以由某个或某些人的权威话语来决定，但是这个权威话语是不具有法律效应的。因为法律一旦确立就有绝对的惩罚性和制约性，而不用法律确定下来的权威话语就是可以依时依地而改变，具有随意性。当然，道德是社会秩序得以运转正常的基本保障，只要是有人的存在，伦理和道德规范就不可或缺，否则人之为人的根本就不存在了。法律则是作为人的更高层次的自律，它是以维护生命的尊严和自由权利的不受侵犯为准则的，卢梭言"人生而平等"，每个人生来都是平等的，但是不平等的事实的存在造成了种种不平等的现象和人与人之间的不平等。只有法律可以维护它和保证它。如果说道德的准则是发自良心的内在的对人的规定的话，那么法律则是每个人愿意与否都要遵守和执行的规范，这是每个人的义务，也是应该享有的权利。法律规范意识的增强是对于民族成员基本权利的保证，将促进当代中华民族精神朝着健康的方向发展。

四、反思当代中华民族的精神生态

通过对当下中国现代性的描述，传统文化的回顾及与西方核心文化的比较，意在阐述关于当代中华民族精神及其家园的现实。现代性的出现和描述不是生硬地进入中华民族精神领域，现代性的自反性带来了对于后现代的期待，而后现代又与中华文化不谋而合；既然民族精神需要一个载体，而这个载体就是文化，而且民族精神是承前启后，当然就需要传统文化；民族精神的存在与认同在与他民族的比较中显现，不仅生发出异同，更重要的是对于自己的坚实的认识。通过上述三者对于民族精神的描述和阐释，我们需要应对的现实有：信仰的追寻与现实的遭遇；如何在发展中反思；回归精神的家园。

（一）信仰面对现实

黑格尔认为，民族精神既有流动性也有永恒性。流动性指的是自然生命体产生、发展和消亡，这里指民族精神存在的载体——民族国家的存在是相对的时间和空间的存在物，可能随着历史的前进而消逝。形式的消亡并非意味着内容的消亡，精神的载体作为物质的消耗体终将被新的载体取代。然而，民族精神却将在新的民族国家这一环境中诞生，而这个民族精神绝非全新的、陌生的产物，它是一个辩证否定后的结果，即我们经常所讲的"扬弃"，既有继承也有批判。民族精神的永恒性则指向那个扬弃的民族精神。承认民族精神的永恒性本身就是对于民族精神的信仰。民族国家实体的存在就注定有相应的民族精神的持存。对于民族精神的信仰也是一种信念，一旦成为信仰，就会永久性地在民族成员内心打下深深的烙印。对于信仰的追寻是每个个体的梦想，一旦信仰确立就会成为一种长久影响人的趋势和动因。对于信仰的确立有时候是显性的，有时候是隐性的，前者是一个显著的表现，即明确自己的信仰，参与信仰的仪式和坚信信仰的信条等；后者是隐性的不易察觉的，甚至是自身都无法意识到，可能特殊的事件会触发自己对于信仰的意识和存在的感受。当国家或者民族成员遇到不公待遇的时候，民族其他成员都会伸张正义，表达愤怒之情或有所行动。

信仰背负着理想和美好的图景，是人们为之而努力追寻的东西；而现实残酷，经常有违人们的意愿。当二者发生冲突和矛盾的时候，信仰能否承受现实的冲击和洗礼，信仰能否持存是民族精神建构中应该关心的问题。现代化、全球化、市场经济的进入和狂轰滥炸让我们眼花缭乱，趋同的全球化的标志，现代性的衡量标杆，市场经济的功利主义，不得不逼迫我们去询问：民族的东西还剩几许？民族精神体现在何处？如果文化可以全球化，如何在同质中保持本民族的特色；如果现代性的标杆承认公认标准，民族自身的发展如何估量在其中；市场经济一切按照市场和价值规律办事，民族产业是否应该淘汰。难道这样才是当代中华民族应走之路？显然不是，正是信仰的存在，才有了其与现实的比照，信仰与现实不同，现实也不同于信仰，因而二者是有差距的，不能以信仰标准完全要求现实如是。具有信仰的民族，才是有反思精神的民族。我们一般所说的信仰多指基督教的信仰。基督教作为一个信仰体系至少应包括两个大的层面：一为其精神追求和信仰本真，二为其教会和社会参与。一般而论，二者之间虽有某种关联，却又有许多根本不同。前者为超越层面，表达了其信者的理想追求和终极关怀；而后者则为其涉世层面。从基督教信仰定义来看，信仰包含了超验和现实的层面，所以信仰与现实之间本来就是一对内生性的矛盾。正因为是内生性的，因而二者是可以进行有机协调的。基督教教义的信仰是通过理性来理解的，这个理性不是启蒙运动的理性，是在信仰前提下的，基于对上帝神圣性的深切领悟，而非理性分析和论证之下的理解。所以，信仰总是以观念和意识的形式存在于人的潜意识中，只有通过社会参与（教义、仪式）的形式体现其意义。有人说中国是一个没有信仰的民族，笔者认为，这里信仰指向的是狭义上的信仰，是关于某种宗教的信仰。因为中国的儒家、道家思想，特别是前者更多的是成为御用思想而非超验的、纯粹形而上层面的思想，此种说法也有其个中缘由。推而广之，《大不列颠百科全书》中认为信仰就是指在无充分的理智认识足以证明一个命题为真的情况下，就对它予以接受或同意的一种心理状态。总体而言，无论是狭义上的信仰，还是广义上的信仰都包含了两个层面：一是它是一种观念的东西影响着人们的思维和实践活动。二是信仰的确立不是依靠论证和合法性解释，而是来自心灵的召唤，用基督教的话来说是依靠上帝的天启真理。

民族精神因其继承性而成为信仰，即在国人的内心深处形成了一种无法言表的根深蒂固的情结，它不依靠科学来论证和阐释，无形地存在每个国人的内心深处。这样成为信仰的民族精神就有两层含义：第一，民族精神不仅来源于传统的文化，更深深地扎根于人的灵魂深处，儒家、道家、佛家等思想的精髓部分凝练于民族精神之中，影响着民族成员的行为。第二，民族精神成为国人的信仰，潜伏于每个人的内心不易察觉，一旦爆发其影响又不可估量。当然，信仰总是以意识、观念的形态存在，与当下的现实境况存在理想和实际的差距与冲突。现代性和全球化尽管为人类带来了许多福祉，在一定程度上却淡化了国人对于传统的关注，与对于民族精神的反思。我们对于当代民族精神的建构和呼唤，在某种程度上适时表明了民族精神的缺失。

信仰与现实的矛盾终将不可回避和持续存在。人作为区别于动物的存在原因就在于人是理想化的、有信仰的动物。尽管信仰是一种天启的、不证自明的真理，无需证明和严格的论证，只需被动地接受，但这种接受是来自心理和灵魂的领悟和接受，是完全区别于和不同于动物的被动本能的反映。动物的存在仅仅在于自身的生存与繁育后代，即生理意义上的存在。而人作为一种类本质存在，是不断以自己的实践活动来证明自身的存在和体现存在的价值，其从事实践活动的目的和动力就来源于理想、信念和信仰。这也是人与动物的根本区别所在，人不仅作为有血有肉的物质身体存在，更重要的是作为神性的一面存在，即人总是要追寻某个终极的存在和归宿，这就是精神家园，而这个追寻过程就是凭借信仰和信仰的支撑。我们都有物质的家园——房屋和家庭，这足以取暖和给人以安全感，但是精神的家园才是人的最终归宿，这是需要依靠信仰来支撑其存在的。这也是为何人们尽管在生活中屡屡受挫，但仍然选择坚强地活着，这就是信仰的力量。人作为一种独特的存在，明知现实的残忍，但仍要选择面对孤独和坚强地活着。这是人生的痛苦，也是人活着的乐趣所在。在亚当和夏娃偷食禁果之时就影射了人终将会为自己的行为负责，对于智慧和理想的向往是必须付出代价的。这样一来，信仰与现实的矛盾，民族精神与现实状况的冲突也在此得到调和和解决。一个民族的生存离不开精神的存在，否则就不是人类的文明国家，而对于精神的追求最终会营造一个适合生存我们的精神家园。尽管目前的精神家园还不太适合我们的信仰所追求的目标，但是我们在追寻着、信仰着我们的民族精神。

在历史的转型期，当代中华民族也在不断探寻和追问自己的精神家园，我们秉承着民族的信仰，挥洒着辛勤的汗水，默默地耕耘我们的国土。无论我们已经或者将会面临什么困难，对于民族的信仰会支撑我们的行动。

（二）发展应对反思

回望前现代、现代的发展路径，展望即将到来的后现代，最终总会以促进民族团结和发展为指归。发展的内涵不再只是经济学意义上的、物质上的发展，而将是牵涉代际、环境的可持续发展。正在现代化路途中的中国，进行着如火如荼的经济建设，全面积极发展生产力，整个民族融入经济建设的洪流。同时感谢全球化为我们带来了发展中国家现代化建设的经验和成果，这不仅使我们节约了发展的时间，而且为我们进行现代化建设提供了宝贵的经验。

现代性彰显了人类理性的力量和伟大的智慧，但是同时现代性对于自己的对象关注不够，或者对于对象的认识缺乏。被人类改造的自然界和动物界，同时也是与人同样的主体性的存在，它们是另外的一群主体。只有在此种意义上消解人类中心主义的核心理念，才能正确地对待发展。其实种种的消解无非最终还是回到人类的发展上来，然而观念意识的改变是非常困难的。那就需要反思的精神，现代性的自反性本身就蕴含着反思的意义。反思也叫后思，是对反思的反思，即依据前一个反思的内容进行思考。对于现代性中的发展，同样需要后思的精神，即主体人跳出主体的地位，进行换位思考，将对象作为主体来看，感同身受地体验自己作为对象物的感受，或者以自己与对象物的活动为客体来考量。

中央提出的科学发展观正是当代有中国特色的民族精神的表达，党站在中华民族的战略性发展高度提出的长远策略。所谓科学发展观，就是对待社会发展坚持合理、可持续性的发展观念。它一方面注重以人为本，充分发挥人的积极性和创造力；另一方面注重环境与人的关系，提倡和谐的生态发展观。以前我们的发展观因为突出发展的因素，将发展单方面地理解为经济效益和质量，即只强调当前的利益，对于自然资源的无尽开采，带来了严重的生态环境问题，在我国西北部很多地方因为过度砍伐树木而导致土地沙化和资源的枯竭。发展观不是时间意义上的发展，而是空间上的效益的生成。现在党中央提出的科学发展观就是一个集过去、现在和未来为一体的整体性的和谐发展观，而不再只是强调当下的、即时的 GDP。经济效益的提高旨在促进人的发展，但并非经济发展了就能实现人的全面发展。人的发展不仅要处理好人与人的关系，还需要处理好人与社会、人与周围生态环境的关系，这是一个相互适应的过程。科学发展观的提出不再仅仅是为我们提供一个有形的、物质的房屋，而是在为我们和后代建构一个可供生存的、稳固的、安全的、和谐的物质家园和精神家园。

人类物质家园的建设从某种层面上也反映了精神家园的建构。物质家园作为人类生存的避难所，其建设表现了人的精神状况，对于物质家园之外的投入、规划和实现，加入的精力越多，那么投入到精神家园的思考就会越少，现代社会中的问题房和豆腐渣工程就是印证。有形家园从根本层面来讲，起码要首先满足人们对于居住、安全和舒适的要求，问题房和豆腐渣工程，看起来是在模仿现代化的高楼大厦，用的是高级建筑原材料，但是其主要关注点不再是建筑物的基本功能，而是把注意力投向是否带来效益，因而带来了偷工减料、基本质量不能保证等问题。这时不能奢谈什么舒适和精神的家园建构，连最起码的生存都在考量之内。即使是满足了基本的生存和安全所需，也会因为统一的建筑模式和风格而抹煞了民族特色的风景和传统建筑文化，即因整齐划一的标准而带来民族自身特色的缺失。其实无论是现代化的标准，还是对于材料本身的考究，都是为了给人类营造一个舒适的、适合居住的地方，从而在心灵上寻找到精神的归宿和精神的家园。只是在建构家园的路途中，因为个体的差异与利益的博弈，造成了对于家园认识的偏差。

如同对待发展一样，经济学家眼中的发展更多注重的效益，是产值，是 GDP；人类学家眼中的发展更多的是人类的生存境况和长远的发展；哲学家、伦理学家眼中的发展则是强调对人类的终极关怀和观照。作为政府，发展的议题就涉及以上方方面面，这也是对低碳经济的发展各有说法的原因。低碳一方面可以保护生态环境，保证人类的可持续发展，同时也抑制了经济的发展和 GDP 的增长，这在经济全球化和高度发展的今天无疑会增加我们与其他发达国家的差距，经济的减速也会带来一系列的就业、社会和伦理问题。然而世界本身就是无时无刻充满着矛盾、利与弊的共存、好与坏的取舍等。既然发展就是要有一个未来的时间向度，即向前的时间推演和长期的持存，那么选择环境、生态与人类的共存和友好发展，势必带来经济发展的缺憾。民族发展亦然，民族精神的持存更是一个有待时间来检验的问题，四大文明古国留存在现在的唯有中国，谈起民族精神，中华民族可以很骄傲地述说我们的民族历史，它是源远流长、亘古弥新的。如同黑格尔描述的民族精神一样，民族精神不会消逝，它只会从一个皮囊中退出到另一个新的皮囊。拥有历史的民族，也是拥有生机和活力的民族。

（三）缺失渴望回归

当前谈论弘扬与培育民族精神，即表明了我们对于民族精神回归的强烈意愿和要求。对于民族精神信仰的缺失，并不只是说这个民族毫无民族精神，民族精神的缺失在另一个层面上主要还是指向对于潜在于民族之中的民族精神认识的欠缺，因为民族精神作为意识和观念总是潜伏在民族中，而不易察觉。尤其是在当代中国，中华民族精神的缺失成为我们的重要话题。民族精神的缺失包括人文精神的缺失、伦理道德底线的冲破两大方面。

第一，人文精神是民族精神的主要构成，人文精神的代表就是知识分子。当然人文精神应该是更广泛意义上的精神，而并非人文知识分子所特有的，而是其他从业人员、民族成员也具有的。人文精神不仅包括人文知识分子的精神状态，也包括其他成员对于人文知识的解读和意识，是否具有人文意识，也是人文精神的表现。人文精神和素养的提高一方面依靠的是知识水平的提高，更重要的是人们的生活体验和经历。

尽管人们的反思水平和人文意识有了新的提升，但是市场经济还在不断提醒我们对人文精神的需要和渴望。市场经济对于科学技术的需要和物质文明建设的需要是如此强烈，势必带来科学精神与人文精神的对话和物质文明与精神文明的对话。科学强调的是对象物的研究，重点在于对象世界；人文世界强调的是人化世界中人的行为和人自身，重点在于人本身；物质文明提高了人类生活水平和物质条件；精神文明丰富了人们的内在心灵。但是为何科学技术愈是发达，人文世界愈是缺乏精神？随着物质水平的日益提高，人们却感到精神的空虚和生活的颓废。两者的矛盾又是如此地对抗和激烈，一方愈强大另一方愈落后。在现实生活中，人文精神指导着人类文明的走向，即科学精神注重解决"是什么"的问题，而人文精神的侧重点则在于研究"应该怎样"的问题。在科学精神的指引下，科学技术取得了巨大的成就；只有在人文精神的指导下，科学技术才能向着最有利于人类美好发展的方向前进。在某种意义上，人文精神与科学精神可以说是承载和导引人类社会前进的两条轨道，缺失了其中的任何一条，社会便就无法顺利前进。可见，科学与人文的区别在于，科学关注当下的维度，人文关注的是当下和未来的维度。人文精神侧重于"应该怎样"，看上去就是未来的时态，应该是一种要求和目的，没有无原因的要求和目的，所以人文精神的"应该"视角，着眼的是基于现实之上的不满和缺失，从而提出的对于未来的展望。人文精神因为关注的是人类终极的追求和归宿，是站在人类发展的战略性的制高点俯视人类历史的进程，它不时地警示世人着眼于现在和未来。科学研究尽管更多地被定性其价值的中立性，但是作为科学研究的主体——科学家，因为身处社会之中不得不关注人文现象，也必须弥补人文精神的匮乏。同样，在物质文明的建设中，精神文明又是不可或缺的，物质的东西是易消逝的和不稳固的，因而，对物质的占有和欲望永远无法得到满足。那么，对于物质东西过度的追求，就会迷失于功利主义之中和无尽的精神缺失，即占有之后的空虚和失去之后的无奈。人文精神则以人类的终极关怀为指归，关心人类发展的命运和前景，物质的东西固然重要，然而总会成为过眼云烟，它们是为人类服务的。真正占据心灵重要位置，为我们指点迷津的是精神的引领。一个民族，一个没有民族精神的民族，就如同一具没有灵魂的行尸走肉。

第二，伦理道德底线的冲破。伦理道德的规范是作为存在的人的基本规定，人的世界与物的世界的不同就是人有伦理道德的规范。如果基本伦理道德底线被冲破，人类社会就会沦为物化的世界。尽管不是市场经济本身作怪，但是它确实带来了人文和民族精神的极度缺乏。伦理道德底线维持了人的本质所在，但是对于伦理道德底线的看法，学界持两种观念：否定说与肯定说。否定说者认为，伦理底线是人成其为人的起码条件，看似为肯定，其实是说人要为人而不能做什么。肯定说者认为，伦理道德底线是要求人们应该怎样和如何去做，此一说明显带有积极的意味，即规定人的权利和义务，符合伦理学的旨趣。就底线伦理的性质而言，它首先是与传统等级社会中精英道德相对的现代平等社会的普遍道德；其次，它是相对于人生理想的基础道德；再次，它是相对于世界观理论体系的优先性和独立性的道德："道德底线虽然只是一种基础性的东西，却具有一种逻辑的优先性：盖一栋房子，你必须先从基础开始。并且，这一基础应当是可以为有各种合理生活计划的人普遍共享的……宜从一种特殊的价值和生活体系引申出所有人的道德规范。"此说即为肯定说，对于伦理道德底线逻辑先在性的肯定，就是对于底线伦理道德遵守的肯定。肯定说和否定说具有极强的相似性，但是细细品来，两者有着根本的区别。否定说是一种消极的态度，即对人规定性的负面说教，"不能或者不应该……"；肯定说是积极的态度，即人要成其人，就必须首先"应该……"，这不仅是一种道德的自觉，也是行为的自律，它来自于自身的觉悟，而非外界的规定。

那么，在主张"肯定说"之时，再作"伦理道德底线的突破"一解就有新的诠释。"伦理道德底线的突破"意指对于道德自律的否定，即对基本道德自觉的反对，不按照应该的意旨办事，这与"不能或者不应该"是不同的，后者至少是积极层面的作为，而前者则是有背"应该……"和"不应该……"两者的，是纯粹消极不作为层面的行为。我们说法律是具有强权的，可以强制性地用来约束人的行为，但是法律能够约束人内心的想法吗？显然，绝无可能。在逻辑层面，伦理道德先于法律而存在，因为人首先要成其为人才能谈制定和遵守法律；在实践操作层面，法律先在于道德而存在，可以运用法律为手段来维持道德的有序发挥。因而，一旦道德底线冲破，法律也将无济于事，一方面强制性的遵守不符合道德的自律性特征，另一方面伦理道德转换为法律条文的可行性也值得质疑。

民族精神作为一种意识和原则一样，它潜伏着，需要的是自律和自觉意识的唤醒，我们应该据此来信仰和遵循，否则其不可能真正成为民族成员信服的民族精神。这也正是在当代中华民族转型期所面对的严峻事实。底线伦理不仅是个人行为的基本规范，更是整个民族精神面貌的体现。儒家人文思想最强调的就是伦理道德规范对于个人和国家的作用，整个中华民族的优秀传统就体现在对于伦理道德常纲的规范。高度的理性化思潮席卷人类社会物质、精神、心理和制度层面，其主要表现：在物质层面，现代社会工具理性地提出了"时间就是效益""时间就是金钱"的口号，所有的一切围绕金钱、效益这些即时和功利的指标，从而缺乏人文的关怀；在精神层面，高新技术、信息社会缩短了人与人之间交流的时间，提供了无限开阔的交流空间，为过去交流的种种不便带来了便利，然而人与人之间亲情、爱情、友情需要长时间的体悟和交流，情感是需要时间的积淀和酝酿的，时间愈长爱情之酒愈香愈浓，然而现代社会快节奏，短、平、快的生活方式使人与人之间的关系同物与物之间的关系一样，呈现为一种速成的、冷漠的、功利的样态；在心理层面，人类更少关注他人，也包括自身，他们的聚焦点在对象物上，确切地说是为自己服务的对象之上，而较少关心他人和自己，留给自己反思的空间非常地狭小和有限；制度层面，我们必须为人类的一切社会活动提供一套统一的评判标准，而不管这是物质层面的或是精神层面的，制度化与法律化能否从根本上促进道德底线的恢复，提升人们的人文道德素质，这才是问题的关键所在。底线伦理的恢复不单单只是法律的事情，而是一个民族共同的事情。现代化、市场经济和全球化给我们国家带来了一些弊病，出现了有违基本人性和伦理道德的现象，重新振作民族精神、提倡民族精神，将能够挖掘民族的先进思想资源，重拾人类心灵中的美德与理想。

从信仰与现实的矛盾，到以发展应对反思，再到人文精神与底线伦理的缺失的回归，与其说是在展现当代民族精神和家园的存在现状及其分析，不如说是民族精神在其中的逐渐显现。民族精神和精神家园作为一种动力机制和终极归宿，即信仰在与现实的博弈中彰显其潜伏着的巨大力量，于现实中挖掘和追寻民族精神，以精神推动民族的智慧活动；民族精神的发展同时需要一个指导性的方向——现实的发展问题，这是民族精神对于现实的要求，也是民族反思的结果；在对于人文精神和底线伦理缺失的追问中，民族精神的价值和意义自动生成，对于精神家园的建构也显得尤为迫切。当代中华民族的民族精神正在经历着考验，在时代的变迁与转型之中如何应对需要几代人共同探寻和摸索。

第三节 弘扬与培育民族精神

通过对当代中华民族精神所处时代背景的梳理和现实状况的描述，笔者尝试着站在一定的高度策略性地思考如何弘扬与培育中华民族精神，如果说前者涉及民族精神的生成过程，后者将涉及民族精神如何发展的问题。

一、弘扬与培育民族精神的新内涵

中华民族精神是以爱国主义为核心的团结统一、爱好和平、勤劳勇敢、自强不息的精神。这种精神是古往今来中国人奋发向上、不屈不挠的精神支柱，是中华民族优秀文化传统的基本价值取向。这种民族精神包含着巨大的历史震撼力和时空穿透力，其所包含的合理性的价值取向，闪耀着人文精神的光辉，同时也具有重要的现实效应。而将民族精神转化为可以实践和操作的层面上来，就涉及对其内涵的澄清。其内涵的展现将为弘扬与培育民族精神的路径选择提供前提说明。根据十六大报告有关民族精神的界定，秉持兼顾历史性与时代性、抽象性与实在性的原则，我们将民族精神的内涵具体化为 17 种价值观，包括国家观、民族观、集体观、个人观、人生观、发展观、竞争观、伦理（道德）观、诚信（信任）观、战争观、劳动观、幸福观、利益观、责任（义务）观、人际观、人情观和友谊观。

二、新时期弘扬与培育民族精神的原则

弘扬与培育民族精神，应该依据民族精神的内涵和特点来制定相关的原则，并依据此原则发现相关的路径研究和策略。根据其内涵和特点，对于当代中华民族精神弘扬与培育问题的研究可以遵循以下原则。

（一）时代性与传统性结合的原则

民族精神并非空中楼阁，它有一个历史积淀和传承的过程。必须坚持时代性与传统性相结合的原则。时代性是民族精神的当前特性，即每个民族实体的存在决定了其民族精神的当前属性。同时，这个民族精神有其深刻的历史渊源，来源于传统的文化和思想。精神的积累和显现不是一代人所能体现的，整个民族的精神体现更是数代人共同努力的结果。那么其时代性正是对于传统性的展现，但又不是简单的呈现，它是具有新的时代内涵和意义存在的价值。同时，传统性是时代性存在的时间前提，时代性生发于传统性之中，否则时代性就是无源之水、无本之木。

民族精神的传统性为民族精神提供了丰富的内涵，是民族精神的历史积累，当我们谈到当代中华民族精神的时候，并非强硬地设定一个语言的符号，民族精神来源于几千年的中国传统文化，当我们提及自己的民族精神之时，可以自豪地说我国的民族精神和文化源

远流长，内涵丰富；当我们弘扬与培育民族精神之时，也可以有据可依。当代人的思想更加多元化，更加自由和开放，不再拘泥于被动的说教和灌输，个体也具有较强的自我个性和自我意识。当我们论及自己民族精神的时候，如果能够站在历史的高度，从古到今娓娓道来的话，那么才有可能对民族精神和民族文化有所了解和接受，进而内化为每个民族成员的行为准则，并最终体现出民族的精神面貌。

民族精神的时代性，指民族精神具有的时代气息。时代性是当代民族精神存在的可能，任何一个民族精神的蜕变，都有一个自我否定的过程，而当代性的存在之可能即由肯定性的一面来保证，也就是当代民族精神存在之可能。在民族精神之前加上"当代中华民族"，一方面意在指出民族精神存在时间的有限性，至少在现在中华民族精神是存在的，即维系民族生存和发展的纽带的存在；另一方面意在指出民族精神空间上的局限性，任何一个民族精神都不是游离不定的，它有一个可以切实依托的实体——民族，中华民族精神的载体就是中华民族。因此，每当我们谈论民族认同的时候，都会使用民族精神来作为认同的依据，民族和民族精神的当代存在保证了民族的认同，及民族成员的历史使命感。作为中华民族大家庭的一员，我们都为同一个民族而感到骄傲和自豪，都被民族精神而维系着成为一个大家族——当代中华民族，尽管有些民族成员居住在不同地域，但是共同的民族文化和民族精神将大家维系在一起，民族精神是冲破时间和空间的局限性无限性存在的。

时代性与传统性还呈现为某种程度上的辩证关系：传统性是时代性存在的逻辑前提和历史前提，没有传统性的根源就没有当代性的存在；时代性是传统性的延续和发展，是传统性得以认识和存在的逻辑前提，而不是历史前提，这来源于传统性在认识论上的存在得益于时代性的发扬，当代民族精神因为起源于传统民族文化，而得以被我们认识，传统性也得以发扬光大，所以此一意义上的时代性在时间上相对于传统具有先在性。那么对于时代性和传统性原则的贯穿：基于传统基础上的培育当代中华民族精神；基于时代性基础上弘扬当代中华民族精神，两者须臾不可分离。另外一层含义在于：对于当代民族精神培育的基础来源于传统性，培育是有对象的培育，而且这个培育是具有生成性的，那么传统文化资源和精神到现代的生成过程就是一个培育的过程；弘扬又是对于时代性的弘扬。当然，时代性是传统之上的时代性。

（二）中西对话与融通的比较原则

在当代中华民族精神的视阈下，不可回避的是中西两种民族精神和文化的对话与融通。时代性提醒着在当前特殊的历史转型时刻，我们必须面对自己的同时，展开与他民族的交流和对话。

比较的方法，与事物本来面目的展现是两种不同的方法。比较作为手段，最后达到的效果是参考被考察对象的特性彰显。那么它与事物的本质面目有何区别呢？两者看来似乎是同一个问题，其实不然，比较方法虽然也达到了对于主体属性的追问，也可能是本质属性的探寻，但是它是参考系视角下的本质展现，即以参考系语言体系来描述的本质属性，它可能不仅是主体的本质规定性，它是他者眼中的"自我"，不一定就是"本我"。尽管如此，比较的方法最终也是为达成本质追问的必经途径。通过比较的方法，主体即被考察对象知悉自身与他者的不同，在对于差异的理解下，从而追问自身的原委，以最终达成主体本质的真相。

同时，对待比较的态度应该保持某种宽容，只有宽容才能敞开无限的视阈去看待异己的事物，从而看清自己。后现代主张宽容和自由，去努力营造一个多元的世界。拘泥于自己的世界，无视他者的存在，认识的路径就会愈来愈狭窄，狭窄得只剩下自我，而容不下任何他者存在。其实多元世界的存在，不仅可以展现无限丰富的世界，而且更能窥视多元中的个性存在。

通过比较，达到中西文化的对话和融通。对话与融通的最终目的是吸收西方有利资源注入我国的民族精神之中，培育适合当下的中华民族精神。比较中的对话，旨在通过与他民族的比较，了解他民族，认识自己，并在认识自己和他人的基础上，促进他民族对我民族的了解，以获得对方的认同，基于以上才能达成二者之间的真正的对话。另外，两种完全不同文化的对话是很艰难的，因而为了达成对话的可能，必须持有一种无限包容的心态，以扩宽自己的视线。当然其中的艰辛也是显而易见的，如果说在中华人民共和国成立之前和成立之初我国还处于相当落后的境地，因而被许多发达国家视而不见或者企图以文化大沙文主义侵入中国的话，现在的中国，因为民族实力的渐强和国际地位的日益提高，而经常会受到"中国威胁论"的评价。如果说比较的目的在于本质的展现，那么为何不同历史时期仍然是中华民族精神但本质会不一样呢？一方面，这是西方国家眼中所认识的中华民族精神，这是西方民族以自身为参考，以自身利益需求为前提的认识；另一方面民族精神是与时俱进的。民族精神的魅力是需要时间和历史来证明和解释的，当代中华民族精神从其历史渊源来看已经是具有无限历史魅力的了，如何培育和弘扬则是进一步的工作，即如何将西方合理的资源嫁接成为我们的精神资源则是比较之后的难题。当然随着比较视阈的拓宽，我们还可以与东方其他民族、非洲民族等也开展对话。

每一个民族都有其独特的个性，民族性格如同个人性格一样，一旦形成便具有一定的稳定性。比如说德国人素以严谨认真出名，许多哲学家、法学家便是出自德国，德国人也是最具反思精神的民族。美国和古巴民族则因为是殖民地时期建立的国家，尽管他们的民族历史不是很长，但他们的民族性格中却深深地隐藏着对于自由的向往和斗争的精神。了解每个民族不同的文化和政治背景，再去理解他们的民族精神是显而易见的，也更容易达成他们的认同。就像我们理解西方民族的自由主义和个人主义一样，尽管个人主义的极度膨胀会带来很多负面的效应，但是个人主义作为"西方国家核心价值观"的精髓之一，在政治、经济、文化等方面却充分表现出了它的巨大辐射力。在同个人主义的交流中，适当融入个人主义的元素，则会更加彰显我们核心价值观的优势。

1. 对集体主义的激活

个人因素的加入，充分激发小我的积极性、主动性和创造性。只有个人利益得到充分满足，个人价值得到充分体现，才能更好地发挥集体主义的功用，这样的集体就是具有活力的、和谐的集体。反过来，具有充分活力的集体主义，才能主动、真正地做到关怀个体，并激发个人最大智慧。

2. 对思想和创造力的挖掘

步入现代社会，作为发展中的大国，我们迫切需要发展经济，加强法制社会建设，弘扬传统文化，没有思想上的彻底革新是办不到的。吸收个人主义的内核，发挥每个个体的能量，尊重每个个体。因此，对待西方文化还不仅仅只是简单的评价，而是在西方文化背中透视其精神的精髓，这样才有可能融入西方文化，更重要的是将其自然地融合到我们的民族文化和精神中来。

3. 时空结合的原则

民族精神是穿越时空的产物，时间与空间的有限性与无限性也说明了民族精神的有限性与无限性。当代中华民族的民族精神是历史长河的积淀物，然而它又不是僵死不变的，它在当下的持存证明了民族精神永葆魅力、活力四射。同时，当代中华民族精神在全球化的新时空中，更加凸现出其被认同的特质。

时间原则，不仅表现在纵向的时间维度，还表现在横向的时间维度。纵向的时间维度是意指民族精神的发展历经了无数历史时刻和蜕变，正如黑格尔在论述民族精神的时候，曾认为民族精神的最高阶段是绝对精神或者是绝对理念，而其演变经历了从意识到自我意识，再到民族精神，最后是绝对精神阶段，民族精神就是在此基础上蜕变而发展为最高级的精神阶段。从意识到自我意识仍然停留在形而上的超验层面，精神还潜伏在自我之中，而自我意识较意识更积极和主动，从自我意识到民族精神，是人的伦理阶段的产物，人作为伦理道德的动物，生活在特定的社会和民族国家之中，因而自我意识显现为民族精神的形式，黑格尔的民族精神最终走向一个超验的最自由的阶段——绝对精神的阶段，即具有反思和自由精神的民族精神；如果说纵向时间还是指向民族精神自身的话，横向时间则意指民族精神发展的阶段和形态，前者是逻辑的时间，后者是顺序的时间。

第一，坚持时间的原则。中华民族上下五千年，从远古的三皇五帝开创中华文明时代伊始，民族的智慧开始萌芽，后历经诸子百家的繁荣时期，中华民族精神的精髓始于此，汉代经学，特别是儒学得以正式确立其统治地位，深深影响了中华民族的文化和传统。儒学、道学和佛学在魏晋唐宋时期得到极大的发展。清朝的结束标志着我国两千多年的封建统治的终结。五四运动之后，两股新的思潮成为影响中华民族精神的重要力量，一股力量来自于西方科学与民主的思潮，直到今天我们仍然还在倡导科学的精神和民主的道路；另一股力量来自于马克思和恩格斯的思想，它与中华民族的当代命运紧紧相联。加上传统的中华民族精神，三方一起构成了当代中华民族精神的概貌。以时间为原则和衡量的标杆，有助于寻找当代民族性的源头和梳理民族精神的思想资源。

第二，坚持空间的原则。随着人类认识能力和实践能力的增强，对于空间的认识不再只是局限于三维的有形的实体空间，现代科学技术的发展，特别是高新的信息通信技术的发明，信息化的虚拟空间成为人们日常生活普及的空间形式。从前民族精神都承载于具体的民族国家的实体空间，如今民族精神可以跨越有限的空间，推入到全球化的更为广阔的空间之中，这个空间尽管看不见，但它是人为建构在我们感受到的空间，它并非以实体的形式呈现，而是被人们体验和感受到的。全球化空间虽然如哈维所说的是被压扁了的，就像一个拥挤的空间，但是人们对于它的真实感受是一个超越了以往的我们可视的有限的领域，它是对于长宽高的重新延伸，是一个更广视阈中的空间。中华民族也是在这个背景中产生和建构的，中华民族精神不仅只是存在于中国这个国度，全球华人都聚焦于此，每个中华儿女都因为深深的故土情和文化的情结而紧密地联系。当代中华民族的精神突破了自己现有的载体视野，扎根于每个中国人的心中，同时我们也在全球化的公共领域获得了认可，中华民族强大的凝聚力和生命力就足以证明其精神力量的伟大。2008 年，当汶川地震的消息传遍了全球时，无数中华儿女，无论是身处中华大地还是远在异国他乡的游子纷纷伸出援助之手，大地为之动容，全球为之震撼，其他民族国家也向我们投来援助，这是当代中华民族精神的整体体现，也是民族精神的再次提升与凝聚，每个中华民族成员发自内心地为民族的危难而焦虑和分担，及他民族为此民族精神的振奋与鼓舞。民族精神的空间性因而也克服了地域的有限性，走向一个无限开放的全球视野中来。

民族精神尽管在现实中总是作为有限时空的存在物，只要时空条件允许，比如全球化的到来，那么精神自身作为超验的存在就会突破时间和空间的局限，走向一个全新的领地。因而，对于中华民族精神所建构的当代精神家园的理解，就相应地有所变化。那么，最后我们就要追问，精神的家园到底存在于何处，是其栖息地——民族国家吗？是全球化的场阈吗？都不是，精神的家园就存在于每个民族成员的心中，无论它是该民族的还是跨民族地域的，它也存在于民族的精神之中，只要拥有民族精神就拥有了精神的家园。当然，精神的家园是基于民族精神存在的前提之下的，也是民族精神深深扎根于每个民族成员内心的结果。

4. 多层次的原则

民族精神扎根于每个人的内心，因此民族精神的表现就会因每个成员个体的不同而表现各异。那么民族精神的弘扬与培育，还应遵守多层次性原则，以真实展现民族精神的具体形式。

对于民族精神现实状况和表现的了解，可以通过实践调查的方式得知，主要也是采用问卷和走访的方式。那么对于问卷的设计是非常重要的，这就涉及民族精神的多层次性。如果按照整体来说，可以以集体为单位进行调查，企业问卷、大学校园问卷、社区问卷等，在企业中有企业文化和企业精神，在大学中有大学精神和大学气象，在社区中有社区文化和文明等；也可以采用内涵式的罗列调查，即对于民族精神所包含的内容逐一对不同人群进行调查，这里就涉两个标准，首先是按照民族精神内容进行调查，其次在具体问卷涉及和走访时采用对不同个体进行调查的方式。

坚持当代中华民族精神及精神家园的多层次性原则，可以在现实的、可操作性的实践层面为我们展现一个真实的、多元的、多方位的、完整的、系统的民族精神概况和精神家园状况。

5. 历史与逻辑结合的原则

单独就历史的原则来看，历史涉及时间的完整性，历史强调的是时间的过程性。如果将历史和逻辑结合，历史和逻辑所强调的侧重点就有所不同。历史在此多指时间的顺序性，逻辑则指除开时间的先在性。那么对于民族精神来说就是，既是有时间的先在性又有逻辑（生成之可能）的先在性。当然，两者也呈现相互缠绕的关系，如果按照时间的顺序性来讲，历史先在是逻辑先在的前提，任何事物的存在都是时间的有限存在，有限的时间的起点和有限的时间的终结，除此之外的逻辑先在性就处于次要地位。如果进行前提性和可能性的追问，逻辑的先在性又处于绝对的地位。如果对其可能性进行质疑的话，其存在都不具有合理性了。

通过对民族精神的历史回溯，我们看到当代中华民族精神是历经了五千年的沉淀和酝酿而成的，每一个历史阶段的民族精神都会与前一阶段有所不同，都会注入一些新的元素，而每种元素的注入又不是生硬的接受，而是真正已经融入我们民族的血脉之中。当代中华民族精神在全球化和现代化的影响之下，更是穿越时空的藩篱寻求与西方文化的对话和融合，民主与科学的精神、自由主义与个人主义精神、马克思主义等，这些新的气象都是我们以往文化和思想资源中的稀缺成分，五四运动之后，他们在近100年的时间里慢慢融入我们的民族精神。

从逻辑性的原则来看，我国当代民族精神存在的可能性可以从两个层面来看：就现实层面而言，民族精神能够被认同和承认可以成为其存在的逻辑前提，承接前文所言的大型关于民族精神的实证调查，从最后的总结数据来看，对于中华民族是否具有民族精神的统计分析数据为72.1%，而对于是否需要弘扬和培育的数据为90.8%。前者数据就是后者工作进行的前提依据，即我们所谓的逻辑性前提，也是我们谈论和研究当代中华民族精神的基础和意义。就理论层面而言，当代中华民族精神的生成有其哲学的基础、人类学基础、社会学基础等（前文的基础理论部分有相关解说）。民族精神的产生是民族国家存在的前提，也是每个民族成员生活其中的精神支柱，而民族精神的生成过程也是一个民族国家产生的过程。在此意义而言，逻辑性就具有某种先在性。

历史和逻辑的双重结合，无论是从表象还是实质上都对民族精神进行了全面的解读。以历史性横贯古今——民族精神发展的历程历历在目，以逻辑性的分析论证了民族精神合法性和合理性的存在。

6. 理论与现实结合的原则

弘扬与培育民族精神研究的最终目的，还是要根据最终的研究确定实施的方案，即弘扬与培育的途径。否则，就成了空谈民族精神而没有任何的现实意义。理论并不只是空中楼阁，可望而不可即，理论终将落入现实的土壤，植根于生活，并留待现实来检验。

民族精神的理论生成，是纯粹理论的、基础性的分析，它追问的是民族精神的可能性、前提性和内在机制，没有理论的生成性的分析就不可能谈论民族精神的现实实践及其路径。基于民族精神生成性的分析，才有了弘扬与培育的可能，才能展开实证的调查研究和个案走访，和制定相关的政策或制度。当然，理论转化为现实也并不容易，如果没有对于理论的完全内化和理解，就不可能很好地转化，否则就会流于一般的形式（关于民族精神的研究学界已经也有很多的，有系统性的研究，也有零散的研究，而不忠实于自己的文本，不能融会贯通自己理论的话，就会走入从前的窠臼），因为不能理解自身自然就会走入别人的俗套中。反过来说，如果对于现实的策略性的指定，也不可能完美，毕竟这只是依据自己的理解和以往经验（社会调查的经验等），这也需要留待现实来检验，所以问卷调查的反馈也是非常必要的。

三、弘扬与培育民族精神的路径

根据以上对于弘扬与培育民族精神内涵及原则的论述，可以厘清民族精神的相关特点，为策略性地制定其途径提供前提说明。

发现问题是进行相关研究的前提，同时展开相应的实证调查，从历史与逻辑、理论与现实结合的多重维度，展开弘扬与培育民族精神的多重路径。基于前期相关研究和考察的工作和民族精神分层性的特点可以尝试从以下途径入手。

第一，教育的模式。教育的真实目的并非是灌输，教的目的在于育。古代"朴作教刑"（以棍棒作为教学的工具），用肉体的刑罚来督导学习，所谓"不打不成材"。这种"棍棒政策"的教育就很生动地表现在"教"字的字形上。"育"字在古代文献中有三个常用义项：其一，孕育、生养：《易经·渐卦》："妇孕不育。"其二，培养、长养：《诗经·大雅·生民》："载生载育。"《诗·邶风·谷风》："既生既育。"其三，教育：《孟子·尽心》："得天下英才而教育之。"按照李元华所说的，教育二字就是严父慈母的形象，教意为严父，育为慈母。教是一个严格管制的过程，而育是一个顺其自然的过程，二者辩证的互动，正是教育一词的得来。教育既是一件强制性的事情，也是一种自觉，前者在于强调教育的目的性，"教"的目的就在于育，"育"的目的在于增长知识、锻炼能力和提高素养。

中华民族精神来源于传统文化，而传统文化的学习和教育来自于对经典原著的阅读。在中小学阶段，一些经典原著都被作为通俗读本供学生们阅读和体会，到了大学阶段，在已有知识积累的基础上，开始阅读和解读原著经典，经典的思想逐渐由一个外化到内化再到外化的过程，即由强制性地阅读和背诵，到解读，再到生活中的体悟，经历这么一个历程后达到由教到育的过程。

编制各种民族精神的教育读本，针对不同层次的民族精神群体，可以采用不同的方式。学界对于弘扬与培育民族精神教育的呼吁非常的强烈。就培育和弘扬民族精神的内容方面看，民族文化经典教育的严重缺失，导致了民族文化理解上的表层化和民族精神根基的动摇。中华民族的民族精神之所以生生不息、薪火相传，屹立于世界民族之林，就在于她在民族文化传承和民族精神弘扬方面有其独特之处，那就是确立文化经典，并在每一时代都不断温故创新。民族文化经典承载着民族文化和精神的精髓，是我们安身立命的基石。然而，在我们大学课堂中缺乏系统的经典讲授，经典的原貌和精义常常被曲解和断章取义。而且传承与保持传统对一个国家和民族而言，其意义不仅在于知识的传承与保存上，重要的还在于意义世界的延续上。一个国家精神世界的确立与绵延均得益于自己对民族文化的重视、继承与发展。就现在的状况来看，在中小学和大学阶段开设专门的课程，比如在学校，包括大学都有思想品德教育的课程，其中就可以涉及民族精神的内涵。但仅仅如此还是不够的，在此基础上对于传统文化的普及是非常重要的，尤其是对于传统经典学习是不够的，长期以来教育体制的弊端，更是带来了对传统文化的漠视。比如在一些理工科高校，普遍存在着对于基础学科不重视的现象，因为基础学科不能带来即时的效益，产出能力低下，因而不对其进行长期的投资。而事实上基础学科、传统文化的学习是一个长期的、需要不断内化的过程，不是一蹴而就的。同样，教育的过程也同样适用于企业、社区和农村生活的群体，即从小开始，在学校期间接受教育的时候就应如此。如果直接造成一个断层，直接到各个群体中进行所谓的前提教育，民族精神就会成为一种生硬的东西，不易让人接受，很难做到真正的内化。民族精神的弘扬和培育也只是空喊的口号而已。

第二，宣传的模式。宣传是基于教育基础之上的，前者是内化的过程，后者是外化的过程，制度也是外化的过程，宣传是非强制性的外化，而制度是强制性的外化。如果说教育是从小做起的长期工程，那么宣传则是一个短期工程，没有前者对于传统文化的融通与民族精神的理解，宣传也会形同虚设。当然宣传也包括几个层次，有传统的基本知识的普及、民族精神内涵的解读和宣传等。基本相关知识的普及，针对的是农村群体和社区群体，前者针对的个体受教育程度低，作为教育手段的弥补；后者的个体受教育程度参差不齐，需要进行一个普及式的宣传。宣传的方式可以从基层的模式到大众的模式。现代科技手段的运用如电视、网络成为大众媒体，通过它们可以直接接受各种民族精神的教育活动，比如最近几年"百家讲坛"的开设为大众了解经典文化提供了一个平台，首先不论经典解释的深浅程度如何，至少让大众了解中华民族的历史悠久，中国的经典是如此智慧和博学，这无疑也是一次精神的洗礼。当然，大众化的宣传教育也不可能完全达到宣传真正所要起到的作用，这源于两方面：其一，大众媒体本身会起到什么作用是非常重要的，这关乎媒介人职业素养问题。他们自身有一个文化素养，其次还有一个民族关怀和责任感的问题，他们的报道会间接地影响到受众的心态和评价。从现在来看，时尚前沿因为能够引领消费和带来巨额利润，媒体在其中起到推波助澜的作用，而能够反映民族传统文化和精神的东西却成为稀缺资源或者另类。这是媒体不得不认真反思的问题。当然其中还涉及许多复杂的因素。其二，在广大农村，特别是在非常贫困的地方，甚至媒体都没有，他们生活非常闭塞，相关调查中显示，农村了解我国民族精神的程度远远低于城市人群或受教育人群。城市人群也会存在类似情况，如生活节奏的加快、工作压力的问题使得人们没有过多时间来接触媒体，宣传对于他们来说离得很远。那么，这时基层的宣传教育就显得非常重要。问卷和走访的形式似乎是比较贴近人们生活的途径，尽管问卷和走访多以课题形式为依托而展开，或者是以民间自发形式进行，但是调查的内容从某种层面反映了国家的关注点和关注面，这让受调查者能够了解和知道国家在做什么、关注什么，这是非常重要的，也是能够为人所接受的。其实，宣传如果真正能够发挥其对外和对内功能的话，民族精神的培育和弘扬就会深入人心。中华民族精神尽管以精神的形式存在，但是它终究来源于民众中对于文化的理解和认同，它也最后要回到民众中来，宣传所起的作用就是中华民族对其民族精神继续发扬光大。

第三，制度的模式。制度来源于生活的需要和文化习俗的传承，制度以其强制性来规范人们的行为，它的目的在于维护人们生活的秩序和生产的有序进行。另外，制度也体现了其拥护者的意图。那么，弘扬与培育当代中华民族精神的相关制度主要体现在我国的政治制度上。民族精神的弘扬和培育是在一定社会和政治制度下进行的，社会和政治制度的科学性、有效性直接制约着民族精神的弘扬和培育。民族精神要受制于社会政治关系和政治制度，对世界文明史稍加考察，人们不难发现，在政治不文明或文明程度很低的情况下，民族精神或者难以形成，或者会异化。先进的政治制度能够增强民族凝聚力，而在落后的束缚生产力发展的政治制度下，民族凝聚力难以稳固。作为民族文化内容之一的民族精神，也必然以民族的经济和政治为基础，必然体现和反映民族经济生产和政治生活。因此，可以这样说：没有以先进的、符合时代生产力发展要求的政治制度为基础，民族精神的弘扬和培育会受到很大制约，其对社会发展的积极作用也会受到严重阻碍。一个国家的政治制度体现了政治文明程度和民族精神的自由程度。只有在社会主义政治制度引导和规范下，才能建构当代中华民族精神及其家园，前者是后者的保障；另一方面，当代中华民族精神又为社会主义制度提供了智力支持和精神的不竭动力。对于当代中华民族精神家园的建构，反映了每个生存在中华大地上的人民对于家园的渴求和期望。

在当代中华民族精神发展的契机之中，我们主动迎接市场经济、全球化、科学技术时代的到来，同时从中窥视到了其发展的现状，最后根据其内涵和应遵循的原则，提出了弘扬与培育当代中华民族精神策略性建议。

在此，分析弘扬与培育当代中华民族精神也显得非常有必要。如果说前述还是在建构当代中华民族精神之上的，那么经过一番分析和辨证的否定之后，即对于当代中华民族精神的再次否定，是对于当代民族精神的否定（当然，这里的"否定"是哲学意义上的"扬弃"），当代总会被否定成为过去，培育的就是当代之后的具有时代意义的民族精神，弘扬的也是不断地被建构中的民族精神。当代中华民族精神正是在不断否定之中重新建构的民族精神，它是与时俱进的，具有持久生命力的。当代多元社会和复杂的国际形势之下，处处充满风险，人们无时无刻不身在风险之中，食品安全风险、职业岗位风险、道德风险、政治风险、国际风险等，人们也极需要一个安身立命之所，以抚慰疲惫的身体和受伤的心，求得灵魂的安顿，这就是当代中华民族精神所要最终建构的当代中华民族的精神家园。在这个精神的家园，感受到的是强烈的爱国主义、家园意识和民族精神的丰富内容。

第五章　中国哲学与中华民族精神

中华民族精神，作为一种精神因素，它潜存在我们的社会里，刻在我们的心里，尽管有时候我们并没有意识到它的存在。而中国哲学，它是被我们创造出来的对宇宙、人生认识的观念体系，经常被写成文字，是可以被我们阅读、传播、研究的"追求智慧"的知识。它们二者有什么关系？

第一节　关于中国哲学的几个问题

首先，我们要了解一下什么是"中国哲学"。对一个哲学功底深厚的人来讲，这不是难事，但对于一个哲学功底比较浅的人来讲，了解中国哲学需要我们进行以下几方面的思考。

一、普遍意义上的哲学是什么

哲学是人们关于宇宙、社会、人生的本源、存在、发展之过程、规律及其意义、价值等根本问题的体验与探求。凡是思考宇宙中人的地位、人的价值和人的安身立命之道的大问题、大智慧，都属于哲学的范畴。每个人都或多或少的带有一些哲学性的思考，从幼儿时期不断的追问"为什么"，到后来追问"我从哪里来？"长大后会思考"我的价值是什么？"到老年时期又追问，"我终其一生，到底在追求什么？"等，有很多念头经常都在我们的头脑中浮现，但我们经常没有系统地探究，而哲学家们不一样，他们会认真地思考和研究，最终会形成哲学思想。

纵观数千年的世界文明史，我们可以发现，哲学的发展也是星光璀璨、五彩斑斓。要看清各自的式样，需要进行一个简单的分类，最简单的分法就是：西方哲学和中国哲学。西方哲学的精髓是形而上学，因为传统西方文化注重超越性的精神思辨和批判意识，这种超越的倾向在哲学发展的过程中有明显的表现，传统西方文化的视野是无限高远的天空，而不是实实在在的大地。这与中国哲学是大相径庭的，中国哲学的最大特点是"实用"，在中国，哲学和其他学术最深奥的思想都必须满足政治实践和道德实践的需要，形而上学必须落实到现实中，相反，就是没有用的学问。

二、中国有没有哲学

康德区分两种哲学的概念，一种是宇宙性的，一种是学院式的。什么是宇宙性的呢？就是把哲学看作是有关知识和人类理性的基本目的关系学问。这种概念把哲学看作是人类探求终极价值的学问，刚好符合中国儒学"为天地立心，为生民立命，为往圣继绝学，为万世开太平"的思想。当然，持不同意见者如黑格尔把普遍概念、理念、抽象概念王国的学问看作是哲学，海德格尔把苏格拉底以前的哲学家如赫拉克利特、毕达哥拉斯等人称为思想家，而不叫哲学家，这种看法只是一家之言，我们要尊重它但不必盲从，如果只有符合这个尺度的才叫"哲学"，那么有的西方哲学都会被抹杀掉，更不要说印度、中国等哲学智慧。中国的儒家、道家、佛学都是探求人类终极价值的学问，所以，"中国哲学"是存在的，而且还很丰富，对中华民族很重要，它是中华民族精神的体现，也是中华民族精神的摇篮。

三、关于"中国哲学"的界定

"中国哲学是中国人对宇宙现象与人的生存原则的一种领悟和把握，并且把这种领悟和把握的基本精神贯彻于实际践履之中所形成的一门学问。"詹石窗先生对中国哲学的界定基本得到学界的认同。那么中国哲学包含了哪些方面的内容呢？首先有时间的先后，中国哲学是流淌的智慧而不是静止不变的，从历史上看，中国哲学大体可以分为先秦时期的哲学、汉唐时期的哲学、宋代至清代哲学、近代中国（清末民初以来）的哲学。

四、中国哲学的特征是什么

（一）中国哲学的人文意识特别浓厚

首先是人要生存。在原始社会，由于人们无法征服自然，所以有很多与洪水猛兽搏斗的神话。到了封建社会，孔子说"人无远虑，必有近忧"，《周易》包含了"生生之谓易"以及"自强不息"的精神，这些积极的生存理念成为历代中国志士仁人奋斗不息的精神支柱。

其次是人要有价值。中国哲学讲究"德配天地"，就是需要人的品性与天地精神相匹配。这种价值理念可以使人安身立命，可以使中华民族自立于世界民族之林，成为人类进步的积极力量。

（二）中国哲学的"实践"理性比较浓厚

中国哲学的各派都比较注重人生修养，从德性修养到身体修养，从个人的品格修养到服务社会，都要求人们身体力行，这绝不仅仅是"解释世界"，而是求得对世界的改变，哪怕这种改变仅仅是对个人，如道家的追求长生不老，儒家追求成为君子以至于成为圣人，但推己及人，最终是对社会产生影响。即便是些自然哲学倾向明显的学派如墨家、兵家等，对自然界的认识最终目的也是为了使人的行为顺应自然，这不是纯粹为了认识而认识。郑玄说："天者统帅万物。天子立冢宰使掌邦治，亦所以总御群官，使不失职。"人的行为要效法天。

（三）整体思维方式比较明显

老子辩证法关于"万物负阴而抱阳，冲气以为和"的阴阳互济、"道常无为而无不为"等理论，都是在"道"的大系统下操作的。庄子的"齐万物""吾忘我"的理论也是在"道"的大系统下运作的。宋代周敦颐从《易经》的理论框架出发，把宇宙的发生发展具体展开为由"无极—太极—阴阳两仪—五行四时—无穷万物"的系统，把宇宙的发生演化和结构结合起来，为宋代理学的形成奠定了本体论基础。张载进一步发展了庄子的形气转化学说，建立了"太虚即气"的自然观，并把"天地之性"与"气质之性"的对立统一作为社会伦理规范的依据，以保持社会系统与天地系统的统一。朱熹综合前人的理论，用"理"字来概括它，他的"理"，不仅包含前人所论的"道"的内容，也包含具体人事的道理、规律等内容，这与《易传》中所说的"形而上者谓之道，形而下者谓之器"有较大的不同，可以说是"道""器"皆有"理"在其中。

第二节　中国哲学与中华民族精神的关系

以上对中国哲学的简单介绍，至少使我们明白一点，中国是有哲学的，并且是务实的哲学、是对人特别关注的哲学，有浑然一体的思维形式。这种哲学对中华民族精神的影响是巨大的，反过来，中华民族精神对中国哲学的影响也很大。

一、中国哲学培育中华民族精神

（一）对中华民族自强不息精神的孕育

儒学以"天人合一"作为哲学的立足点，依据天道讲人道，人道应符合天道。在儒家的眼里，天道是刚健不息的，所谓："大哉乾乎刚健中正，纯粹精也。""夫乾，天下之至健也，德行恒易以知险。""'维天之命，于穆不已！'盖曰天之所以为天也。"儒家认为人们应该效法天，像"天"那样刚健有为、自强不息。孔子认为"刚毅木讷近仁"，孟子鄙视自暴自弃，他说："自暴者，不可与有言也；自弃者，不可与有为也。"《中庸》也说："至诚无息。不息则久，久则征，征则悠远，悠远则博厚，博厚则高明。"《易传》则掷地有声地表示："天行健，君子以自强不息。"这种刚健有为、自强不息的精神不仅贯穿到儒家的学说之中，而且落实到儒家的行为上，他们"国事、家事、天下事，事事关心"，总是力争有所作为。这种自强不息的精神已经被中国人民广泛接受，并内化成我们的民族精神，成为中华民族发展壮大的动力。

（二）对包容和谐精神的孕育

中华民族热爱和平，追求和谐。这在中国哲学里有很多例子，《中庸》说"和也者，天下之达道也"，肯定了"和"是最高准则。孔子说："礼之用，和为贵。先王之道，斯为关，小大由之。"（《论语·学而》）和即为美，是儒家追求的最高理想。庄子在《天道》里也说："与人和者，谓之人乐，与天和者，谓之天乐。"和即是乐，同样是道家追求的最高理想。"和"是最高准则，对中国人特有的宇宙观和人生观的形成有很大影响。

首先，"和谐"成了中国人的最高境界。孔子晚年自信自己不仅"知天命"，而且无处不"耳顺"，即随心所欲。他认为自己实现了与自然高度统一的和谐境界。孟子也说："万物皆备于我""乐莫大焉"。（《孟子·尽心上》）就是指个体与自然界融为一体，这是最大的快乐。庄子认为与人和得"人乐"，与天和得"天乐""天地与我并生，万物与我为一"，（《庄子·天下》）主张清静无为、物我两忘，更是追求精神绝对自由。现代哲学家冯友兰先生把人生分为四个境界，其中最高境界是"天地境界"，知天、事天、乐天以至于同天，这是最高境界，其实也是最高程度"和谐"。这些都反映了儒家和道家都在与自然合一中实现精神不朽。所以人们常用"与日月同辉""和天地并存"之类的词来形容贤者，意为他们达到了与自然和谐并存的崇高境界。

其次是要能包容，《周易》有言"地势坤，君子以厚德载物"，强调了君子应有像大地般宽广深厚的胸怀，去包容天地万物。真正的和谐不是没有差别的，而是各种因素各得其所、相得益彰，《中庸》强调："万物并育而不相害，道并行而不悖。"哲人们主张"和而不同"，海纳百川、宽容开放。

最后是要和睦、团结。孟子说："天时不如地利，地利不如人和。"这种精神已经渗入中国人的心里，如讲究"心平气和""家和万事兴""和气生财"等。

(三) 对中华民族崇尚统一精神的孕育

儒家天人合一的思维模式，乐群贵和的价值取向，投射在政治上，就表现为崇尚统一的精神。孔子提倡大一统，他说："天下有道，则礼乐征伐自天子出；天下无道，则礼乐征伐自诸侯出。自诸侯出，盖十世希不失矣；自大夫出，五世希不失矣；陪臣执国命，三世希不失矣。天下有道，则政不在大夫；天下有道，则庶人不议。"孔子这番话是针对社会现实有感而发的，他生活的春秋时期，诸侯混战，社会动乱，给人民带来巨大的灾难。孔子认为，要使社会有序，必须尊崇周天子，维护周天子的绝对权威，恢复大一统的政治局面。

孟子继承并大力宣传孔子的大一统思想。梁惠王问"天下恶乎定"时，孟子回答说"定于一"，梁惠王又问"孰能一之"，孟子回答说"不嗜杀人者能一之"，梁惠王再问"孰能与之"，孟子回答说："天下莫不与也。王知夫苗乎？七八月之间旱，则苗槁矣。天油然作云，沛然作雨，则苗浡然兴之矣。其如是，孰能御之？今夫天下之人牧，未有不嗜杀人者也。如有不嗜杀人者，则天下之民皆引领而望之矣。诚如是也，民归之，由水之就下，沛然谁能御之？"国家要统一，统一才能使天下安定，只有"不好杀人"的人才能统一天下。孟子也主张尊王，反对混乱的局面，他说："五霸者，三王之罪人也；今之诸侯，五霸之罪人也；今之大夫，今之诸侯之罪人也。"他的观点总体上与孔子是一致的。

因此，儒家视国家统一为政治常态，分裂为非常态，"车同轨，书同文，行同伦"是其社会理想。经过几千年的实践，人们发现，国家统一就预示着社会稳定，人民安居乐业，而国家分裂则与动荡不安、民不聊生相联系，所以，崇尚统一已成为中古民族的历史传统和共同观念，正是由于这种精神，使得国家统一、民族团结成为中国历史发展的主流。

(四) 对利群爱国精神的影响

人是群体性动物，"合群体性"是儒学的基本价值取向。首先，群体性是人优于禽兽的重要原因之一，荀子说："力不若牛，走不若马，而牛马为用，何也？曰：人能群，彼不能群也。"其次，个人价值体现在对家庭、国家、社会的责任。应根据各自的角色承担应有的社会义务，如父亲要"慈"，子女要"孝"，哥哥要"友"，弟弟要"恭"，个体处在社会责任的庞大网络之中，没有离开群体的个体。再次，群体利益高于个体利益，倡导对社会的奉献精神。孔子很推崇"博施济众"，当有些隐者讽刺他的济世行为时，孔子说："鸟兽不可与同群，吾非斯人之徒而谁与？"对于这句话，朱熹的解释是："言所当与同群者，斯人而已。岂可绝人逃世以为洁哉？"程子的解释是："圣人不敢有忘天下之心，故其言如此也。"他们二人的解释很贴切。

（五）对改革创新精神的孕育

儒家典籍中有许多与时俱进、革故鼎新的思想，例如孔子对殷周文化采取的就是"因"与"革"相结合的方法，"因"是继承，"革"是在继承基础上的创新，是剔除传统中不合时宜的因素，增加顺应历史潮流的内容。例如，《大学》引用"汤之盘铭"，就是刻在商汤青铜器上的"苟日新，日日新，又日新"，直接阐发了革故鼎新的观念。而《周易》更是一部体现创新精神的典籍，它认为人应该合乎宇宙之"时"和社会之"时"，强调"与时偕行，与时消息"，向时而动才可以成就功业，所谓："变通者，趣时也"，"以亨行时中也。"这一与时俱进、改革创新的精神已成为民族发展的力量源泉，它推动了中华民族数度突出重围，走向美好明天。

（六）对坚韧不拔精神的孕育

"坚韧不拔"是指面对挫折和打击，不屈不挠，永不放弃的精神，是一种耐心、决心和毅力。曾子说："士不可以不弘毅，任重而道远。仁以为己任，不亦重乎？死而后已，不亦远乎？"荀子对坚韧不拔精神更是高度评价，并在《劝学》中说道："骐骥一跃，不能十步；驽马十驾，功在不舍。锲而舍之，朽木不折；锲而不舍，金石可镂。"哲学家们不仅在语言上表达，更是在行动上证明了这一点，宋代理学家杨时就是用这种永不放弃的精神演绎了"程门立雪"的故事。"坚韧不拔"也指在困境中生存的勇气，孟子也有个经典的描述："舜发于畎亩之中，傅说举于版筑之间，胶鬲举于鱼盐之中，管夷吾举于士，孙叔敖举于海，百里奚举于市。故天将降大任于斯人也，必先苦其心志，劳其筋骨，饿其体肤，空乏其身，行拂乱其所为，所以动心忍性，曾益其所不能。"孔子怀揣着对社会的理想和抱负，"知其不可为而为之"，这种坚韧不拔的精神对中国社会产生了深远的影响，成为培育坚韧不拔精神的源泉。

（七）对中华民族理性务实精神的滋养

"华而不实，耻也。"中国人历来重视实际、讲求实用，追求事功，而轻浮华、贬空谈、鄙华虚，这与儒学务实理性的特点有很大关联。从孔子到后来的顾炎武、黄宗羲等思想家，都反对空谈心性，而讲求实实在在的事功。儒家以人为本，不信鬼神、不讲来世，对彼岸世界敬而远之。儒家的伦理道德体系很发达，处处充满了道德理性，而很少有宗教狂热，即便是董仲舒宣传君权神授思想，有明显的神灵色彩，但他的目的不在神，而是为了论述王权的合理性。宋明理学虽然也吸收了佛家、道教的一些思想，但并没有接受宗教处世的观念。在这种理性精神的影响下，儒家士大夫突出人文道德精神，积极入世，在日常生活和人伦关系中表达自己的意愿，勇于面对和承担"修身、齐家、治国、平天下"的重任，每一步都脚踏实地、认真负责，从而实现人生理想。儒家思想对中华民族求真务实精神的形成发挥了积极作用。

（八）对勤俭精神的影响

中国古代以农业为主，农业生产周期长，容易受到天灾人祸的干扰，生产力水平也不高，所以劳动成果来之不易。在这样的背景下，中华民族养成了勤俭的优良传统，《尚书·大禹谟》便已经记载了"克勤于邦，克俭于家"的古训。儒学对勤俭也是推崇有加，视其为美德，首先是提倡勤劳，反对懒惰。如《左传·宣工十二年》引古语："民生在勤，勤则不匮。"宋代的欧阳修说："忧劳可以兴国，逸豫可以亡身。"清代曾国藩对懒惰更是难以容忍，他说："百种弊端，皆由懒出……做人之道，亦唯骄惰二字误之最甚。"因而，倡导俭朴，反对奢侈。孔子向来以恪守周礼著称，当时为了节俭，人们将行礼时戴的帽子由麻织的改成丝织的，孔子说："麻冕，礼也；今也纯，俭，吾从众。"又说："奢则不孙，俭则固。与其不孙也，宁固。"儒家对奢侈一直很反感，认为它是丧身败家、作奸犯科的根源，司马光说："奢则多欲。君子多欲，则贪慕富贵，枉道速祸；小人多欲，则多求妄用，丧身败家，是以居官必贿，居乡必盗。故曰：奢，恶之大也。"正是由于对勤俭精神的推崇，勤俭观念在中国人的心目中不断加深，在科技飞速发展、资源相对短缺的今天，我们只有继续发扬这种精神，中华民族的伟大复兴才能实现。

（九）对中华民族忧患精神的培育

中华民族的忧患意识源远流长，"忧患"一词最早见于《周易》，诸子百家对此都有论述，后为儒家大力提倡。《易·系辞卜》上说："《易》之兴也，其于中古乎；作《易》者，其有忧患乎。"孔子说："德之不修，学之不讲，闻义不能徙，不善不能改，是吾忧也。""君子忧道不忧贫。"可见孔子因为对社会的责任感而"忧患"。孟子提出了有名的"生于忧患死于安乐"。

这种忧患意识激励了我们不断奋发图强。1944年11月21日，毛泽东在写给郭沫若先生的信中指出："你的《甲申三百年祭》，我们把它当作整风文件看待。小胜即骄傲，大胜更骄傲，一次又一次吃亏，如何避免此种毛病，实在值得注意。"从这时起，戒骄戒躁、始终保持忧患意识，就深深地融入中国共产党的作风之中，激励着党克服一个又一个艰险、赢得革命建设改革道路上的一个又一个胜利。1945年7月4日下午，毛泽东同来延安访问的黄炎培在他的窑洞里长谈。这就是著名的"窑洞对"。在这次谈话中，黄炎培谈到"其兴也勃焉，其亡也忽焉"的"历史周期率"。毛泽东告诉他："我们已经找到新路，我们能跳出这周期率。这条新路，就是民主。只有让人民来监督政府，政府才不敢松懈。只有人人起来负责，才不会人亡政息。"

在党的十八大报告中阐述道："面对人民的信任和重托，面对新的历史条件和考验，全党必须增强忧患意识，谦虚谨慎，戒骄戒躁，始终保持清醒头脑。"

（十）儒佛道互补，深入中国人的骨髓

中国文化的传播者南怀瑾先生曾说："我有一个比方，孔家店是粮食店，人人非吃不可。道家是个什么店呢？药店。药店一定要有嘛，生病去买药吃，不生病不需要买。佛家开的什么店？百货店。什么都有，你高兴可以去逛一逛。"他的这个比喻很恰当，对于中华民族而言，这三家都很重要，只是各有侧重而已，三家互补成为个人修身和国家治理的杠杆。

二、中华民族精神影响中国哲学的发展

中华民族精神影响了我们整个社会，对哲学的影响也不例外，最明显的有以下几点。

（一）崇尚"大一统"民族精神造就了中国哲学的正统意识

几千年以来，因为民族统一的原因，历届统治者，哪怕是少数民族，只要入主中原，都要启用有"大一统"精神的儒家思想，儒家被奉为治国宝典。秦始皇统一六国后，就需要一个主流的意识来维护他的统治，我们知道，秦朝选的是"法家"，后来的事实证明，选法家是不对的。后来历任统治者做出了其他选择，汉初奉行的是道家"无为"思想，后来由于地方割据问题，董仲舒提出"罢黜百家，独尊儒术"，这既可以调节统治者内部的矛盾，又可以维护社会秩序，促进社会发展。再往后的北魏知道，要想变得更先进，必须学习儒家思想，北魏孝文帝就是一位很爱学习的皇帝，他的学识很渊博，他熟知儒释道三家，对儒家尤其精通，这也是他治国的基本理念。元代更是如此，1315 年，元仁宗下令恢复科举制度，将儒家学说中的程朱理学定为考试的主要内容，从此程朱理学成为元朝的官方思想，儒家文化的社会地位得到了极大的提高，孔子那时被封为"大成至圣文宣王"。清代统治者虽然没有封谁为正统，但却延续了汉人的习惯。所以在事实上，由于大一统的原因，古代中国哲学一直以儒家为主流。到了近代，由于马克思主义的传入，成为我们匡世济民的一剂良方，经过我们结合中国实际的创造，马克思主义已占有主导地位。

（二）包容和谐精神成就了中国哲学的多样姿态

首先是对本土产生的哲学派别的包容，先秦时期，我国出现了"百花齐放、百家争鸣"的局面，哲学领域也出现了儒家、道家、法家、兵家、墨家等，它们在同一个时空绚烂多姿；其次是对外来哲学的吸收和发展，佛教传入中国以后，人们把它本土化，到了宋代，与儒道汇合，形成道学，马克思主义传入中国以后，人们又把它本土化，形成切合中国实际的马克思主义哲学。这与西方哲学有明显的不同，其实，早在数千年以前，西方文明轴心也充满了多个古老文明，他们之间冲突不断，但是这些在历史上曾经做出过贡献的文明很快就消亡了，或者是退出了历史舞台，而代之以更高水平的文明，哲学也是这样发展的。但对于我们而言，中华文明由于其包容精神，哪怕是改革开放以后，我们一直是"不抛弃、不放弃"，我们既没有抛弃自身的哲学传统，也不放弃对西方哲学的学习，我们相信"一花独放不是春，万紫千红春满园"，就这样，我们坚持"古为今用、洋为中用"，保持着"百花齐放、百家争鸣"的状态。

（三）求真务实精神成就了中国哲学的实践理性

中国的哲学家一向"求真"，但"求真"本身并不是唯一的目的，而面对现实并批判、指引现实才是最终目的，所以，"务实"成了中国众多哲学家的精神写照，从孔子周游列国就可以看出，他希望理想能变成现实、指导现实，所以才到各国进行游说。在中国哲学的发展历程中，有几次超越的机会，但最终都回归了实践理性。早在先秦时期，名家在关于他们代表性的命题"合同异""白马非马""离坚白"等命题，反映了他们的思考已经有了某种程度的超越，但是，由于这种思维对现实的政治、经济等生活并没有太大的直接意义，后来名家就消亡了。魏晋南北朝时，玄学兴起，什么是玄学？从字面上就可以看出，"玄"幽深玄远，玄学就是探讨幽深玄远的学说，各位哲学家们的玄思妙想，思辨色彩浓厚，其中王弼以"无"为本，阮籍和嵇康向往抛开人世污浊而突出人的主体意识，但到了隋唐时代,哲学又回归实践,王通研究的是政治哲学,佛学兴起,也依据中国的实际进行了更改。宋代哲学以其理性、思辨精神而著称,明代王阳明又提出"知行合一",后来王夫之更是提出了"知行相资以为用""并进而有功",达到了中国古代哲学的最高水平。有人说毛泽东的《实践论》不仅是马克思主义哲学的发展,也是中国哲学的发展,他汲取了这两种哲学的营养,论述了知与行的关系,这一点,是马克思主义中国化的典型体现。

第六章 中华民族精神的创新

1949 年是中国历史上划时代的一年。新生的中华人民共和国在经过艰苦卓绝的抗日战争、解放战争后终于建立起来。新中国的诞生是中国人民 100 多年来流血牺牲、英勇奋斗的伟大胜利成果，是中国共产党领导中国人民推翻"三座大山"、夺取新民主主义革命伟大胜利的成果。新中国的诞生，结束了中国半殖民地半封建社会的历史，使中国的历史掀开了新的篇章。这一新的历史时期，为中华民族精神的当代创新提供了崭新的历史机遇，中华民族精神在建设新中国的伟大实践中得到了巨大的丰富和发展。

第一节 社会主义过渡时期的中华民族精神

一、中华人民共和国成立初期的国际国内形势

中华人民共和国成立后，在国际上面对的是美国、苏联由第二次世界大战时的国际合作走向战后的冷战和对抗格局。一方面，世界反法西斯战争胜利后一批亚洲、非洲和拉丁美洲国家出现了日益高涨的民族解放运动，新中国的成立得到了社会主义苏联和东欧、亚洲人民民主国家以及民族独立国家的承认和支持，受到了世界爱好和平人民的欢迎，这种形势对新中国的巩固和发展是有利的。另一方面，战后的美国作为资本主义世界的霸主为实现其称霸全球的野心，与英、法等结成帝国主义侵略阵营。它们在扶持蒋介石政权的计划失败后，对中国共产党领导的新生的中国抱着敌视的态度，顽固地与中国人民为敌，拒绝承认新中国，并以政治孤立、军事包围和经济封锁的政策，企图把新中国扼杀在摇篮里。这种形势给新中国的发展设置了重重障碍。

在国内，新中国面临的同样是错综复杂的形势。一方面，解放战争已经取得基本胜利，新民主主义的新中国终于诞生，遭受多年战乱之苦的中国人民人心振奋，渴望迅速建设美好的家园，中国大地一派朝气蓬勃的景象。另一方面，百废待兴的新中国在政治、经济、军事、文化等多方面还面临着严重的困难和严峻的考验。在军事政治方面，国民党反动派还有 100 万军队盘踞在西南、华南、台湾等地进行着最后的垂死挣扎。国民党溃逃时遗留大陆的土匪、特务、反动党团骨干分子、反革命分子的活动还很猖獗。地主阶级与农民阶级的矛盾还很严重。在经济方面，由于帝国主义的长期侵略和掠夺、国民党反动派的腐朽统治，尤其是日本侵华战争以来的战争摧残，中国工农业近乎崩溃。摆在新中国面前的，是一个国民经济千疮百孔的烂摊子。

这一时期，新中国面临的主要任务是：继续把解放战争进行到底，迅速恢复和发展国民经济，巩固人民民主政权，建立新民主主义的政治、经济制度，为社会主义建设创造条件。因此，一方面新中国面临着来自各个方面的压力和阻力，新生的人民政权面临着严峻

的生存考验；另一方面，前途无限光明的新中国已经整装待发，以艰苦奋斗的伟大创业精神，以勤劳勇敢的双手描绘着新中国的蓝图。

二、社会主义过渡时期中华民族精神的基本内涵

（一）中华人民共和国成立初期的艰苦创业精神

中华人民共和国成立初期复杂的国际国内形势使新中国面临严重的困难和严峻的挑战。一穷二白的新中国靠什么来突破重重困难？历史就是答案。勤劳勇敢的中国人民有着艰苦创业的优良传统，抗日战争和解放战争更是锻造了中国共产党领导的中国人民艰苦奋斗、不怕牺牲的精神品格。中华人民共和国成立初期，中国共产党领导全国人民依靠"出大力、流大汗"的艰苦创业精神，打破了帝国主义妄图将新中国扼杀在摇篮中的图谋，巩固了新生的人民民主政权，迅速恢复了国民经济，使新中国终于迈开了前进的步伐。

1. 发扬艰苦奋斗精神，保卫人民政权

发扬艰苦奋斗精神，将解放战争进行到底。中华人民共和国成立初期，仍有西南、西北等地区处于国民党政府的控制之下。将解放战争进行到底，解放全国领土，是保卫新生的人民民主政权、完成祖国统一大业的需要，也是人民解放军的光荣使命。1949年10月1日，在开国大典上，朱德就宣读了《中国人民解放军总部命令》，命令人民解放军全体指战员、工作人员肃清国民党残余武装，解放尚未解放的领土，镇压他们的一切反抗和捣乱行为，实现祖国的统一。应该说，经过十四年的抗日战争和解放战争，人民军队的苦、乏、累是不言而喻的。中华人民共和国成立，希望彻底地休息、调整完全是正常的。然而，要完成彻底解放、统一祖国的大任，就必须克服那些以为战争基本结束了该享受一下、"解甲归田""晚复员不如早复员"的思想，就必须继续保持战争年代的革命热情和艰苦奋斗的精神。只有如此，才能完成党和人民交给的任务，将革命进行到底。秉承艰苦奋斗、革命到底的精神，人民军队遵照中央部署，继续向华南、西南进军，胜利解放了广州、南宁、贵阳、重庆、成都、漳州、厦门等城市。

1950年，为解放西藏，中共中央西南局、西南军区及第二野战军司令部联合发布了进军西藏的动员令，号召指战员和共产党员发扬对革命事业无限忠诚，发扬人民军队英勇顽强、艰苦奋斗的光荣传统，要求广大指战员为了国家和社会的安宁，绝不能害怕麻烦和艰苦，而应以高度的勇气克服它。为确保完成进军西藏的任务，十八军党委在全军进行进军西藏思想动员活动。邓小平为十八军题词："接受与完成党所给予的最艰苦的任务，是每个共产党员、每个革命军人无上的光荣。"这极大地鼓舞了入藏部队官兵的精神。入藏将士们人人争写决心书，表示要把热血和青春献给西藏的解放事业。为适应高原环境，部队迅速开始行军、生活高原化训练，开展学习藏文活动。为保障西藏解放的胜利，运输和补给十分重要，西南局、西南军区决心"不惜任何代价，全力以赴"。进藏部队克服高原气候，战胜高山激流，打通了二郎山。《歌唱二郎山》等赞歌就诞生在高原筑路、运输的将士中间。与此同时，军区抽调汽车830多辆，骡马3300多匹在川藏线上接力运输，做到公路修到哪里，物资就送到哪里，为十分缺粮的先遣部队解了燃眉之急。在全国各地和地方沿线藏族同胞的支持下，筑路和物资补给进展顺利，进藏部队在西藏周围形成了多路进军之势。10月26日，西藏宣告和平解放。

西藏解放之后，除香港、澳门、台湾及其附近岛屿外，新中国全部国土获得解放，为巩固新生的人民民主政权奠定了牢固的基础。应该说，没有人民军队艰苦奋战的优良作风、没有广大解放军指战员将革命进行到底的信念和精神，就没有统一、和平的新中国。

2. 发扬艰苦创业精神，恢复国民经济

中华人民共和国成立初期，经过多年战争重创的国民经济面临着严重困难。通货膨胀、物价飞涨，投机倒把猖獗，市场一片混乱。工农业产品产量大幅度下降，人民生活的必需品难以得到基本保障。同时，继续解放未解放地区所需要的巨大军费开支更造成沉重的经济压力。国内一些资本家浑水摸鱼，趁机捣乱，利用市场混乱的局势哄抬物价，囤积居奇，投机钻营，牟取暴利，大发国难财。加上国际敌对势力的经济封锁，新中国的国民经济危机四伏。一些资本家甚至怀疑中国共产党领导经济建设的能力，认为共产党打仗、搞政治是内行，搞经济是外行。

困难和阻力并没有压倒素有艰苦创业的光荣传统的中国共产党及其领导的广大人民群众。1950 年 6 月，党的七届三中全会教育全党全国人民要树立战胜困难的信心。毛泽东在《为争取国家财政经济状况的基本好转而斗争》的报告中，教育全党全国人民努力创造土地改革、调整工商业和节俭经费的条件，做好社会改革的八项工作。毛泽东尤其强调大家必须树立信心，完成各项工作。

采取得力措施，恢复国民经济。针对国民经济所面临的各种困难情况，中华人民共和国成立后，人民政府的工作重点，首先是尽一切可能用极大力量来进行国民经济事业的恢复和发展工作，以便争取国家财政经济状况的好转。人民政府首先将工作重点和突破点放在打击投机势力，稳定市场物价上。稳定物价，实质上是从工商业资本家特别是投机资本家手中夺取市场的领导权问题。国家首先在城市中积极恢复和发展国营工业，建立和发展国营商业，在农村积极建立和发展供销合作社，加强工农产品的收购调运工作，以掌握工农业产品，保证市场的物资供应；与此同时，着手建立市场管理制度，用行政措施和经济力量相配合，坚决打击投机势力。经过调查，物价剧烈上涨的主要原因是私人投机资本趁国家暂时困难，囤积居奇、投机倒把、哄抬物价、追逐暴利的结果。如上海解放后，投机资本家以"证券大楼"为指挥部，利用几千部电话和专设的对讲电话与分布全市的各据点进行联系。一些银元贩子，也在到处造谣，结果在 10 天左右时间，将银元价格哄抬了近 2 倍，并带动了整个物价上涨。人民政府对稳定物价、打击投机活动采取了多种具体措施：如加强金融管理，控制主要商品，通过抛售商品打击投机活动，平稳物价，加强市场管理等。为了确保物价稳定，人民政府还实行了国家财政经济工作的统一管理和领导，使物资力量集中起来保证财政收支的平衡。通过党和人民政府的艰苦工作，国民经济基本得到恢复，为进一步的社会主义改造奠定了较扎实的经济基础。

确立勤俭节约的建国方针，发扬艰苦奋斗精神。中华人民共和国成立初期，勤俭节约是我们国家的建国方针。毛泽东曾说："要使我们国家富强起来，需要几十年艰苦奋斗的时间，其中包括执行厉行节约，反对浪费这样一个勤俭建国的方针。"正是这一方针，才使年轻的共和国医治了几十年战争的创伤，走出了成立初期国民经济的困难时期。

全民总动员，勤劳建家园。与政府对国民经济的宏观管理和调控相补充，广大人民群众的生产热情也异常高涨，积极响应党和政府勤俭建国的号召。工人开展技术革新提高生产效率的技术比武，农民努力生产多交纳税粮，全社会各行各业纷纷以自己的实际行动为建设新中国做出自己力所能及的贡献。1950 年 9 月 25 日，中央政府在北京召开了第一次全国英雄代表大会和工农兵劳动模范代表会议。毛泽东、朱德等党和国家领导人到会并讲话，毛泽东热情赞扬和鼓励了在战争中以及在恢复、发展生产中做出贡献的英雄模范，并号召全国所有的战斗英雄、劳动模范同志们继续在战斗中学习，向广大人民群众学习。指出只有不骄傲不自满并继续不知疲倦地学习，才能够对伟大的中华人民共和国继续做出优异的贡献。通过这次英雄模范大会，全国掀起了增产节约、劳动竞赛、立功运动等发展经济、建设祖国的群众活动。

正是从党和政府到广大人民群众团结一致，戮力同心，艰苦奋斗的创业精神成为中华人民共和国成立初期的社会主旋律，年轻的共和国才终于走出了国民经济近于崩溃边缘的困难和危机，走向经济发展的快车道。经过三年努力，恢复国民经济的任务胜利完成。这不但极大鼓舞了广大人民群众的信心，也使那些曾嘲笑和在经济上封锁甚至想扼杀新中国的敌对势力，不得不刮目相看。事实也证明，有了艰苦创业精神作为法宝的中华民族，从来都是不怕苦、不怕压、敢于和善于靠自己的双手来主宰自己的命运的。

3. 发扬艰苦创业精神，永葆党员本色

艰苦奋斗是中国共产党在多年的革命斗争中形成的优良作风和光荣传统，也是党的事业能够经历千险万难而最终取得成功最重要的精神武器。中华人民共和国成立后，中国共产党的地位发生了重大变化，由过去长期被"围剿"的状况而成为执政党。党的地位发生了变化，党所面临的形势、任务、环境和问题也在变化。中华人民共和国成立初期，绝大多数党员能够以党员标准严格要求自己，时刻保持党的优良传统和作风。但随着革命顺利发展，一些党员逐渐滋长了贪图享受的思想，甚至违法乱纪、贪污腐化、蜕化变质，严重背离了中国共产党艰苦奋斗的革命传统和革命本色，影响了党的形象，影响了党群关系、干群关系，成为党员队伍中的害群之马。还有一些中华人民共和国成立后入党的新党员，没有经过革命战争的淬砺，未受过系统的思想教育，对党艰苦奋斗的历史和传统缺乏深刻的认识和了解，造成了党组织在思想上、组织上、作风上不纯的现象。因此，如何保持和发扬中国共产党在革命战争时期所锻造的艰苦奋斗的光荣传统和党员本色，克服各种非无产阶级思想的侵蚀，是中华人民共和国成立初期党所面临的一个重大问题。事实上，早在中国共产党七届二中全会上，毛泽东就以革命的远见卓识对全党提出了警告和号召，提醒全党同志警惕骄傲轻敌情绪和资产阶级思想对党的队伍的腐蚀，警惕糖衣炮弹的攻击，他告诫全党："夺取全国胜利，这只是万里长征走完了第一步……中国的革命是伟大的，但革命以后的路程更长，工作更伟大、更艰苦。这一点现在就必须向党内讲明白，务必使同志们继续地保持谦虚、谨慎、不骄、不躁的作风，务必使同志们继续地保持艰苦奋斗的作风。"事实证明，毛泽东的远虑是正确的，确实有些党员被胜利冲昏了头脑，禁不住非无产阶级思想的腐蚀；抛弃和背离了党艰苦奋斗的优良传统，变得骄傲自大、腐化蜕变起来。

为克服党内的非无产阶级思想，使全党同志继续保持艰苦奋斗的作风，保持党在人民心目中的崇高威望，中华人民共和国成立初期，中共中央在全党普遍地开展了党风教育。通过党的整风教育，提高了广大党员干部的政治觉悟，密切了党群关系，全党的精神面貌发生了明显变化，工作出现了崭新局面。整风运动结束后，党又开展了三年整党运动，加强对党员进行党员标准的教育、增强党内团结的教育、抵制资产阶级思想侵蚀的教育。

1952 年夏天，中央在党政机关工作人员中开展了反贪污、反浪费、反官僚主义的"三反"运动，在私营工商业中开展反行贿、反偷税漏税、反盗窃国家财产、反偷工减料、反盗窃国家经济情报的"五反"运动。为了这一运动更顺利、全面、深入地开展下去，中央又将这次运动与整党结合起来，批判各种错误思想，揭发各种腐化堕落行为。薄一波同志曾指出，党内的腐败现象如果不加以克服和反对，对于中国共产党和民主党派，对于中央人民政府和地方政府，对于整个人民解放军，对于我们国家的经济、文化事业，对于一切人民团体，都是很大的危险。薄一波同志还指出，要惩治腐败现象，还必须给予腐败分子以政治上的改造和法律上的制裁，在思想教育和纪律约束、法律制裁方面加强"三反""五反"运动的效果，强化对全党全民的艰苦奋斗精神的教育效果。

在中央和各级组织的号召动员下，全社会掀起了一场抵制资产阶级思想侵蚀，保持艰苦奋斗作风的群众运动。对于揭发出的问题，本着多数从宽，少数从严；过去从宽，今后从严；坦白从宽，抗拒从严；一般者从宽，恶劣者从严；党外从宽，党内从严的原则，给予了不同程度的适当处理。在运动中注意抓住典型重大案件，加以严肃处理，以引起全党警惕和社会重视。为杀一儆百，警醒全党和各界民众，逮捕并枪决了大贪污犯——天津地委前任书记刘青山、现任书记张子善。刘、张二人都是 20 世纪 30 年代初入党的老干部，领导过农民运动，组织过狱中绝食斗争，在敌人面前表现了共产党人的英勇气概。但在资产阶级思想的腐蚀下，他们忘记了党艰苦奋斗的作风，腐化堕落成大贪污犯。有人向毛泽东请求，念他们有过功劳，不要枪毙，给他们一个改造的机会。毛泽东说，只有处决他们，才可能挽救 20 个、200 个、2 000 个、20 000 个犯有各种不同程度错误的干部。这一切都表明了中国共产党坚决维护党的纯洁，保持党的艰苦奋斗优良传统，坚决与非无产阶级思想斗争的决心，极大地震慑了那些已经或将要堕落的不坚定分子，教育了广大干部、党员、群众，挽救了不少干部，对于净化社会风气，提升人民的精神境界，丰富和发展艰苦奋斗的中华民族精神，起到了重要作用。

（二）抗美援朝的国际主义精神

七届三中全会之后，正当全国人民为争取新中国财政经济状况根本好转而艰苦创业的时候，新中国又面临着美帝国主义武装侵略的严重危险。中华人民共和国的诞生，冲破了帝国主义的东方阵线，遭受近代百年屈辱的中国人民从此自豪地站了起来，中华民族以高度的民族自信、自尊屹立于世界民族之林。但中国共产党领导的新中国的胜利并不是美帝国主义所希望看到的，他们从来没有放弃灭亡新中国的野心，为此采取了军事包围、外交孤立、经济封锁等各种手段，妄图将新生的共和国政权扼杀在摇篮之中。在中国人民正上下同心、自力更生、艰苦奋斗，致力于国民经济恢复之际，美帝国主义悍然发动了侵朝战争。面对美帝国主义的猖狂侵略，经过敌我态势分析，英勇的中国人民决定组建中国人民志愿军开赴朝鲜，抗美援朝，保家卫国。在抗美援朝战争中，中国人民志愿军浴血奋战，痛歼敌寇，与朝鲜人民结下深厚友谊，并锻造出高扬着爱国主义精神、国际主义精神、英雄主义精神的中华民族精神。

1. 保家卫国、反抗侵略的爱国主义精神

抗美援朝精神，首先是中华民族保家卫国、反抗帝国主义武装侵略的爱国主义精神的集中体现。

　　1950 年 6 月 25 日，朝鲜内战爆发。27 日，美国总统杜鲁门公开宣布美国武装援助南朝鲜，干涉朝鲜内政，同时命令"第七舰队阻止对台湾的任何进攻"。28 日，毛泽东在中央人民政府委员会第八次会议上，严厉斥责美国对朝鲜和我国领土台湾的侵略，号召全国和全世界人民团结起来，进行充分的准备，打败美帝国主义的任何挑衅。同一天，周恩来代表我国政府发表声明。痛斥杜鲁门 27 日的声明，严正指出：美国政府决定以武力阻止我军解放台湾，乃是对中国领土的武装侵略，宣布中国人民必将为解放台湾而奋斗到底。但美国政府不顾中国政府的警告，于 7 月 7 日操纵联合国安理会通过出兵朝鲜的决议，为美国及其纠集的 15 国入侵朝鲜的军队披上了"联合国军"的遮羞外衣，扩大了侵朝战争。7 月 13 日，中央军委及时作出《关于保卫东北边防的决定》，迅速调集 20 多万野战军组成东北边防军突击整训，待命出动作战。9 月 15 日，战局向不利于朝鲜人民的方向发展。9 月 30 号，周恩来代表中国政府庄严宣告：中国人民热爱和平，但是为了保卫和平，从不也永不害怕反抗侵略战争。中国人民绝不能容忍外国的侵略，也不能听任帝国主义者对自己的邻人肆行侵略而置之不理。并通过印度驻华大使转告美国，如果美国一意孤行，中国绝不会坐视不管。但美国错误地估计了中国人民保家卫国的勇气和斗志，"觉得中国的这种威胁很可能是企图对联合国进行讹诈"，以为中国无力援助朝鲜，认为中国政府的严正警告只是"虚声恫吓"。10 月，美国悍然越过三八线把战火烧到鸭绿江边。美国飞机多次轰炸扫射中国东北边境城乡，炮击中国商船，严重危及中国人民的生命财产安全。与此同时，朝鲜党和政府向中国提出出兵援助的请求。

　　在当时，是否出兵朝鲜，这是一个重大的战略抉择问题。在兄弟友邦处于危急存亡之际，在中国领土主权和国家安全受到严重威胁和挑战之时，敢不敢同世界上头号帝国主义强国直接较量？而当时的新中国刚刚诞生一年，多年的战争创伤亟待医治，经济恢复刚刚开始，百废待兴，国力很弱，武器装备落后，下决心出兵是很不容易的。中共中央多次开会分析形势，明确了出兵朝鲜的必要性和取胜的可能性。如果让美国占领整个朝鲜，强敌压到鸭绿江边，我国将难以安定地从事建设，国际国内的反动气焰必然嚣张，这对中国和东方各国均不利。因此，抗美援朝就是保家卫国。朝鲜的存亡与中国安危密切相关。中朝两国是唇齿之邦，唇亡则齿寒，抗美援朝不仅是道义上的责任，也是被迫自卫的需要。正如当时一首民谣所唱："美帝好比一把火，烧了朝鲜烧中国，中国邻居快救火，救了朝鲜就是救中国。"鉴于此，从挽救朝鲜危局、保卫祖国安全以及维护亚洲与世界和平的根本立场出发，中国毅然做出"抗美援朝、保家卫国"的战略决策。10 月 19 日，中国人民志愿军雄赳赳、气昂昂地跨过鸭绿江，开始了伟大的抗美援朝战争。

　　为反抗美帝国主义侵占中国领土台湾，与朝鲜战场上浴血奋战的中国志愿军相呼应，国内从政府到民间也广泛展开了反对美国侵略台湾、朝鲜的控诉、指责、示威活动和支援朝鲜战争的爱国生产运动。8 月 1 日，北京各界人民举行示威大会。周恩来致电联合国安理会主席和秘书长，控诉美国武装侵略中国领土的罪行，要求立即采取措施加以制裁。在联合国讨论中国诉美国侵略案的会议上，中国代表伍修权强烈谴责美国武装侵略台湾的行为，指出："台湾是中国领土不可分的一部分，美国政府的武装力量侵占了台湾，这就构成了美国政府对中国公开直接的武装侵略行为。"同时批驳了美国制造的"台湾地位未定论"，要求联合国公开谴责和严厉制裁美国的侵略行为，采取措施使美国从台湾和朝鲜撤军。中国代表的发言充分表达了中国人民保卫国家主权和领土完整的坚定决心。与此相呼应，中国社会各界广泛掀起了爱国捐献、订立爱国公约、增加生产和厉行节约以支持朝鲜战争的爱国生产运动。"有人出人，有钱出钱，有粮出粮"的口号道出了中国人民团结一致、保卫祖国的爱国心声。全国工人提出了"工厂就是战场、机器就是枪炮"的口号，农村提出了"多产棉花多打粮，打败美帝野心狼"的口号。全国广泛开展的增产竞赛运动极大地激发了中国人民的爱国精神与爱国热情。国内出现了母送子、妻送夫、兄弟争相参军的热潮。

经过中朝两国人民的英勇作战，抗美援朝战争以正义的中国和朝鲜人民的胜利而告终。抗美援朝战争的伟大胜利，在沉重打击了美帝国主义及其走狗帮凶的同时，也深刻地教育了中国的广大人民，消除了一部分人思想上存在的亲美、崇美、恐美的心理，极大地增强了中国人民的民族自尊心和自信心。

这场战争，中国国外的军事战场与国内的爱国生产运动紧密结合、呼应，极大地激发了中国人民热爱祖国、保卫祖国、建设祖国的爱国热情。志愿军将士在前线为国杀敌，广大人民群众在后方组成坚强的后盾，举国上下万众一心，同仇敌忾，将中华民族精神的核心——爱国主义精神推向了一个新的高度，并赋予了它崭新的时代内涵。

2. 援助友邻、并肩作战的国际主义精神

坚持正义，正道直行，扶危济困，乐于助人，向来是中华民族的优良传统，也是中华民族精神的重要组成部分。"路见不平，拔刀相助"的豪侠之气为中国人民所广为称道。抗美援朝战争，以其所创造和蕴含的国际主义精神，大大丰富了这些传统中华民族精神的内涵，提升了传统中华民族精神的境界。抗美援朝的国际主义精神，是对传统中华民族精神的升华、丰富和发展。

如上所述，朝鲜战争爆发之际，也是中国面临着国内国际巨大困难的时候。中国自己的战争创伤尚未医治，经济尚未恢复，再去援助别国，对于本国经济来说无疑意味着异常沉重的战争负担，对于本国政府和人民来说意味着又一场生与死、血与火的考验。事实上，即使是对于一个没有经历战争创伤、国民经济比较发达的国家来讲，做出一个参与战争的决定也不是一件容易的事情。但是英勇正义、爱好和平的中国人民做出了勇敢的、充满了国际主义精神的回答。早在抗日战争时期，毛泽东就对发扬国际主义的相互援助精神有深刻的认识和论述。他在《论反对日本帝国主义的策略》一文中曾指出："我们中华民族……有自立于世界民族之林的能力。但是这不是说我们可以不需要国际援助；不，国际援助对于现代一切国家一切民族的革命斗争都是必要的……正义战都是互相援助的……这就是列宁主义的路线。"由此可见，对于正义的战争施以援助之手，在抗日战争时期是中国人民的要求；在朝鲜战争时期，中国共产党人理所应当地把援助朝鲜人民的正义战争看成是自己义不容辞的责任和义务。正是有这样的国际主义认识，所以对于朝鲜战争，毛泽东说："别人处在危急时刻，我国站在旁边看，不管怎么说，心里也难过。同时，抗美援朝就是保家卫国。"周恩来也说："中朝是唇齿之邦，唇亡则齿寒。朝鲜如果被美帝国主义压倒，我国东北就无法安定。所以抗美援朝不只是道义上的责任，也是为自卫的必要性所决定的。在这里，中国人民将朝鲜人民的利益和中国人民的利益联系起来，这既是一种爱国主义精神的体现，也是一种国际主义精神的体现。"

1950年10月8日，毛泽东在《中央军委关于组成中国人民志愿军入朝参战的命令》中指出："为了援助朝鲜人民解放战争，反对美帝国主义及其走狗们的进攻，借以保卫朝鲜人民、中国人民及东方各国人民的利益，着将东北边防军改为中国人民志愿军。"迅即向朝鲜境内出动，协同朝鲜同志向侵略者作战并争取光荣的胜利。在这里，毛泽东明确地规定了入朝作战的政治目的，指明了抗美援朝是正义的行动，是爱国主义与国际主义相结合的具体体现。同一天，毛泽东在《给中国人民志愿军的命令》中指出：我中国人民志愿军进入朝鲜境内，必须对朝鲜人民、人民军、朝鲜民主政府、劳动党、其他民主党派及朝鲜人民的领袖金日成同志表示友爱和尊重，严格地遵守军事纪律和政治纪律，这是保证完成军事任务的一个极其重要的政治基础。1951 年 1 月 19 日，毛泽东再次指出："中朝两国同志要亲如兄弟般地团结在一起，休戚与共、生死相依，为战胜共同的敌人而奋斗到底。中国同志必须将朝鲜的事情看作自己的事情一样，教育指战员战斗员爱护朝鲜的一山一水、一草一木，不拿朝鲜人民的一针一线。"能够将另外一个国家的事情看作自己的事情一样，能够为了别的国家而与之休戚与共，生死相依，这是何等崇高而纯洁的国际主义精神！

正是在这种伟大的国际主义精神的感召下，中国人民志愿军在朝鲜战场上英勇杀敌，浴血奋战，取得了一个又一个伟大胜利，出现了很多感人的事迹，涌现了大量可歌可泣的国际主义英雄战士。也正是在这种伟大的国际主义精神的感召下，中朝两国人民结成了亲如兄弟的友谊。罗盛教为抢救朝鲜落水儿童奋不顾身地跳下冰窟而光荣献身，正是这种国际主义精神与国际主义友谊的崇高体现。正是在这种伟大的国际主义精神的激励下，中朝两国人民并肩携手，共同打败了头号帝国主义强国及其帮凶，取得了弱国反抗强国侵略的正义战争的伟大胜利。朝鲜战争的胜利，保卫了朝鲜的独立和中国的安全，维护了远东和世界和平，深刻地教训和沉重地打击了美帝国主义的侵略政策和战争政策，迫使美国于1953 年 7 月 27 日在停战协定上签字。当时担任"联合国军"总司令的克拉克说："我获得了一个不值得羡慕的名声：我是美国历史上第一个在没有取得胜利的停战协定上签字的司令官。"中国人民的抗美援朝战争用劣势装备打败了美国除了原子弹以外当时所有的现代化武器，打破了美军"不可战胜"的神话。事实证明：西方侵略者几百年来只要在东方一个海岸上架起几尊大炮就可以霸占一个国家的时代已经一去不复返了。抗美援朝的伟大胜利鼓舞了世界上一切正义之师：正义的国际主义精神必将战胜邪恶的侵略主义，这是历史的公理。

3. 不惧强敌、不怕牺牲的英雄主义精神

毛泽东曾说过："中华民族有同自己的敌人血战到底的气概，有在自力更生的基础上光复旧物的决心，有自立于世界民族之林的能力。"在抗美援朝战争中，中国人民再次体现了这种不畏惧强敌、不害怕牺牲的英雄主义精神。这种精神是中华民族精神中历来的光荣传统，也是朝鲜战场上中国人民志愿军战胜强敌的强大精神武器。

朝鲜战争是一场反侵略的正义战争，同时也是一场大规模的现代化战争。武器装备极其落后、物资资金极端匮乏的中国人民志愿军面对的是具有现代化武器装备的强敌，是 15 个西方经济、军事强国所组成的"联合国军"，是有"不可战胜"的神话之称的美国军队。一切现实的因素都决定这是一场异常艰巨、险峻、残酷的实力悬殊的战争，也决定了这场战争中弱者必须依靠物质武器装备之外的武器——精神与意志。

事实也证明，尽管美帝国主义在战争中用上了除原子弹之外所有的现代化武器，尽管美国将它陆军的 1/3、空军的 1/5 和近半数的海军投入朝鲜战场，多次发动攻势，进行

"绞杀战"甚至细菌战，尽管战争初期中国人民志愿军连苏联空军的掩护和支援也没有，但是，战争的结果显然不是按照武器装备的先进程度来决定的。但正如古语所言："两军相逢，勇者胜。"在中朝两国人民与以美帝国主义为首的侵略军的战争中，正义、勇气、智慧恰恰属于中朝人民。正如中共中央在决定入朝作战前的分析一样：我们进行的是反侵略的正义战争，得道多助，士气旺盛；我军一贯以劣势装备战胜装备优良的敌人，有丰富的实战经验、灵活的战略战术和不怕牺牲、不畏艰苦的勇敢作战精神；而美军虽然武器先进，但其发动的是非正义的侵略战争，士气不高，战斗意志不强。两相对比，在这场精神与意志的较量中，中朝人民显然处于优势地位。美国深陷朝鲜战争的泥沼而不能自拔，甚至引发了自己国内的政治危机，这"泥沼"其实就是中朝两国军民以不怕牺牲、不畏艰苦的英雄主义精神所造就的汪洋大海，它具有使无论多么强大和面目狰狞的侵略者都有去无回的神奇力量。

在朝鲜战争中，中国人民志愿军发扬了不怕牺牲、不畏艰苦的优良传统，发扬了高度的英雄主义精神，无论在运动战、阵地战，还是阻击战中，敢于冒着敌人的猛烈炮火前进。他们不惧怕一切疲劳苦顿，奋勇前进，绝不后退。他们在防御战中坚定顽强，冲锋时奋不顾身、勇猛向前，行军时冰河峭壁，一往无前，创造了许多惊天地、泣鬼神的英雄壮举。以胸膛堵敌人机枪的黄继光，烈火烧身纹丝不动直到壮烈牺牲的邱少云，战机中弹后毅然驾机与敌机同归于尽的毕武斌，被战火烧红、被鲜血染红的上甘岭，谱写了一曲曲悲壮慷慨的英雄主义壮歌。就连美国军队发言人也不得不承认，志愿军无视联合国军的炮火和巨大的空军力量，带着冲锋枪和手榴弹无穷无尽地向前推进，就是火山爆发也阻止不了他们。这实在是关于武器装备与英雄主义精神较量的最好说明。据有关资料统计，三年抗美援朝战争期间，中国人民志愿军中涌现了大批英雄和模范人物。到停战为止，荣立三等功以上的人员达到 302 724 人，荣获英雄模范称号的有 494 人。可以毫不夸张地说，中国人民志愿军就是英雄主义精神所铸就的英雄群体，他们是英雄主义精神的代表和化身。抗美援朝战争是中华民族历史上光辉的一页，这一页也将永远闪光于人类历史。而这一光辉史页由于其所造就和激扬的爱国主义精神、国际主义精神和英雄主义精神而愈加辉煌！

第二节　社会主义建设时期的中华民族精神

一、社会主义建设时期中华民族精神形成和发展的时代背景

1956 年，新中国在中国共产党领导下取得社会主义三大改造的决定性胜利，社会主义制度在国家政治、经济领域基本确立。1957 年底，中国发展国民经济的第一个五年计划超额完成，新中国进入全面进行社会主义建设的伟大时期。在这一时期，由于国内外政治、经济因素，以及国内自然因素的影响，社会主义建设在曲折中前进。与此相应，社会主义建设时期的中华民族精神伴随社会主义建设的复杂历程在曲折中发展。一方面，社会主义建设进程中所遇到的巨大人为灾害与自然灾害在给予中国人民严峻挑战的同时，也激发了中华民族精神的高涨，培育了"两弹一星"精神、"20 世纪 60 年代初期克服困难的精神""大庆精神""雷锋精神"等具有典型时代意义和特征的中华民族精神，使中华民族精神获得极大丰富和发展；另一方面，社会主义建设中所遭遇的困难和挫折，以及党在探索社

会主义建设道路中所犯的种种错误，又对中华民族精神的健康发展造成一定的消极影响。

在国际上，自20世纪50年代中期开始，国际局势出现了一定的缓和趋向，世界各国纷纷度过战后的经济恢复阶段，开始走上经济振兴之路。战后国际经济的复苏，增加了各国在经济上的交流、依存和竞争；战后科学技术的进步和新技术革命的兴起，更加有力地推动了各国经济的增长和生产率的提高。就在这一宏观背景之下，以苏共二十大揭露斯大林和苏共政策的转向为标志，国际共产主义运动出现了重大转折。赫鲁晓夫全盘否定斯大林以及苏共政策由此引发了国际共产主义运动阵营的纷乱和瓦解，同时也引发了帝国主义阵营趁机掀起的反共反社会主义浪潮。在中苏关系方面，以斯大林问题为导火索中苏关系出现裂痕，并随着两党论战的深入而出现两党关系全面恶化的局面。一方面，苏联撕毁两国协议，撤除对华援助，给新中国建设带来很大影响和损失；另一方面，中苏关系的破裂也推动中国共产党人更加自主地探索适合本国特点的革命和建设道路，这无疑具有积极的意义。在中美关系方面，在世界性的反共反社会主义狂潮中，由于苏共政策的转向，美苏关系出现一定缓和，而中美关系继续处于对抗与僵持中。美国继续对中国推行经济封锁、政治遏止与孤立、军事包围政策，并在台湾问题上大做文章，与苏联共同企图制造两个中国的事实。复杂的国际格局和态势已经预示着新中国全面建设社会主义的道路不会一帆风顺，必定会有这样那样的曲折。

在国内，由于社会主义改造的迅猛发展和第一个五年计划的顺利实现，极大地调动了全党和全国人民建设社会主义、实现工业化的极大热情，全国上下出现了精神振奋、干劲冲天的局面。但是，由于中国的社会主义还仅仅处于初级阶段的起步时期，如何探索一条适合本国国情的社会主义建设道路是一个全新的课题，再加上新中国基础的落后，以及"一五建设"中存在的一些尚未解决的问题，这也预示着新中国未来建设道路的探索，如同过去探索革命的道路一样，也会是一条充满艰辛、布满曲折的道路。

二、社会主义建设时期中华民族精神的主要典型

(一)"两弹一星"精神

中国的"两弹一星"，是20世纪下半叶中华民族用自己的汗水和智慧所创建的辉煌伟业。"两弹一星"是指核弹（原子弹、氢弹）、导弹和人造卫星。把核弹和导弹这"两弹"成功地结合起来，就具有了可用于实战的核导弹，从而真正拥有核打击能力。

出于打破美国等帝国主义国家对社会主义中国的核威胁与核讹诈，建立坚固的共和国国防，保持共和国的民族独立与自主的战略考虑，以毛泽东为核心的党的第一代中央领导集体高瞻远瞩，审时度势，集思广益，运筹帷幄，果断决定研制"两弹一星"，重点突破国防尖端技术，做出了对人民共和国的发展和安全具有重大战略意义的英明决策。1956年，在周恩来、陈毅、李富春、聂荣臻主持下，中国制定了《1956至1957年科学技术发展远景规划纲要》，把发展以原子弹、氢弹为代表的尖端技术放在突出位置。1958年5月，毛泽东在中共八大二次会议上说："我们也要搞人造卫星！"一个月后，他又强调："搞一点原子弹、氢弹、洲际导弹，我看有十年功夫是完全可能的。"此后，一大批优秀科技工作者纷纷聚集在中国共产党旗帜下，许多在国外已有杰出成就的科学家纷纷回国，义无反顾地投身到这一神圣而伟大的事业中来。1964年10月16日15时，中国第一颗原子

弹爆炸成功。中国有了原子弹之后，美国国防部长麦克纳马拉预言：中国五年内不会有运载工具。然而，仅仅两年之后，1966年10月27日，中国第一颗装有核弹头的地地导弹飞行爆炸成功。几个月后，1967年6月17日，中国第一颗氢弹空爆成功。又不到三年，1970年4月24日，中国第一颗人造卫星发射成功。

在新中国50年的光辉历程中，"两弹一星"的研制成功，是中华民族为之自豪的伟大成就。"两弹一星"的研制成功，成为新中国社会主义建设伟大成就的重要标志，充分显示了中华民族的创造能力，在国内外产生了巨大而深远的影响。正如邓小平曾深刻地指出的："如果六十年代以来中国没有原子弹、氢弹，没有发射卫星，中国就不能叫有重要影响的大国，就没有现在这样的国际地位。这些东西反映一个民族的能力，也是一个民族、一个国家兴旺发达的标志。"中国，这个世界上最先发明火药的民族，这个在共产党领导下站立起来的民族，终于用中华民族的勤劳、勇敢和智慧，向那些看不起中国人、威胁中国人的西方列强证明了自己强大的生命力和创造力，并在这一过程中创造出了伟大而崇高的"两弹一星"精神。

伟大的事业，产生伟大的精神。在为"两弹一星"事业的奋斗中，广大研制工作者培育和发扬了一种崇高的精神，这就是热爱祖国、无私奉献，自力更生、艰苦奋斗，大力协同、勇于登攀的"两弹一星"精神。"两弹一星"精神，是爱国主义、集体主义、社会主义精神和科学精神活生生的体现，是中国人民在20世纪为中华民族创造的新的宝贵精神财富。

1. 热爱祖国、无私奉献的"两弹一星"精神

"两弹一星"事业是和共和国的命运紧密联系在一起的。中国制造自己的"两弹一星"事业起始于以美国为首的西方列强对新中国实行的侵略、包围、封锁的对抗性军事外交政策。

经过近百年顽强浴血奋战终于换来民族独立和自由的中国人民并不惧怕战争，也不会被核武器吓倒。中国反对核战争，但西方列强屡拿核武器来威胁和要挟中国的严峻现实却迫使百废待兴、一穷二白的新中国下决心考虑研制自己的原子弹，巩固共和国的国防，铸造共和国的核盾牌，从而摆脱帝国主义列强核讹诈与核控制的威胁，永远保持民族的独立与尊严。

自从以毛泽东为核心的党的第一代中央领导集体作出研制自己的核武器之后，许多科技工作者积极地团结、集中到党的周围，迅速组成了科技攻关团队。他们高举爱国主义的旗帜，怀着强烈的报国之志，自觉把个人的理想与祖国的命运紧紧联系在一起，把个人的志向与民族的振兴紧紧联系在一起。许多功成名就、才华横溢的科学家放弃国外优厚的条件，义无反顾地回到祖国。许多研制工作者甘当无名英雄，隐姓埋名，默默奉献，有的甚至献出了宝贵的生命。他们用自己的热血和生命，写就了一部为祖国为人民鞠躬尽瘁、死而后已的壮丽史诗。

2. 自力更生、艰苦奋斗的"两弹一星"精神

研制新中国自己的"两弹一星"，在新中国的历史上是一件前无古人的伟大创举，更是一项不畏艰难险阻、自力更生、艰苦奋斗的伟大壮举。研制自己的"两弹一星"，做出这一重大决策，是在新中国的社会主义改造尚未完成之际。多年的战争创伤将中国拖进了

贫困的深渊，成立初期的新中国是从经济崩溃的边缘上摸爬滚打出来的。从中华人民共和国成立到社会主义改造基本结束，仅仅是一个经济恢复的过程。毋庸置疑，中国依然是一个一穷二白的贫困国家。"两弹一星"不论在当时还是在现在都属于尖端的高科技技术，这意味着它需要巨额的资金投入、先进的技术、大批的高科技人员、长期的时间等作为保障。西方发达国家为抢占制高点，不惜花费巨资突破关键技术。例如旨在短期内突破技术关键和扩大原子弹研制规模的美国曼哈顿计划，耗资20多亿美元。这个庞大计划于1942年制定，直到1957年，红石、丘辟特、雷神等地地导弹才有了能适应导弹环境的小型核装置。当时的中国经济是绝对无法与之相提并论的。从技术上讲，中国没有任何可能从美国等核技术先进国家得到支持和援助，这是不言而喻的。然而素有独立自主、艰苦奋斗光荣传统的中国人民并没有被这些巨大的困难吓倒。"两弹一星"的研制者们充分发扬自力更生、艰苦创业的精神，没有的技术自己钻研，没有的仪器自己制造。一切都依靠自己的勤劳、勇敢、智慧来摸索、创造。新中国薄弱的经济基础决定了研制"两弹一星"的条件异常艰苦。"两弹一星"的研制者们在茫茫无际的戈壁荒原，在人烟稀少的深山峡谷，餐风宿露，不辞辛劳，克服了各种难以想象的艰难险阻，经受住了生命极限的考验。他们运用有限的科研和试验手段，依靠科学，顽强拼搏，发愤图强，锐意创新，突破了一个个技术难关，创造了一个个科学奇迹。

实践证明，自力更生、自主创新是我们真正在世界高科技领域占有一席之地的重要基石。尖端技术不可能从国外直接拿来，即使有的技术一时可以从国外引进，但如果我们不能进行有效的学习、消化和创造，最终还是会受制于人。唯有自己掌握核心技术，拥有自主知识产权，才能将祖国的发展与安全的命运牢牢掌握在我们手中。

把中国"两弹一星"的发展速度和其他国家做比较，就会发现中华民族具有怎样的聪明才智和伟大的精神。美国从1939年开始研究原子弹，到1957年生产导弹核武器，用了近18年时间；中国从1956年开始导弹和原子弹的研究，到1966年成功进行导弹核试验，仅用了10年时间，比美国缩短了7年多。从第一颗原子弹爆炸到氢弹爆炸，美国用了7年零3个月，苏联用了4年，英国用了4年零7个月；中国只用了两年多时间，就以最快速度完成了从原子弹到氢弹这两个发展阶段的跨越。中国第一颗人造卫星"东方红一号"重量为173公斤，比苏联（83.6公斤）、美国（8.2公斤）、法国（38公斤）、日本（9.4公斤）等国的第一颗人造卫星重量总和还要重。卫星的跟踪手段、信号传递方式、星上温控系统也都超过了其他国家第一颗卫星的水平。

艰苦的条件、伟大的成功，让世界看到中国人民具有惊人的毅力和勇气，具有伟大的精神和意志，具有在自力更生的基础上自立于世界民族之林的坚强的决心和能力。"两弹一星"事业的胜利，也是伟大的中华民族精神的胜利。它让世界重新认识了中国，让所有炎黄子孙扬眉吐气。

3. 大力协同、勇于登攀的"两弹一星"精神

"两弹一星"事业的胜利，也是社会主义的集体主义精神的伟大胜利。研制"两弹一星"是一项技术密集、系统复杂、综合性强的伟大事业，它要求各项技术、各个部门、各个领域之间高度协调的配合。在研制"两弹一星"的伟大历程中，广大科研工作者广泛运用了系统工程、并行工程和矩阵式管理等现代管理理论与方法，建立了协调、高效的组织指挥和调度系统，提高了整体效益，走出了一条投入少、效益高的发展尖端科技的路子。

集中力量办大事，是社会主义中国的优势。没有全国上下一盘棋的协同作战，没有各个部门之间的相互配合支援，在当时国力薄弱的前提下就不可能有"两弹一星"的伟大成功。在"两弹一星"的科技攻关过程中，全国各地区、各部门，成千上万的科学技术人员、工程技术人员、后勤保障人员，团结协作，群策群力，汇成了向现代科技高峰前进的浩浩荡荡的队伍。"两弹一星"的伟大事业不仅为共和国铸造了保卫国防的核盾牌，它还为中华民族培育出了崇高的集体主义精神。

"两弹一星"事业更是一项勇攀科学高峰的伟大事业。"两弹一星"是一个科技含量相当高的综合工程。在这一宏大工程中包含着无数的科学难关和技术尖端。"两弹一星"如同科学高峰峰巅之上的一颗明星，挑战着人类的智慧和勇气。中华民族本来就是一个有着顽强的钻研精神和大胆的创新精神的民族。"四大发明"就是中华民族钻研精神与创新精神的最好例证。"两弹一星"的研制者们继承和弘扬了伟大的中华民族精神，他们不畏科学高峰途中的艰辛，求真务实，勇于攀登，大胆创新，勤于钻研，突破了一系列关键技术，使我国科研能力实现了质的飞跃。他们用自己的业绩，为中华民族几千年的文明创造史书写了新的光彩夺目的篇章。

（二）20 世纪 60 年代初期克服困难的精神

从 1958 年起，连续三年的"大跃进"造成的破坏，加上自然灾害和苏联撤销援助、撤走专家的影响，使刚刚进入全面建设社会主义时期的新中国从 1959 年起出现了连续三年国民经济严重困难的局面。在战胜这一罕见的天灾与人祸并行的困难时期的过程中，中国人民上下同心，齐心协力，自力更生，艰苦奋斗，不怕困难，坚韧不拔，终于渡过了难关，并培育了一种宝贵的民族精神——"20 世纪 60 年代初期克服困难的精神"。

1958 年 5 月，党的八届二次会议召开，通过了"鼓足干劲，力争上游，多快好省地建设社会主义"的总路线，并在之后的经济建设中片面强调"用最快的速度来发展我国的社会生产力"。8 月的北戴河会议将"大跃进"和人民公社化运动推向高潮，以高指标、瞎指挥、浮夸风、"共产风"为标志的"左"倾错误严重泛滥，极大地破坏了农村生产力，给农业生产带来灾难性的后果。1959 年 7 月 2 日召开的庐山会议，在全党发起了一场"反右倾"斗争，中断了对"左"倾的纠正，使一度下降的"五风"重新泛滥，给各项生产建设带来了持续的消极影响和破坏。

在中国国民经济调整的困难时期，我国的对外关系也面临着严峻形势。美国继续推行敌视和孤立新中国的政策，蓄意挑起台海事端，使中美间的严重对峙难以松动；更为严重的是，由于苏联领导人赫鲁晓夫推行其"老子党"和美苏合作、主宰世界的霸权主义政策，使中苏关系也急剧恶化。1959 年之后，中苏关系裂痕不断扩大。1959 年 6 月，苏联政府单方面撕毁中苏两国于 1957 年 10 月签订的关于国防新技术协定，正式拒绝向中国提供原子弹样品及其生产技术资料。这是赫鲁晓夫对中国不肯屈服于苏联的一种报复措施。1960 年是中苏关系走向恶化的一个转折点。赫鲁晓夫在政治外交上突然袭击中国共产党，在经济上则于当年 7 月 16 日突然照会中国政府，无端地以所谓中方把"自己的观点强加于苏联专家"和对苏联专家"劳动的公开的不尊重"为借口，单方面决定召回在华的苏联专家。自 7 月 28 日至 9 月初，撤走在华的全部 1390 名专家，同时中止派遣按协议应来华工作的另外 900 多名专家，撕毁两国间签订的 12 项政府协定、1 项科学院议定书、343

个专家合同及合同补充书、257 个科技合作项目。随后，苏联又大量减少对华成套设备和设备关键技术的供应。苏联蓄意恶化中苏关系的行为，使当时正处于严重困难时期的中国经济雪上加霜。

面对内忧外患，加上自然灾害引起的国民经济严重危机，中共中央一方面在北戴河会议上提出了"调整、巩固、充实、提高"的八字方针来纠正"大跃进"以来的"左"倾错误，发出《关于彻底纠正"五风"问题的指示》，另一方面又在农村、党政干部、学生、工商业、解放军等各行各业加强思想政治教育，提高人民克服困难的觉悟和信心。在这三年克服国民经济严重困难的过程中，中国人民体现了宝贵的"六十年代初期克服困难的精神"。这种精神主要体现在以下几方面：

1. 不怕困难、不畏艰苦、坚韧不拔的革命精神

由于内忧外患等多重影响，从 1959 年开始，我国国民经济比例严重失调，作为国民经济基础的农业及轻工业生产大幅度下降，人民生活水平大幅度下降。市场上物资匮乏，财政赤字、通货膨胀、商品奇缺、物价上涨，使广大人民群众的生活处于中华人民共和国成立以来的空前困难之中。特别严重的是粮食的极度短缺，给城乡人民最基本的生存造成直接威胁，以至于城乡居民和国家干部普遍营养不良，出现浮肿甚至饿死人的现象。可见国民经济的危机到了相当严重的地步。在这种情况下，中共中央号召全民要发扬不怕困难、不畏艰苦、坚韧不拔的革命精神，厉行增产节约，克服重重困难。

2. 同心同德、共渡难关、齐心协力的团结精神

面对这样严重的国民经济困难，中国人民上下一致，同心同德，和衷共济，共渡难关。党和国家的领导人与人民同甘共苦。身为中华人民共和国主席，毛泽东为人民日夜操劳，殚精竭虑，也和人民一样节衣缩食。1958 年"大跃进"以后，中国经济遭受严重挫折，毛泽东和人民一样要用布票、粮票、肉票买东西，同样只吃指标粮，他每月领 17 斤粮食。在最困难的时期，毛泽东忧心如焚，他主动将自己的一级工资降到三级，直到临终。他带头减少了自己的粮食定量，很长时间不吃肉，不吃鸡蛋，只吃青菜。由于营养不良，毛泽东和许多困难时期的百姓一样身体浮肿，腿肿得摁下去都是很深的坑。中华人民共和国的缔造者、人民的领袖，在经济困难时期，居然和人民一样由于饥饿而身体浮肿！这难以相信的事情却是事实。在旧中国的历史上，在世界各国的历史上，像中国共产党这样的政党，像毛泽东这样的中国共产党人、这样的国家领袖，能有几人？这正是在新中国最困难的情况下，中国共产党能够领导全国人民渡过危机的秘密。

3. 发愤图强、艰苦奋斗、坚信胜利的自强不息精神

1958 年"大跃进"造成了国民经济的严重挫折，中国社会的生产力遭到极大的破坏，最基本的温饱已经成为最严重的问题。而这一时期的自然灾害也是异常严峻，巨大的水灾、旱灾接踵而至。美国的经济封锁政策阻断了中国接受外援的机会，苏联援华资金、项目、专家的撤走更是给新中国的经济、军事、科技等建设以重大冲击。

中国人民历来有着自强不息的精神传统。"天行健，君子以自强不息。"依靠这种精神，中华民族才不曾被五千年的风风雨雨吹倒，才不曾被艰难险阻击垮。在 60 年代初期的新中国，有着中国共产党领导的中国人民，历来有着艰苦奋斗、不屈不挠的革命传统的中国人民，历经了无数风霜雪雨、曾经克服了无数艰难险阻的中国人民，并没有被这天灾

人祸、内忧外患压趴下。巨大的困难再次激发了中国人民发愤图强、艰苦奋斗的精神，激发了中国人民坚信胜利的信念。没有粮食瓜菜代，没有石油自己打，没有钢铁自己造，没有核武自己研制。中国人不服输，不怕苦，不怕鬼，不信邪，敢于和自然灾害较量，敢于和敌人斗争。上至国家领袖，下至平民百姓，勒紧裤腰带，奋斗渡难关，中国人民终于闯过了中华人民共和国成立以来最艰难的日子。

60 年代初期的巨大困难，使中国人民付出了沉重的代价。然而，60 年代初期中国人民克服困难的精神，却是中国人民在逆境中与困难顽强拼搏和抗争的过程中所收获的宝贵的精神财富。这种"六十年代初期克服困难的精神"使伟大的中华民族精神再次闪耀着夺目的光辉。

（三）大庆精神与铁人精神

大庆精神产生于 20 世纪 60 年代的石油会战，它集中体现了中华民族和中国工人阶级的优良传统与优秀品质，是中华民族精神宝库的重要组成部分。大庆石油大会战用"两论"起家，靠"五面红旗"带头，"五一"会战打响，"六一"首车原油外运，做到了当年投资，当年见效，到年底生产原油 97 万吨，有力地支援了祖国建设。大庆人经过三年半的时间，就从根本上改变了我国石油工业的面貌。长期以来，大庆精神一直得到党和国家领导人的培育和倡导。江泽民同志曾指出："在实现四化的过程中，还会有这样那样的困难，特别要发扬大庆精神。"具体讲，大庆精神就是"为国争光、为民族争气的爱国主义精神；独立自主、自力更生的艰苦创业精神；讲究科学、'三老四严'的求实精神；胸怀全局、为国分忧的奉献精神"。"铁人精神"是大庆精神的典型代表，"铁人"王进喜则是大庆精神的人格化体现。

1. 为国争光、为民族争气的爱国主义精神

大庆油田是在恶劣的国内外大局势中开始的。以"铁人"王进喜为代表的大庆石油工人，作为新中国第一代石油工人，从一开始就将个人的前途和命运与祖国石油工业的前途和命运紧紧地联系在一起。"石油""大庆""铁人王进喜"这些名字也紧紧地联系在一起。以"铁人"王进喜为代表的新中国第一代石油工人为祖国的石油事业百折不挠、坚韧不拔、矢志不渝、无私奉献，以对党和人民的无限忠诚，终生心系石油，魂系祖国的石油事业。

中华人民共和国刚刚诞生，就遭受到了帝国主义列强的经济封锁。石油是国家经济的命脉，新中国的建设百废待兴，国民经济发展急需石油。然而旧中国是一个有着多年"贫油"历史的国家。早在 20 世纪初，美国专家到中国考察石油时，便武断地宣称："中国没有石油""中国石油储量极其贫乏"。解放前夕，国民党又请来外国专家在戈壁滩上打了几个窟窿，最后扔下一句话："建议你们把石油忘却了吧！"就这样，一顶沉重的"贫油国"的帽子始终沉甸甸地压在中国的头上，中国一直为进口"洋油"而遭到列强的盘剥。50 年代末，中苏关系恶化，苏联悍然单方面撕毁两国协议，撤走援华专家，其中也包括大庆油田的苏联专家。

1959 年 10 月，王进喜到北京参加"群英会"，同"群英会"几位代表去看天安门，然后参观故宫。当他们从五四大街到沙滩时，王进喜看到一些汽车上背着沉重的大包袱，就问身边的同志："汽车背的是啥家伙？"那位同志告诉他，首都汽油不够用，很多汽车都

改烧煤气，所以不得不背上"煤气包"。王进喜听后沉默了。他心想，我们是搞石油开采的，连党中央、毛主席居住的地方都没有油用了，还有什么脸当先进。一阵难过，他蹲在路边哭了起来。一个钢铁男儿，为首都没油而泪洒北京沙滩！这个"煤气包"，成为王进喜后半生为油而战的思想动力源；这眼泪，也成为"铁人"王进喜们为国争光、为民族争气的爱国主义精神的精神动力源泉。

正是有了这样的精神动力，当家作主的中国工人阶级才不信所谓的洋专家那个邪，王进喜当年曾豪迈地说："我就不信石油都埋在外国的地下，不埋在我们的地下。我们石油工人硬要拿下个大油田给他们看看！"这种为国家争光、为民族争气、为建设做贡献的精神成为大庆工人战胜一切困难的强大动力。石油会战初期，外国专家断言：中国技术落后，靠自己的力量开发不了这么复杂的油田。他们甚至挖苦说：凝固点、含蜡量这么高的油田，除非搬到赤道上去开采。当时中苏关系紧张，苏联专家从大庆撤走。在这种情况下，身为科技人员的王启民和他的伙伴们经过反复琢磨，写了一副对联贴在"干打垒"门上，上联是：莫看毛头小伙子；下联是：敢笑天下第一流；横批是：闯将在此。这副豪气干云的对联，充分表达了大庆工人们不服输，不怕邪，不畏难，立志靠自己的勤劳、勇敢和智慧，闯出中国自己的油田开发道路，为祖国争光、为民族争气的坚强决心。正如大庆工人的豪言："宁可把心血熬干，也要让油田稳产再高产！"

正是有这种在世界面前为祖国争光，在压力面前为民族争气的精神动力的激励，以王进喜为代表的中国石油工人立誓"早日把中国石油落后的帽子甩到太平洋里去"，并以"宁肯少活二十年，拼命也要拿下大油田"的英雄气概，谱写了我国石油工业从无到有、由小到大的光辉篇章，让"贫油"的祖国改变了模样，让封锁、打压中国的帝国主义列强刮目相看，让新中国的经济建设结束了依靠进口"洋油"的屈辱历史，摆脱了外国人通过"洋油"盘剥中国人民、卡新中国经济发展的"脖子"的被动局面，极大地激发了全国人民的民族自信心和自豪感。

2. 独立自主、自力更生的艰苦创业精神

以"铁人"王进喜为代表的大庆石油工人乃至新中国的工人阶级，更是这种艰苦创业精神的典型代表。"石油工人一声吼，地球也要抖三抖。石油工人干劲大，天大的困难也不怕！"这首王进喜自己编的歌，正是新中国石油工人战天斗地、艰苦创业精神的生动表达。

1959年9月26日，在新中国十周年国庆前夕，以松辽盆地第三口基准井——"松基3井"喜获工业油流为标志，宣告了大庆油田的诞生。1960年，面对国家建设急需石油的燃眉之急，全国各地的几万名职工和3万名转业官兵，来到了大庆，开展了一场声势浩大、艰苦卓绝的石油大会战。会战之初，几万人马一下子涌到萨尔图草原，生活和生产都遇到了极大的困难。3月的萨尔图草原冰天雪地，朔风呼号，滴水成冰。当时正值三年自然灾害严重时期，萨尔图草原"头上青天一顶，脚下荒土一片"。大庆没有现成的路，石油工人们就用自己的双脚走出了自己的路；大庆没有现成的住处，石油工人们就用自己的双手在工地上建起了"干打垒"；大庆没有运载石油钻机的机械化工具，石油工人们硬是凭着手拉肩扛，把石油钻机架到了井台上。面对生活上的种种困难，大庆家属们发扬"半边天"吃苦耐劳的传统，大搞农副业。就是在这样恶劣的环境中，大庆工人凭着一股"有条件上，没条件创造条件也要上"的艰苦创业精神，凭着"宁肯少活二十年，拼命也要拿下大油田"的拼命精神，创造了新中国石油工业历史上的辉煌奇迹。

大庆石油会战的艰苦，不仅仅在于生活上。苏联援华专家从大庆撤走之后，大庆石油工人所面临的更多的是缺少技术指导的"艰苦"。面对这一挑战，新中国的石油工人再次发扬中华民族自力更生、独立自主的艰苦创业精神，钻技术，啃技术，硬在实践中克服了一个个技术难关，闯出了一条条技术新路。

石油会战的每一天都是一场战斗。每一场战斗都要靠石油工人以艰苦奋斗精神来夺取胜利。王进喜带领1205钻井队的几十名硬汉，人拉肩扛卸运钻机，盆端桶提运水抢开钻，只用5天零4小时就打完了大庆会战的第一口油井，创造了当时的最高纪录。在打第二口井时，发生了井喷。为了制服井喷，王进喜顾不上腿伤，跳进齐腰深的泥浆池用身体搅拌泥浆。井喷制服了，可他的腿已血肉模糊，泥浆把他的手脚烧起了大泡。王进喜和1205钻井队工人们的英雄行为深深地感动了附近的乡亲们，他们把王进喜看作铁打一样的人，并从此传开了"铁人"的名号。

"铁人"王进喜的精神感召了广大石油工人，大庆油田涌现出更多的"铁人"。大庆首次原油外运时，大庆石油会战时期"五面红旗"之一的老共产党员薛国帮带领"突击队"保证输油。原油含蜡高，天凉，土油池里的原油凝固了，薛国帮就跟身边的党员们说，我们也要像"铁人"王进喜那样干，大家跳油池！他双手抱着高温蒸气管在齐腰深的原油里吃力地来回走动化油，就这样，一直干了7天7夜。薛国帮后来回忆说：当时，大庆的党员、工人只有一个心思，就是要早日拿下油田，为国家解决困难。现任大庆油田有限公司副总工程师王启民在石油大会战时期落下强直性类风湿脊椎炎。他回忆说："那时吃住在涝洼地里，但我们以大庆精神、铁人精神为鼓舞，天当房地当床，棉衣当被草当墙，野菜包子黄花汤，一杯盐水分外香，五两三餐保会战，为革命吃苦心欢畅。"这种为革命不惧苦和累的乐观主义精神，独立自主、自力更生的艰苦创业精神，在当时是大庆工人战胜一切艰难困苦最有力的精神武器，在当代仍旧是值得我们汲取、珍惜的精神能源。

3. 讲究科学、"三老四严"的求实精神

讲究科学、"三老四严"的求实精神是指"对待革命事业，要当老实人，说老实话，办老实事；对待工作，要有严格的要求，严密的组织，严肃的态度，严明的纪律"。这一提法源自1962年，1963年形成完整表述。这一作风是大庆石油工人高度的主人翁责任感和科学求实精神的具体体现，也是大庆精神和铁人精神典型、生动的概括和总结。

对待祖国的石油事业，以"铁人"王进喜为代表的中国石油工人，历来是踏踏实实做事，认认真真干革命，从来不存一丝侥幸和马虎，从来没有浮躁和虚骄。王进喜曾说"干工作要经得起子孙万代检查"，这是他对革命事业朴素却崇高的准则。李天照井组曾提出："对待革命工作要做到：黑天和白天一个样；坏天气和好天气一个样；领导不在场和领导在场一个样；没有人检查和有人检查一个样。"这种得到周总理的高度赞扬的"四个一样"，就是中国石油工人对待革命事业的认真态度的具体体现。

对待自己的工作，以"铁人"王进喜为代表的中国石油工人，历来是严格要求，毫不放松。1964年大庆油田全面开发建设初期，对生产精神提出了重要规划，"三条要求，五个原则"，即"项项工程质量全优，事事做到规格化，人人做出事情过得硬；有利于质量全优，有利于提高效率，有利于安全生产，有利于增产节约，有利于文明生产和施工"。这"三条要求，五个原则"是对大庆石油工人工作态度、作风、组织、纪律的具体体现，它生动反映了大庆石油工人时刻挂在心上的质量观念、效率观念、效益观念和安全文明生产观念。这些观念体现了大庆石油人科学求实的精神，符合油田生产建设的客观要求。

大庆油田机关工作的基本指导思想是"三个面向"，即"面向生产、面向基层、面向群众"。1960年，大庆石油会战一开始，会战工委便强调，各级领导要"亲临生产第一线指挥生产""机关工作要面向生产"。经过不断充实总结，到1964年形成了完整的"三个面向"的工作指导思想。机关坚持这一指导思想，对于克服主观主义、官僚主义和命令主义，密切干群关系，调动各方面的积极因素，提高工作和生产效率都有重要意义。

大庆油田有"五到现场"的规矩："生产指挥到现场、政治工作到现场、材料供应到现场、科研设计到现场、生活服务到现场。"实行"五到现场"，有利于根据实际情况决定工作方针，避免瞎指挥；能更多地倾听群众呼声，理解群众疾苦，及时地解决问题，激发工人群众的积极性；更好地改进工作作风，促进干部为群众、基层服务。岗位责任制是大庆石油会战最基本的生产管理制度。1962年，采油一厂"中一注水站"因管理不善，发生火灾，引发了"一把火烧出的问题"的群众大讨论。油田干部群众结合生产与管理的实际，认真总结正反两方面的经验，逐步建立完善了岗位责任制。它的内涵就是把全部生产任务和管理工作，具体落实到每个岗位和每个人身上，做到事事有人管，人人有专责，办事有标准，工作有检查，保证广大职工的积极性和创造性得到充分发挥。岗位责任制的坚持，增强了职工的主人翁意识和组织纪律观念，提高了生产条件的合理利用水平，保证了生产持续不断地向前发展。

大庆石油会战苦干但不蛮干。为了推动油田各项工作的全面发展，大庆油田加强了三基工作的开展：加强以党支部建设为核心的基层建设，发挥党员先锋模范作用；加强以岗位责任制为中心的基础工作，全面实行岗位经济责任制，把企业效益、个人利益与执行责任制结合起来；加强以岗位练兵为主要内容的基本功训练，提高企业职工的群体素质和岗位工作能力，增强企业活力。

正是有了这样对革命、对工作科学认真、求实严谨的"三老四严"精神作为动力，有了科学严明的规则做保障，有了基层工作的全面开展，大庆石油会战才取得了辉煌的成就，才经得起困难挫折，动乱干扰。就是在十年动乱期间，大庆人仍旧能保持统一的"革命思想"：这乱、那乱，唯有大庆不能乱。与其对应的"革命行动"是：始终坚持生产一天都不停，产量逐年递增。并且就是在动乱结束那一年，原油年产量跃上了5 000万吨大关。这无疑是大庆人科学务实精神的伟大胜利。

4. 胸怀全局、为国分忧的奉献精神

胸怀全局、为国分忧的奉献精神是大庆精神和铁人精神的精髓。为了改变祖国贫油的面貌，党和政府一声令下，几万石油工人迅疾开赴大庆石油会战的前线。石油工人们在极端艰苦的生存环境中战天斗地，却其志不移，其心不悔，其根源何在？答案就在于两个字：祖国。

20世纪60年代初，新中国正处于内外交困之中。国民经济极度困难，国民经济的复苏离不开石油。石油关系着祖国的经济发展，关系着全面开展的社会主义经济建设，石油和祖国的建设大局紧密相关。因此，找石油、打石油就是祖国的大事，关系着建设的大局。大庆石油会战的工人深深懂得这其中的道理。

在以"铁人"王进喜为代表的中国石油工人心中，只有祖国，祖国的召唤是最神圣的号召，祖国的需要是最大的需要，祖国的困难是最大的困难。为祖国建设大局而战，什么苦都算不了什么；为了祖国的需要，什么牺牲都舍得。这正是一种时刻将祖国的需要放在心上的崇高奉献精神。王进喜有句朴实却感人的话："这困难，那困难，国家缺油是最大的困难；这矛盾，那矛盾，国家没油是最大的矛盾。"相比之下，在铁人的心中，自己的困难再大，与国家的困难相比也不算大。王进喜还说："我这一辈子就是要为国家办好一件事情，那就是快快地发展我国石油工业。"石油是国家经济建设的命脉，也是铁人们自己的命根子。为了多打石油，他们心甘情愿地付出自己的一切，哪怕是生命。"宁肯少活二十年，拼命也要拿下大油田"的口号并非仅仅是口号，它体现在亿万石油工人的一举一动之中。没有这种为祖国奉献生命的勇气和决心，何来王进喜被铁架砸伤，醒过来却依然坚持参加会战的坚强毅力？又何来王进喜带伤跳进滚烫泥浆的光辉壮举？这是因为，伟大的石油工人们已经把个人的价值和祖国的前途和命运紧紧地融合在一起。正是这种为祖国建设分忧担愁的爱国主义精神，激励着铁人们忘记了物质生活的艰苦，鼓舞着铁人们克服了技术上的难关，支撑着铁人们打破了洋专家的预言，推动着铁人们取得了石油会战的历史辉煌。

如同大庆的石油源源不断地输进了祖国经济的动脉之中，大庆精神和铁人精神作为我们中华民族精神能源也将持续不断地输入我们民族精神的血脉之中，为中华民族的伟大复兴提供永恒的动力。

（四）雷锋精神

雷锋精神的社会基础就是我国的社会主义制度及其实践。雷锋是在社会主义新中国的大地上，在毛泽东思想哺育下成长起来的伟大的共产主义战士。雷锋生于解放前旧中国的一个贫苦家庭。父亲被日本人活埋，哥哥被资本家打死，弟弟被饿死，母亲被地主奸污后上吊自杀，雷锋成为靠帮地主放猪为生的孤儿。因为打了地主的狗被砍数刀逃走，雷锋又成为流浪儿。中华人民共和国成立后，雷锋在党和政府的关怀下上学读书，参加了工作，加入了共青团，后又参军，加入共产党，曾当选抚顺市人大代表。雷锋认真学习毛泽东著作，注重改造自己的世界观、人生观、价值观，迅速成长为一名优秀的战士。1962 年 8 月 15 日，雷锋因公殉职。

1963 年 3 月 5 日，毛泽东、刘少奇、周恩来、朱德、邓小平、陈云等老一辈无产阶级革命家为雷锋同志的题词在全国各大报刊公开发表。从此，作为一种崭新的时代精神和民族精神，雷锋精神迅速传遍中国大地。雷锋精神是共产主义道德和中华民族传统美德的凝结，是中国工人阶级和劳动人民高尚品质的反映，是中国共产党优良传统与光荣作风的代表，是中国社会主义道德准则和价值观念的体现。雷锋精神一经诞生，就受到了党和人民的热情赞颂，毛泽东亲笔题词，发出"向雷锋同志学习"的号召，并迅速发展成为波澜壮阔、历久不衰、历久弥新的群众性实践活动。雷锋精神熏陶了一代又一代中国人的心灵，使雷锋式的先进模范人物不断涌现，对我国社会主义的精神文明建设和物质文明建设都起到了不可估量的推动作用。雷锋精神成为推动中国社会进步的伟大的精神力量。

所谓雷锋精神，就是忠于党和人民、舍己为公、大公无私的奉献精神；就是立足本职岗位，在平凡的工作中创造不平凡业绩的"螺丝钉精神"；就是克勤克俭、向最低生活标准、最高工作标准看齐的艰苦奋斗精神。雷锋精神的核心是全心全意为人民服务。

1. 全心全意为人民服务的人生观、价值观

全心全意为人民服务是镂刻于中国共产党人旗帜上的庄严誓言，也是雷锋的人生观与价值观，更是雷锋精神的核心所在。雷锋短暂的一生，是全心全意为人民服务的一生。正是全心全意为人民服务的精神赋予了雷锋精神神圣而崇高的地位。

人为什么而生，生活为什么而活，怎样才是最幸福的人生？这是每个人来人世一遭都要面对和回答的问题。对此，雷锋有他响亮的回答："我觉得要使自己活着，就是为了使别人过得更美好，我觉得人生在世，只有勤劳、发愤图强，用自己的双手创造财富，为人类的解放事业——共产主义贡献自己的一切，这才是最幸福的。"这就是雷锋的人生观、价值观与幸福观。他将个人的生命和价值与人民的利益，与共产主义的伟大事业，与人类的解放事业联系在一起，时刻以此为崇高目标要求自己、激励自己、鞭策自己。在雷锋看来，如果人只是为了一己私利而活，那是没有任何价值和意义的。只有那种为了使别人过得更美好的生命是最有价值也最高尚的，也是最值得追求的。"我们吃饭是为了活着，可活着不是为了吃饭。我活着是为了全心全意为人民服务，是为人类的解放事业——共产主义而斗争。"雷锋知道生命有限，但他认为为人民服务是无限的，只有将有限的生命投入到无限的为人民服务之中，有限的生命才是永恒的。雷锋，这个只有初中文化水平的普通士兵，对于人生已经有了如此深刻、如此透彻而又如此崇高的认识和选择。"人的生命是有限的，可是，为人民服务是无限的，我要把有限的生命，投入到无限的为人民服务之中去。"这就是雷锋的宣言与诺言，更是一个共产主义战士崇高的人生观与价值观。全心全意为人民服务，人民利益至上，雷锋是这样想的，这样说的，也是这样做的。他以自己的行动乃至最后以自己的生命践行和兑现了自己的誓言和诺言。正如他自己所说，他短暂的生命，在全心全意为人民服务的无限中获得了永恒。雷锋的成长过程是用"全心全意为人民服务"的精神串联起来的。《雷锋日记》是雷锋精神的最真实记录。《雷锋日记》所收集的是他所写的 143 篇日记，其中有 31 篇是直接记载雷锋甘当人民勤务员或为人民做好事的事迹。他用实际行动向人们表明："为建设社会主义和实现共产主义而献出自己的全部力量直至生命终结。"全心全意为人民服务占满了雷锋的心灵。

2. 忠于党和人民、舍己为公、大公无私的奉献精神

雷锋认为，集体利益是至高无上的，一个人应该竭尽全力为谋取集体利益而斗争，只有集体事业发展壮大了，才能谈得上个人的前途和个人的利益。在雷锋看来，个人同集体的关系，就是"细胞和人的整个身体"的关系，就是"螺丝钉和整个机器"的关系，就是"一滴水和大海"的关系。

正因为如此看待个人与集体的关系，所以，在雷锋所有的言论和行动中，都鲜明地贯穿着公而忘私、舍己为群、毫不利己、专门利人的优秀品质，渗透着革命的集体主义精神和高尚的无私奉献精神。雷锋只长了一个心眼，就是甘愿做为人民服务、为党和人民奉献一切的"傻子"。他把为集体、为党和人民奉献自己的一切力量、把为人民做好事当作自己最大的快乐。雷锋处处以党和人民的利益为重，在他心中，只有集体，没有个人。

因此，当个人利益同集体利益发生矛盾的时候，雷锋能够毫不犹豫地做出抉择，无条件服从集体的利益，勇于奉献自我，牺牲自我。只要是党和人民的需要，只要是组织的安排，只要是集体的呼唤，雷锋就会义无反顾地冲上前。他从不计较个人得失，从不会拈轻

怕重，从不会叫苦喊冤。"一个人只有当他把自己和集体事业融合在一起的时候才有力量。"为党和人民的利益奉献自己的一切，这是雷锋的抉择与追求。他从农村，到工厂，到部队，在他走过的每个地方，凡是对国家、对集体有利的事情，他都奋不顾身地为它献出最大的力量。他辛辛苦苦地积肥送肥，是为了支援人民公社发展生产。他用自己的被子去盖被雨淋的水泥，是为了保护国家财产不受损失。他给少先队去当辅导员，是为了祖国的下一代更健康地成长。他路过建筑工地，就情不自禁地加入劳动，是因为他觉得能为社会主义大厦增添一砖一石是义不容辞的责任。他处处关心别人，为大家做好事情，把全心全意为人民当勤务员当作最大的快乐。他省吃俭用，就是要把节省的每一粒粮、每一滴油、每一分钱支援社会主义建设。雷锋把他所有能够奉献的全部交给了党和人民，直到最后献出自己的生命。

3. 立足本职岗位，在平凡的工作中创造不平凡业绩的"螺丝钉精神"

雷锋认为，一个人的作用，对于革命事业来说，就如同一架机器上的一颗螺丝钉。机器由于有许许多多的螺丝钉的连接和固定，才成了一个有机的整体，才能够运转自如，才能够发挥巨大的力量，做出一个螺丝钉所不能做出的贡献。螺丝钉虽小，其作用与价值却不小。正因如此，雷锋宣誓要做一颗"永不生锈的螺丝钉"。只要是在为人民服务，雷锋就甘愿做一颗快乐地奉献自己的一份力量的螺丝钉。无论什么工作、无论什么岗位，雷锋都会欣然接受，积极去做，他就会干一行、爱一行；干一行，钻一行。

雷锋的一生，是平凡的一生。他的一生都是极其平凡的工作和劳动，他做的都是一些点点滴滴的小事情。他经历了工农兵三条战线，当过公务员，开过拖拉机和推土机，又当过汽车兵和班长，这些都是最平凡、最普通的职业，并没有干出什么惊天动地的事业。然而，伟大往往就出于平凡。毛主席早在延安文艺座谈会上谈到革命文艺和整个革命事业关系的时候，就曾精辟地论述过"螺丝钉"的作用问题。他把革命文艺比作是"对于整个机器不可缺少的齿轮和螺丝钉"。刘少奇也说过："我们普通的党员，在共产主义事业中也是做一部分工作，尽一部分责任。我们的这一部分，比马克思、恩格斯、列宁、斯大林的那一部分，当然是小得多。然而，我们总有一部分。大小虽然不同，但都是整个伟大事业中的'一部分'。所以，我们只要做好了一部分工作，就算尽了我们的责任。"

雷锋正是从伟大的毛泽东思想中，领悟了一个深刻的哲理：伟大和平凡是辩证的统一，平凡中孕育着伟大，伟大中包含着平凡。没有无数日常的、具体的、细小的工作，没有无数平凡的劳动者任劳任怨地工作在自己平凡的岗位上，就没有任何伟大的轰轰烈烈的革命斗争和生产建设。因此，一个革命者，不管是从事体力劳动还是脑力劳动，不管是当工人、农民还是当科学家、工程师，不管是做领导者还是做被领导者，他的岗位只要是社会主义建设需要的，那么就都有伟大的意义。任何人都是一颗社会的螺丝钉，但螺丝钉与螺丝钉的区别在于这颗螺丝钉是否会生锈，做一个螺丝钉并不难，难的是做一颗不生锈而且永不生锈的螺丝钉。雷锋的一生，是螺丝钉一样平凡的一生。但他这颗平凡的螺丝钉在全心全意为人民服务的无限奉献行动中保持了永不生锈的本色。这就不再是一颗普通的螺丝钉，这颗永不生锈的螺丝钉由此在平凡中升华成一种伟大的精神。

刘少奇曾指出："共产党员应该从眼前所处的环境，眼前所接触的人们眼前所能进行的工作，来开始和开辟我们改造世界的共产主义事业的伟大工作。"雷锋正是这样做的。"雷锋出差一千里，好事做了一火车。"雷锋的好事都是平凡小事，这一火车的好事中没有什么惊人之处，但聚沙成塔，集腋成裘，一点一滴的小事聚成了崇高伟大的雷锋精神。伟大出于平凡，理想见诸实践。这是雷锋精神的真谛。

4. 克勤克俭、向最低生活标准、最高工作标准看齐的艰苦奋斗精神

在雷锋同志模范事迹展览会上，有一个雷锋用过的节约箱和一双破袜子。节约箱是雷锋生前用几块破木板亲手做成的，在那里面装过他细心捡到的一颗颗钉子，一个个牙膏皮，一块块破铜烂铁。雷锋经常揣着针线包，这双破袜子就是他里三层外三层、一针一线缝补起来而穿了好几年的。从这个节约箱和这双破袜子中，折射出雷锋克勤克俭、生活上向最低标准看齐、工作中向最高标准看齐的艰苦奋斗精神。

克勤克俭是中华民族的传统美德。"一粥一饭，当思来之不易；半丝半缕，恒念物力维艰"是中华民族家喻户晓、妇孺皆知的格言。艰苦奋斗是中国共产党人的优良传统，是共产党人的传家宝。依靠艰苦奋斗的精神，中国共产党人才领导广大人民群众和人民军队战胜了一次次艰难险阻，取得了抗日战争、解放战争的胜利。在和平建设时期，艰苦奋斗再次成为中国人民战天斗地，建设社会主义新中国的强大精神武器。

雷锋的身上，继承和发扬了中华民族克勤克俭的传统美德和中国共产党人艰苦奋斗的优良传统。一个革命者应该怎样对待物质生活，雷锋对此也有明确的回答：要永远艰苦奋斗，而不能贪图享受。他经常提醒自己："我们是国家的主人，应该处处为国家着想，事事要精打细算，不能今朝有酒今朝醉，明日愁来明日忧。"他始终记住毛主席对青年的教导：要提倡勤俭建国。要使全体青年们懂得，我们的国家现在还是一个很穷的国家，并且不可能在短时间内根本改变这种状态，全靠青年和全体人民在几十年时间内，团结奋斗，用自己的双手创造出一个富强的国家。尽管物质生活在不断改善，但雷锋总是坚定不移地以艰苦为荣，克勤克俭，珍惜一针一线，一滴油，一分钱，把一切能节省的都节省下来，以支援国家建设。

雷锋有他对待生活和工作的两重标准。他说："要记住：'在工作上，要向积极性最高的同志看齐；在生活上，要向水平最低的同志看齐。'"在这里，雷锋提出了两个标准，一个高标准，用之对待工作；一个低标准，用之对待生活。作为一名革命者，任何时候都要把革命放在第一位，把工作放在第一位。那些对工作疲疲沓沓，在生活享受上却讲吃讲穿，金钱第一，丝毫不关心人民的命运的人，是雷锋所不屑、所唾弃的人。

艰苦奋斗，是一个对待物质生活的态度问题，是一个对待革命工作的态度问题，也是一个关系到个人能否健康成长、革命能否成功、社会能否健康发展的重大政治问题。历史的实践证明：一切旧的统治阶级，由于阶级的局限，终究要腐化堕落，并因此难以逃脱灭亡的命运。也只有真正继承和发扬了我国劳动人民艰苦奋斗的优良传统，永不蜕化变质，永葆艰苦奋斗革命本色的个人、政党、国家，才有光明的未来和美好的前途。

雷锋年轻而平凡的生命远逝而去，却留下一个光辉的名字，留下一种宝贵的精神，这种精神丰富和发展了伟大的中华民族精神。学习雷锋，发扬雷锋精神，成为中国人民心中永不过时的时代精神瑰宝。

第三节　改革开放时期的中华民族精神

一、"解放思想、实事求是"精神

中国共产党在长期的革命、建设和改革实践中，形成了一条马克思主义的思想路线，这就是"一切从实际出发，理论联系实际，实事求是，在实践中检验真理和发展真理"。1978年12月13日，邓小平在中央工作会议上作了题为《解放思想，实事求是，团结一致向前看》的重要讲话，指出："只有解放思想，坚持实事求是，一切从实际出发，理论联系实际，我们的社会主义现代化建设才能顺利进行，我们党的马列主义、毛泽东思想的理论也才能顺利发展。"这个讲话，实际上是十一届三中全会的主题报告，成为"文化大革命"结束以后，在中国面临向何处去的重大历史关头，开辟建设中国特色社会主义新道路新局面的宣言书。"解放思想、实事求是"，是马克思主义的精髓，也是我们为实现社会主义现代化不懈奋斗的核心精神与强大动力。

（一）"解放思想、实事求是"精神产生的时代背景

确立解放思想、实事求是的思想路线是拨乱反正的迫切要求。粉碎"四人帮"后，中国面临着两条道路的选择。第一条道路是继续沿着"文化大革命"的极"左"路线走；第二条是否定"文化大革命"，开创一条新的建设社会主义的道路。"文化大革命"结束后，全党全国人民强烈要求拨乱反正。但在一开始，就遇到了"两个凡是"的严重阻碍。所谓"两个凡是"，即"凡是毛主席作出的决策，我们都坚决维护，凡是毛主席的指示，我们都始终不渝地遵循"。"两个凡是"的实质是要继续维护毛泽东的晚年错误，它完全违背了毛泽东倡导的实事求是的思想路线。如果照"两个凡是"的观点，就不能完整准确地理解和掌握毛泽东思想，就无法纠正毛泽东晚年的错误；就不可能把人们从"左"倾错误中形成的僵化和半僵化的思想状态中解放出来；也不可能开创社会主义建设的新局面。在这种情况下，要使中国走上另一条道路，即改革开放的道路，就必须从思想路线的高度进行拨乱反正。

为了冲破禁锢，打开局面，邓小平支持和领导了实践是检验真理唯一标准的大讨论，这是一场伟大的思想解放运动。通过这场大讨论，把全党、全国人民的思想从教条主义和本本主义的桎梏中解放了出来，使全党、全国人民的思想总体上又走上了马克思主义的轨道，使人们找到了思想和行为正确的出发点，也明确了判断马克思列宁主义、毛泽东思想真理性的标准。邓小平认为："一个党，一个国家，一个民族，如果一切从本本出发，思想僵化，迷信盛行，那它就不能前进，它的生机就停止了，就要亡党亡国。""只有解放思想，坚持实事求是，一切从实际出发，理论联系实际，我们的社会主义现代化建设才能顺利进行，我们党的马列主义、毛泽东思想的理论也才能顺利发展。从这个意义上说，关于真理标准问题的争论，的确是个思想路线问题，是个政治问题，是个关系到党和国家的前途和命运的问题。"1978年12月13日，邓小平在为十一届三中全会作准备的中央工作会议上做了《解放思想，实事求是，团结一致向前看》的重要讲话。这个讲话实际上是随后召开的十一届三中全会的主题报告，是开辟新时期新道路、开创建设有中国特色社会主义新理论的宣言书，也是一个解放思想、实事求是的宣言书。

（二）"解放思想、实事求是"精神的内涵

解放思想、实事求是的精神是马克思主义的精髓。实事求是指的是从客观实际出发，找出事物发展的规律，按规律办事。毛泽东在《改造我们的学习》中指出实事求是的内涵："'实事'就是客观存在着的一切事物，'是'就是客观事物的内部联系，即规律性，'求'就是我们去研究。我们要从国内外、省内外、县内外、区内外的实际情况出发，从其中引出其固有的而不是臆造的规律性，即找出周围事变的内部联系，作为我们行动的向导。"

解放思想，就是要一切从实际出发，以改革的精神研究解决现实生活提出的重大理论和实践问题，使我们的理论、路线、方针和政策以及思想观念同社会主义初级阶段、同社会主义市场经济、同社会主义现代化建设相适应。邓小平指出："解放思想，开动脑筋，实事求是，团结一致向前看，首先是解放思想。""我们讲解放思想，是指在马克思主义指导下打破习惯势力和主观偏见的束缚，研究新情况，解决新问题。"

解放思想与实事求是具有一致性。一方面，解放思想是实事求是的前提。"只有思想解放了，我们才能正确地以马列主义、毛泽东思想为指导，解决过去遗留的问题，解决新出现的一系列问题，正确地改革同生产力迅速发展不相适应的生产关系和上层建筑，根据我国的实际情况，确定实现四个现代化的具体道路、方针、方法和措施。""今后，在一切工作中要真正坚持实事求是，就必须继续解放思想。"这就是说，解放思想是实事求是的前提，只有解放思想，才能达到实事求是。另一方面，解放思想的目的在于实事求是，解放思想是为了达到实事求是。邓小平指出，如果解放思想离开了实事求是的轨道，就有可能出现"左"的和右的错误倾向。因此，"解放思想，也是既要反'左'，又要反右"。邓小平还认为，解放思想并不是随心所欲，而必须与实事求是相联系，不能把解放思想与实事求是对立起来和割裂开来。"解放思想，就是使思想和实际相符合，使主观和客观相符合，就是实事求是。"这就是说，实事求是是解放思想的目的，也是解放思想所必须遵循的原则，只有实事求是，才是真正的解放思想。

（三）"解放思想、实事求是"精神的历史作用

第一，解放思想、实事求是思想路线有力地推动和保证拨乱反正与全面改革的进行。

解放思想、实事求是思想路线的重新确立，有力地推动和保证了全面改革的进行。邓小平指出，十一届三中全会以来，"我们主要做了两件事，一是拨乱反正，二是全面改革"。拨乱反正需要解放思想，实事求是；全面改革也需要解放思想，实事求是。全面改革要求我们重新审视长期以来形成的关于社会主义的传统观念，使我们的思想从那些被实践证明为不合乎中国实际、不合乎时代进步、不合乎经济和社会发展规律的条条框框中解放出来。在改革开放过程中，在实行家庭联产承包责任制、发展乡镇企业、创办经济特区、引进外资、发展多种所有制等问题上，在提出社会主义商品经济论、社会主义初级阶段论和社会主义市场经济论等一系列重大理论问题上，都有过不同意见和各种疑虑。由于坚持了解放思想、实事求是，用事实来说话，逐步澄清了是非，使广大党员、干部和群众转变了观念，统一了思想。正是由于邓小平始终强调解放思想、实事求是的思想路线，我国的改革开放才得以迈开大步，取得了举世瞩目的成就。

1992 年，邓小平视察南方时发表重要讲话。他指出，思想不解放，改革开放迈不开步子，不敢闯，归根到底，要害还是姓"资"姓"社"的问题。改革开放要深入，就必须进一步解放思想、实事求是。在南方谈话中，邓小平精辟地论述了社会主义的本质，提出了"大胆地试、大胆地闯"和"三个有利于"的判断标准，阐述了计划经济和市场经济的关系以及大胆借鉴资本主义发达国家的先进文明成果的思想，这为我们解放思想、进一步推动改革提供了强大的思想武器。邓小平南方谈话，在国际国内政治风波严峻考验的重大历史关头，深刻回答了长期束缚人们思想的许多重大认识问题，是把改革开放和现代化建设推进到新阶段的又一个解放思想、实事求是的宣言书。

第二，解放思想、实事求是的精神成为认识新事物、适应新形势、完成新任务的思想武器。

在我们党的全部理论创造中，解放思想、实事求是的精神占有重要位置；在我们党的全部实践活动中，解放思想、实事求是精神放射着灿烂的光芒。没有解放思想、实事求是的精神，就没有农村包围城市，最后夺取城市的道路，就没有中国革命的胜利；就没有新时期的拨乱反正和全面改革。在 20 多年改革开放的道路上，每一个重大的理论突破，每一项重大政策的调整，每一项改革措施的出台，都是解放思想、实事求是的结果。但是，物质世界和人们改造世界的实践都处在发展变化之中，时代在发展，社会在进步，新情况、新问题层出不穷，解放思想永无止境，实事求是也不能一劳永逸。随着改革的深入，开放的扩大，引起了社会生活广泛而深刻的变化，出现了许多新事物、新情况。中国共产党带领全国人民发扬解放思想、实事求是的精神，取得了巨大的成就。

第三，解放思想、实事求是的精神开拓了马克思主义理论发展的新境界，推动了邓小平建设中国特色社会主义理论的形成和发展。

解放思想、实事求是的提出为全党所接受，是党的实事求是思想路线在新的历史时期得到全面恢复和发展的显著标志。它既肯定了毛泽东实事求是思想中所包含的解放思想的成分，又明确向全党提出了解放思想是坚持实事求是的前提，从而为党的实事求是思想路线注入了新的含义。依靠重新恢复的党的实事求是思想路线，十一届三中全会引导全党重新确立了党的八大对社会主义建设时期我国主要矛盾和主要任务的正确提法，把党的工作重心和全国人民的注意力迅速转移到社会主义现代化建设上来，提出了改革开放的基本方针，为党在新的历史条件下探索中国特色社会主义建设道路，奠定了坚实的思想基础。

二、"64 字创业精神"

1993 年，江泽民同志在八届全国人大一次会议上的讲话中指出："解放思想、实事求是，积极探索、勇于创新，艰苦奋斗、知难而进，学习外国、自强不息，谦虚谨慎、不骄不躁，同心同德、顾全大局，勤俭节约、清正廉洁，励精图治、无私奉献，这些都应该成为新时期我们推进现代化建设，所要大加倡导和发扬的创业精神。"江泽民同志所归纳的这 64 个字，全面概括了新时期创业精神的基本内容。建设中国特色社会主义，不但需要有一个正确的理论，有一条正确的路线，还要有一个良好的精神风貌。伟大的创业实践，需要有伟大的创业精神来支持和鼓舞。

（一）"64 字创业精神"提出的历史背景

第一，"64 字创业精神"是新时期对中国共产党艰苦奋斗优良传统的提炼和升华。

　　中国共产党领导中国人民在革命和建设的长期实践中养成了艰苦奋斗的作风。这种优良作风是毛泽东等老一辈无产阶级革命家大力提倡和精心培育起来的。我们党凭借艰苦奋斗战胜了国内外敌人，取得了新民主主义革命的伟大胜利。中华人民共和国成立以后，毛泽东又把艰苦奋斗提高到艰苦创业、勤俭建国的高度，把它定为一项基本国策。我们党领导人民知难而进，迎难而上，克服困难，学会自己不懂的东西，尽一切可能用极大力量从事经济建设和各项事业的恢复和发展。通过稳定物价和统一财经的重大斗争，迅速使国民经济状况得到基本好转。1957年2月，毛泽东在《关于正确处理人民内部矛盾的问题》的讲话中，强调艰苦奋斗是一个要坚持几十年的长期方针，他说："要使全体干部和全体人民经常想到我国是一个社会主义的大国，但又是一个经济落后的穷国，这是一个很大的矛盾，要使我国富强起来，需要几十年艰苦奋斗的时间，其中包括执行厉行节约，反对浪费这样一个勤俭建国的方针。"

　　党的十一届三中全会以后，邓小平提出"贫穷不是社会主义"的著名科学论断，同时力主恢复和发扬艰苦创业的传统。1980年1月，他在《目前的形势和任务》中说："要有一股艰苦奋斗的创业精神""中国搞四个现代化，要老老实实地艰苦创业。我们穷，底子薄，教育、科学、文化都落后，这就决定了我们还要有一个艰苦奋斗的过程。""我们也反对现在要在中国实现所谓福利国家的观点，因为这不可能。我们只能在发展生产的基础上逐步改善生活。发展生产，而不改善生活，是不对的；同样，不发展生产，要改善生活，也是不对的，而且是不可能的。"1982年5月，邓小平在同外宾谈到我国的开放政策时强调，必须在自力更生的基础上争取外援，主要依靠自己艰苦奋斗。1989年他又多次语重心长地告诫全党和全国人民：应该保持艰苦奋斗的传统，坚持这个传统，才能抗住腐败现象。这就明确地指出了艰苦创业是我们实现社会主义现代化的必要途径，这是对毛泽东艰苦创业思想的继承和发展。邓小平将我们党一贯倡导的艰苦创业精神高度概括为五种精神：革命和拼命精神，严守纪律和自我牺牲精神，大公无私精神和先人后己精神，压倒一切敌人、压倒一切困难的精神，坚持革命乐观主义、排除万难去争取胜利的精神。

　　以江泽民同志为核心的党的第三代中央领导集体十分重视毛泽东、邓小平关于艰苦创业、勤俭建国的思想。江泽民同志在党的十四大报告中说："我国底子薄，目前处在实现现代化的创业阶段，需要有更多的资金用于建设，一定要继续发扬艰苦奋斗、勤俭建国的优良传统，提倡崇尚节约的社会风气。"李鹏同志在八届全国人大一次会议上指出，我国是一个人口众多的发展中国家，只有发扬艰苦奋斗的优良传统，经过几代人的埋头苦干，才能彻底改变经济落后面貌，使全国人民都过上富裕生活。改革开放以来，我国的综合国力有了很大的增强，生产力有了很大的发展，广大人民生活水平有了很大的提高，取得了举世公认的巨大成就。但与发达国家相比，还有很大的差距，我们有些地区还相当困难，还有几千万人没有解决温饱问题。要根本改变这种状况，仍需几代人继续解放思想，实事求是，大胆改革，艰苦创业。由此可见，"64字创业精神"与党的艰苦奋斗优良传统既是一脉相承的，又是与时俱进的。

　　第二，"64字创业精神"反映了改革开放新时期的新经验和时代需求，是对新时期中国特色社会主义建设精神动力的全面概括。

　　艰苦奋斗精神在不同的历史时期蕴含着不同的内容。艰苦奋斗作为一种精神，其内涵的深刻性应包含三个层面：在生活层面，崇尚勤俭节约，朴素实在，量入为出，不奢侈浪费；在工作层面，不怕艰苦，扎实努力，开拓进取，自强不息；在精神层面，有崇高的理想和坚定的目标，意志坚定，毅力顽强，愈挫愈奋，一往无前。这三方面相互渗透、补充和制约，其综合体构成"艰苦奋斗"的科学内涵。艰苦奋斗的内涵不是静止、僵化的，而是变化发展的。随着时代的变迁，艰苦奋斗的内涵将随之相应变化。社会历史条件的优劣，将构成人们艰苦程度迥异的奋斗环境，而体现不同的"吃苦""耐劳"要求。改革开放30多年来，我国的经济建设取得了巨大的成就，人民群众的物质文化生活有了很大的改善。所以，在社会主义现代化建设过程中，不是再像中华人民共和国成立初期那样"能吃瓜菜充饥，就决不开荤"的艰苦奋斗。由于中国的特殊国情，革命和建设都不能照搬别国的模式。中国革命和社会主义建设事业，都要在实践中探索和开辟符合中国特点的道路。这就需要积极探索、勇于创新的精神。没有艰苦奋斗的勇气和作风，不可能有伟大的革命和建设实践。十一届三中全会以来，在中国共产党的领导下，坚持以经济建设为中心，大力发展生产力，使我国的经济实力和综合国力显著增强。轰轰烈烈的社会主义实践孕育和造就了新的时代精神。这种时代精神以创业和建设为主题，是中华民族精神在社会主义建设时期的展现和发扬。

同时，随着改革的深入，社会情况特别是经济结构和社会生活各个方面都在发生复杂而深刻的变化，在面对经济成分和经济利益、社会生活方式、社会组织形式、就业岗位和就业方式多样化的情况下，人们在价值取向、道德观念等方面面临着多种选择。尤其是市场经济活动存在的弱点及其带来的消极影响，容易产生拜金主义、享乐主义。邓小平曾指出："艰苦奋斗是我们的传统，艰苦朴素的教育今后要抓紧，一直要抓六十至七十年。我们的国家越发展，越要抓艰苦创业。提倡艰苦创业精神，也有助于克服腐败现象。建国以来我们一直在讲艰苦创业，后来日子稍微好一点，就提倡高消费，于是，各方面的浪费现象蔓延，加上思想政治工作薄弱、法制不健全，什么违法乱纪和腐败现象等等，都出来了。我对外国人讲，十年最大的失误是教育，这里我主要是讲思想政治教育，不单纯是对学校、青年学生，是泛指对人民的教育。对于艰苦创业，对于中国是个什么样的国家，将要变成一个什么样的国家，这种教育都很少，这是我们很大的失误。"所以，提倡艰苦创业精神，有助于克服腐败现象。

第三，"64字创业精神"体现了社会主义现代化建设的要求。

江泽民同志指出："我们的社会主义现代化建设还处在艰巨的创业时期。伟大的创业实践，需要有伟大的创业精神来支持和鼓舞。"从我国的具体实际出发，中共中央确定了我国"三步走"发展战略，提出了现代化建设的宏伟目标。到21世纪中叶，要使我国的国民经济达到中等发达国家水平，人民生活比较富裕，基本实现社会主义现代化。这个目标极其宏伟，但是实现这一目标又不是轻而易举的，它必须付出艰辛的劳动，克服现代化建设过程中的种种艰难险阻。而且我国的现代化目标是要把我国建设成为一个富强、民主、文明的社会主义国家。它除了要实现工业、农业、国防和科技的现代化外，还要建设高度的社会主义民主和精神文明，它将在政治、经济、文化等各个领域进行一场深刻的变革。这样一项伟大的系统工程，既无现成的经验可以借鉴，也无现成的方法可依，更无现成的模式可仿，它需要我们大胆探索、勇于实践、艰苦奋斗、攻克难关。加之我国正处于社会主义初级阶段，人口多，底子薄，经济文化比较落后，人均占有资源比较匮乏，在这样的条件下进行社会主义现代化建设，需要我们以艰苦创业的精神，加倍努力，奋起直追，缩短与发达国家的差距。正如邓小平指出："中国搞四个现代化，要老老实实地艰苦创业。我们穷，底子薄，教育、科学、文化都落后，这就决定了我们还要有一个艰苦奋斗的过程。"因此要赶上发达国家的发展水平，把我国建设成为社会主义现代化国家就必须提倡发扬艰苦创业精神。正如江泽民同志指出的："现在，全国各族人民正在党中央领导下，高举邓小平建设有中国特色社会主义理论的伟大旗帜，为把改革开放和现代化建设事业全面推向新世纪而努力奋斗。在这样的历史时刻，需要用什么样的精神来进一步凝聚、激励广大干部和人民群众，同心同德，克服困难，开拓前进，去夺取改革开放和现代化建设的新胜利呢？最重要的，就是各级党组织和全党同志要在党的基本理论和基本路线指引下，大力发扬艰苦奋斗的精神，大力加强党同人民群众的联系。历史和现实的经验告诉我们，进行伟大的创业，必须有伟大的创业精神。"

（二）"64 字创业精神"及其本质内涵

江泽民同志对新时期创业精神的概括，是对党的艰苦奋斗优良传统的继承与创新。这种创业精神既是科学的世界观、人生观的反映，又是远大理想和顽强意志的有机统一，也是新时期夺取社会主义现代化建设伟大胜利的强大精神动力。

"解放思想、实事求是"是艰苦创业精神的核心和精髓。它体现了理论联系实际的科学理性精神。解放思想、实事求是是中国共产党人在伟大的社会主义实践中凝练起来的最珍贵的思想。建设中国特色社会主义的伟大实践是坚持解放思想、实事求是的集中体现，艰苦创业不能靠外界的恩赐，而要靠自己认识世界、改造世界的能动的活动。只有始终一贯地坚持解放思想、实事求是的思想路线，才能从实际出发，打破各种条条框框的束缚。邓小平早就指出："只有解放思想，坚持实事求是，一切从实际出发，理论联系实际，我们的社会主义现代化建设才能顺利进行"。

"积极探索、勇于创新"是创业者的风貌。创业精神是一种精神风貌，建设社会主义现代化是一项既艰辛又复杂的历程，它需要我们去积极地探索和创新。只有按照客观实际去探索，依据客观规律去创新，我们的奋斗目标才能达到预期目的，才能创造前人未曾取得的辉煌业绩。

"艰苦奋斗、知难而进"是创业者的意志。这是一种坚强的意志，积极进取的雄心，埋头苦干的务实作风，力创大业的雄伟气魄，困难压不倒，受挫志不移。

"学习外国、自强不息"是创业者的胸襟。这是一种海纳百川的胸襟，它要求具有"他山之石，可以为错"的宽阔胸襟，又要求讲"取长补短、扬长避短"的辩证法则。我们学习外国，才能保证社会主义制度自我完善和发展。学习外国，争取外援，可以保证更好地创业，却不能代替创业。既要使对外开放向纵深发展，又要认识改革开放的目的是为了发展自己，壮大自己。

"谦虚谨慎、不骄不躁"是创业者的素养。现代化建设则应以人的全面发展为主要内容，全面提高人的素质，谦虚谨慎，不骄不躁是艰苦创业必须坚持的思想作风和品德修养。人的素质是历史的产物，国家经济腾飞不仅表现在经济水平上，而且表现在人民素质的提高上。谦虚才能实事求是，谨慎才能头脑清醒，骄傲会犯主观主义错误，急躁则会行为草率。

"同心同德、顾全大局"是成就大业的保证。在改革开放的新时期，艰苦创业的精神就是要为国家、集体和全局的利益而艰苦奋斗，反对各种不顾大局的本位主义、小团体主义及地方保护主义。正如江泽民同志在中纪委第五次全会上指出的：我们从来不否认社会成员有个人的利益、个人的抱负和追求，但个人利益必须服从国家利益，局部利益服从整体利益，眼前利益服从长远利益，使个人的理想、抱负和追求符合社会主义道德规范。

"勤俭节约、清正廉洁"是创业者的节操。要实现现代化建设目标，振兴中华，就必须勤俭建国、勤俭办一切事业，提倡适度消费，反对奢侈浪费，提倡堂堂正正做事，清清白白做人，反对贪污受贿和腐败。

"励精图治、无私奉献"是创业者的价值观。它强调个人以敬业精业、服务他人、奉献社会为最大的价值。从大局出发，毫无保留地把自己的力量、知识和才能全部倾注到社会主义现代化事业上去。

三、九八抗洪精神

1998年夏季，我国江南、华南大部分地区及北方局部地区遭遇特大洪水，给人民群众的生命财产构成了重大威胁，严重影响了人民群众正常的社会生活秩序。中国人民掀起了一场全民动员的抗洪斗争。在这场与滔天洪水的"天人大战"中，中国人民继承和发扬了中华民族战天斗地的英勇奋斗精神，党、政、军、民携手共抗洪水，终于以人定胜天的英雄气概战胜了这场百年不遇的特大自然灾害，赢得了抗洪斗争的伟大胜利，并在抗洪斗争中形成了伟大的抗洪精神。

（一）抗洪精神的形成

受厄尔尼诺现象影响，1998年的中国气候异常。从6月份起，长江流域三次连续大范围普降大到暴雨。受强降雨影响，长江发生了继1954年以来第二次全流域性大洪水，洪水流量普遍大大超过1954年。这次长江流域洪水主要有四个特点：一是全流域发生大洪水；二是干支流洪峰遭遇洪峰叠加，致使水位居高不下，持续上涨；三是水位高，长江干流宜昌以下河段全线超过警戒水位，多处、大面积超过历史最高水位；四是洪峰接连出现，高水位长时间持续。与长江流域特大洪水同时，东北地区也因为连降大到暴雨，松花江、嫩江爆发洪水，其来势之猛、洪峰之高、流量之大、持续时间之长，都超过了历史最高记录。珠江流域也相继爆发了百年一遇的特大洪水。这场特大洪灾，受灾人数之多，地域之广，历时之长，世所罕见。山体滑坡，房屋坍塌，桥梁冲垮，道路阻断，水电瘫痪，通信中断，堤坝冲决……据民政部门公布的1998年中国灾情数据，全国有1.8亿人（次）遭受水灾，因灾死亡人数4 150人，紧急转移安置1 839.3万人；倒塌房间685万间，损坏房屋1 329.9万间；农作物受灾2 229.2万公顷，成灾1 378.5万公顷，绝收5 295公顷；水灾造成的直接经济损失达2 550.9亿元。中国人民面临着一场严峻的考验。

坚决战胜洪水，是保卫人民生命财产、保卫改革开放和现代化建设成果的一场意义重大的斗争。这场斗争，是对中国人民勇气、信心、毅力、斗志的重大挑战，是对中国经济实力、民族凝聚力、战斗力的严峻考验，也是对中华民族精神的一次大检阅。面对肆虐的洪水，面对大自然的挑战，在中共中央和人民政府的正确领导和决策下，全党、全军、全国人民紧急动员起来，数百万军民众志成城，奋起抗洪，一方有难，八方支援，团结奋战，力挽狂澜，用钢铁般的意志和大无畏的英雄气概，同滔滔洪水进行了一轮又一轮的殊死搏斗和较量，终于确保了大江大河干堤的安全，确保了重要城市和主要交通干线的安全，保卫了人民群众生命财产的安全，将自然灾害的损失降低到最小的程度。

（二）抗洪精神的内涵

伟大的事业需要并造就伟大的精神。伟大的抗洪斗争需要有强大的精神力量做支撑，伟大的抗洪斗争更谱写了一曲气吞山河的抗洪壮歌，造就了以"万众一心、众志成城，不怕困难、顽强拼搏，坚韧不拔、敢于胜利"为主要内涵的伟大的抗洪精神。抗洪精神，是爱国主义、集体主义和社会主义精神的大发扬，是社会主义精神文明的大发扬，是我们党和军队的光荣传统和优良作风的大发扬，是中华民族精神在当代中国的集中体现和新的发展。

1. 万众一心、众志成城的团结精神

在伟大的抗洪斗争中，中国人民继承了伟大的中华民族精神，并造就了万众一心、众志成城的抗洪精神。在强大的自然灾害面前，一个人的力量无疑是极为渺小的。然而千百年来，作为万物灵长的人类，却能在大自然的怀抱中生生不息，其道理何在？人类靠什么力量一次次战胜大自然的暴虐与任性，顽强地生存下来？道理很简单，那就是团结。人类"力不若牛，走不若马，而牛马为用"，就在于彼不能"群"，而人能"群"。这个"群"，就是贵和合、讲团结的伟大的中华民族精神。当年在日本帝国主义的铁蹄之下，中国人民发出了"我们万众一心，冒着敌人的炮火，前进！前进！前进！进！"的吼声。这一次，在肆虐洪水的蹂躏之下，中国人民再次发出了"我们万众一心，冒着狂虐的洪水，前进！前进！前进！进！"的吼声！兄弟同心，其利断金。在与洪水的搏斗中，军队和人民、干部和群众、前线和后方、灾区和非灾区，前后呼应、上下协同、左右相牵，铸就了抵抗洪水的新的"钢铁长城"。据统计，为了战胜这场特大自然灾害，解放军和武警部队共投入兵力36万多人，地方党委和政府组织调动了800多万干部、群众参加抗洪抢险；加上为抗洪抢险提供直接服务的各部门、各地区、各系统的力量，总数达上亿人；以不同的方式关心支持抗洪抢险的人们就更多。水利、气象、水文等方面的科技工作者夜以继日地工作，提供了重要的技术指导和支持；来自祖国四面八方的医疗卫生工作者深入抗洪前线防疫治病，保证了抗洪军民的身体健康；新闻工作者及时报道中共中央、人民政府的最新指示精神，不畏艰险，深入一线积极宣传抗洪军民的英雄事迹，弘扬正气，鼓舞斗志；通讯、铁路、交通和其他战线把支持抗洪抢险当作首要任务，大力协同，在各自的岗位上做出了重要贡献。后方人民心系灾区，情系灾区，发扬中华民族团结友爱、互助互济的优良传统，发扬无私奉献精神，大力支持第一线军民。前线缺什么，后方就捐什么、送什么。从白发苍苍的老人到系红领巾的孩子，从工人、农民、知识分子到各级干部，中国大地上涌动起全民族同心同德、团结战斗的澎湃热潮，展现出一幅全民族万众一心抗击洪涝灾害的壮丽画卷。

2. 不怕困难、顽强拼搏的精神

"浊浪排空，惊涛拍岸"，演绎的却不再是诗情画意，而是特大洪水对中华民族的生死考验。正所谓"沧海横流，方显英雄本色"。在抗洪斗争中，有着"同自己的敌人血战到底的气概"的中国人民以汗水、鲜血和生命做出了回答，以自己的英勇行动书写了中华民族历史上新的壮丽篇章，增添了中华民族精神宝库中新的精神财富。在这场伟大斗争中，险情就是命令，大堤就是战场。哪里有危险，英勇的人民子弟兵和干部就出现在哪里。他们全力以赴，勇往直前，承担着最紧急、最艰难、最危险的任务，用血肉之躯筑起了坚不可摧的堤坝。堤坝漏了，麻袋挡；麻袋挡不住了，人墙挡。无数共产党员、领导干部、解放军战士累得晕倒，无数战士受伤不下水线，更有崇高的英雄把生的希望让给了人民，把死的危险留给了自己。在这场伟大斗争中，涌现出了许许多多奋不顾身、舍生忘死的英雄人物。高建成、吴良珠、胡继成、王占成、李长志、杨晓飞、陈申桃、包石头、宋波、董光琳、罗典苏、马殿圣等同志就是他们的杰出代表。一个英雄倒下去，千万个英雄站起来。这种不怕困难、顽强拼搏的坚强意志，这种慷慨赴难、视死如归的无畏气概，天地也动容，沧海也退缩。

3. 坚韧不拔、敢于胜利的精神

坚韧不拔的自强不息精神，勇于胜利、笑对危险的勇敢精神，是中国人民千百年来铸就的民族本色。抗日战争的战火淬砺了这种民族本色，共和国的风风雨雨锤炼了这种民族本色。中国人民从来不曾在困难前摧眉折腰，屈膝投降。在与洪水的斗争中，中国人民充分体现了坚强的意志和必胜的信念。洪峰一个接着一个，水位一次高过一次，灾情一处跟着一处。这次特大自然灾害是对人的体力极限、精神极限的最大挑战。与中国人民"斗争"的洪水也异常地"顽强"、异常地"坚韧不拔"。然而，人水相搏，勇者胜。洪水涨一尺，斗志高一丈。充满了必胜信心的中国人民始终牢牢挺立在滔滔洪水的前面。没有坚强的意志和耐力，没有敢于胜利的信心和把握，没有强大的综合国力为后盾，就很难面对凶猛的接踵而来的八次冲击波，就不能夺得抗洪斗争的最后胜利。

探究根本，抗洪精神的实质在于，公而忘私、舍生忘死的无私奉献精神是其灵魂；人民至上、国家为重的全局意识是它的核心；团结一致、齐心协力的协作精神是它的纽带；不怕困难、敢于胜利的英雄主义精神是它的旗帜；自强不息、艰苦奋斗的中华美德是它的动力。

洪水已经退去，家园已经重建，中国人民又生活在和平祥乐之中。然而，这场发生在中国土地上的威武雄壮、气壮山河的抗洪战斗所产生的影响和深远意义，将随着时间推移充分显示出来。这场斗争所焕发、所铸就的伟大抗洪精神，也将永存于中华民族精神的宝库之中，并放射出永远夺目的光芒。中国人民在前进的征途中，必然还会遇到这样、那样的艰难险阻。但是，对于一个有着伟大民族精神的民族，一个经历过无数次磨难而顽强屹立的民族来说，没有过不了的河，没有翻不过的山，她将是一个永远打不倒的强者。

四、抗击"非典"精神

2002年11月，一场突如其来的非典型肺炎疫病（"非典"）侵袭神州大地。一时间，中国、世界各国谈"非"色变。中华民族面临一场严峻的挑战和考验。但是，饱经风霜、久经磨难而不屈不挠的中华民族，并没有被这种烈性疫病所吓倒。全国人民在中共中央和人民政府的坚强领导下，展开了一场气壮山河的抗击"非典"的英勇斗争。举国上下团结一致，沉着应对，顽强战斗，筑起了一道抵御"非典"疫情的坚固长城。在这场特殊的战斗中，伟大的中华民族精神得到了进一步弘扬，迸发出耀眼的光辉，并形成了具有鲜明时代特色的抗击"非典"精神。抗击"非典"精神的主要内容是：万众一心、众志成城，团结互助、和衷共济，迎难而上、敢于胜利。

（一）万众一心、众志成城的团结精神

在这种高感染、高致死的疫病面前，人类生存的本能是自我保护。将自己隔离、保护起来，警惕、防范他人的传染，是任何人求生本能的反应。毕竟，生命对于每个人来说只有一次。死神随时可能光顾任何一个人。每个人都可能对另外一个人造成生命与健康的威胁。是各自逃命、各奔西东，还是携手共赴"国难"，共抗疫病？面对"非典"死神的威胁和考验，有着团结协作优良传统的中华民族没有分崩离析，更没有四散溃逃。在经历了最初的慌乱之后，全党全国人民迅速把思想和行动统一到中央的部署上来，全民上下齐动员，齐动手，个人、家庭、小区、单位、公共场所等，社会的每一个区域、每一个角落都布下了人民防范和抗击"非典"的"天罗地网"。人们拧成一股绳，上下一条心，形成了抗击疫病的强大合力。从国家领导人到平民百姓，从医务人员到街坊邻居，从几岁孩童到退休老人；每一个人都在为抗击"非典"尽自己的力量。广大医务工作者奋勇当先，在没有硝烟的战场上冲锋陷阵。全国各行各业的广大群众在党和政府坚强有力的领导下，围绕抗击"非典"的主要工作，统一思想、步调一致、听从指挥、群防群治、尽职尽责，讲大局、讲纪律、讲秩序、讲责任，构筑了抗击"非典"的坚固长城。

（二）团结互助、和衷共济的互助精神

在"非典"肆虐的艰难的日子里，中国人民并没有冷漠逃避，相反，中华民族和睦相处、团结互助、和衷共济的民族精神在这关键时刻更为彰显、夺目。人们普遍认识到，覆巢之下无完卵，他人的安全就是我的安全，他人的健康就是我的健康。为他人也是为自己，对自己负责也是对他人、对社会负责。共同的灾难，共同的命运，自然需要大家一起来承担。社会各界人民互相帮助、互相关心，一方有难、八方支援，给患病群众以无微不至的关爱，给医护人员以满腔热情的支持，给发病地区以切实有力的帮助，共同应对疫病的挑战。在抗击"非典"的斗争中，团结互助、和衷共济的伟大民族精神再次得到了弘扬和锤炼，党群关系、干群关系、军民关系以及人和人之间的关系，变得更加紧密和亲切，同呼吸、共命运、心连心的新型人际关系在非常时期经受住了考验。实践证明，中华民族是一个坚强的民族，一个团结的民族。

（三）迎难而上、敢于胜利的斗争精神

这是一场特殊的战斗。病毒烈性传染，致死性极强，治愈率极低。当时，人类最先进的医学科学技术对这种高传染、高致死的新病毒品种几乎束手无策。对抗"非典"的疫苗仅仅处于紧急的实验室研究之中。是坐以待毙，还是迎难而上？是缴械投降，还是敢于胜利，奋起抵抗？有着"一不怕苦、二不怕死"的革命精神传统的中国人民选择了后者。在抗击"非典"斗争中，人民群众表现出了战胜困难的昂扬斗志和必胜信念。中国人民实事求是地分析形势，沉着冷静地面对挑战，勇于克服困难，不惊慌、不退缩、不悲观，坚定信心，顽强拼搏，坚决同"非典"斗争到底。广大白衣天使勇敢地站在这场斗争的最前线，置个人安危于度外，忠实履行职责，为保护人民群众的身体健康和生命安全做出重要贡献。在抗击"非典"第一线的医生护士感染率极高。每一位医护人员都知道，治疗照顾一位"非典"病人，就是一次与死神的搏击。然而，这些把生的希望让给病人，把死亡的威胁留给自己的医护人员，一个又一个地冲了上去。他们当中，有的人新婚燕尔还在度蜜月，有的人放下了家里无人照顾的孩子。这哪里是去医院，分明就是上战场；哪里是分别，可能就是永别！但是圣洁的白衣天使没有愧对这个圣洁的称号，邓练贤、叶欣、梁世奎、李晓红，一个白衣战士倒下了，一批又一批医护人员又从祖国的四面八方走向抗击"非典"的最前沿。在这场没有硝烟的战争中，"共产党员就是要把危险留给自己，把安全留给他人"。在抗击"非典"最关键的时刻，广大共产党员牢记党的宗旨，冲锋在前，忘我工作，涌现出许多可歌可泣的事迹，树立了新时期共产党人的光辉形象，成为弘扬和培育民族精神最生动的体现。

肆虐一时的"非典"疫情终于被团结勇敢的中国人民制服了。"非典"过去了，经历了这场特殊的生死考验的中国人民，锻造了伟大的抗击"非典"精神的中华民族，对自己的未来更充满了必胜的信心。伟大的抗击"非典"斗争必将载入中华民族的煌煌史册，伟大的抗击"非典"精神也必将汇入中华民族精神的宝库。

五、载人航天精神

2003年10月15日，我国载人飞船"神舟"五号在世界各国极度关注的目光聚焦下，在普天下炎黄子孙翘首以盼的衷心祝福中，发射成功！中国成为世界上第三个独立掌握载人航天技术的国家。伟大的事业孕育伟大的精神，伟大的精神成就伟大的事业，成千上万航天人以自己的智慧、心血和无私奉献共同铸就的载人航天精神是我国航天领域取得辉煌成就的巨大动力。载人航天精神是"两弹一星"精神在新时期的发扬光大，是伟大民族精神的生动体现。

（一）载人航天精神的产生

第一，载人航天精神是伴随着几代中国共产党人为实现中华民族强国梦想，发展航天事业而产生的。

航天事业的创建发展过程就是载人航天精神的形成过程。实现飞天梦想，是中华民族几千年来的美好夙愿。自古以来，嫦娥奔月、敦煌飞天等许多动人的传说就在我国人民中间广为流传。但是，近代以来，中国的科学技术水平远远落后于世界发展水平。中华人民共和国成立后，为推动我国科技事业发展，增强我国经济实力、科技实力、国防实力和民族凝聚力，中国共产党人做出发展航天事业的战略决策。

十一届三中全会后，以邓小平为核心的党的第二代中央领导集体明确把发展载人航天事业纳入发展高技术的"863"计划。20世纪90年代初，在世界科技进步突飞猛进、综合国力竞争日趋激烈的新形势下，科学技术越来越成为综合国力竞争的核心。要赶超世界先进水平，就必须坚定不移地实施科教兴国战略和人才强国战略，以江泽民同志为核心的党的第三代中央领导集体高瞻远瞩、审时度势，对我国尖端科技事业的发展进行了全面部署，做出了实施载人航天工程的重大战略决策，并对工程建设倾注了大量心血。胡锦涛总书记指出："发展航天事业，是党和国家为推动我国科技事业发展，增强我国经济实力、科技实力、国防实力和民族凝聚力而做出的一项强国兴邦的战略决策。"

第二，载人航天精神是面对知识经济时代的挑战而产生的。

20世纪中后期，以现代科学技术为基础的世界新技术革命，把人类社会带进了一个崭新的时代——知识经济时代。在知识经济时代，科学技术成为第一生产力。科技进步对社会生产力发展越来越具有决定性作用，并且正在人类社会生活的各个领域发生广泛的影响。世界范围内的经济竞争、综合国力竞争，在很大程度上表现为科学技术的竞争。高科技与高技术产业，更加成为反映一个国家综合实力的重要标志，成为一个国家发展战略的重要组成部分，因此各国纷纷制定发展载人航天的长期战略。如美国的"星球大战"、欧洲的"尤里卡"计划、苏联的"加速发展"战略相继出台，在这些计划和战略中，航天技术被各国列为重中之重。根据联合国和平利用外层空间委员会最新统计，目前全球已有50个国家制定了自己的航天计划，虽然其中多数国家仅仅把力量集中在某一特定领域，但一些经济和科技实力较强的国家，也制定了外层空间探测和载人航天的远期规划。日本和巴西都试验了自己的运载火箭，韩国建设了独立的航天发射基地，印度、尼日利亚等也借助其他国家的火箭把自己的卫星送入轨道；为加入航天大国之列，日本、印度等国都在为研制新型载人航天器做技术准备，甚至计划探测月球和火星。发展载人航天事业不仅可以提高国家威望，而且还有利于开发利用空间产业，带动科学技术特别是空间科学技术的发展。从太空观察地球，可以更深入地了解地球的构造，探明地球的资源，预测地震、洪水、飓风、火山爆发、海啸和其他自然灾害以保护人们的生命和财产。因此，为了应对知识经济的挑战，提高中国在国际上的竞争地位，我们必须实行载人航天计划。载人航天是高技术密集的综合性尖端科技，它博采现代科学技术众多领域里的最新成果，同时又对现代科学技术和经济产业的多个领域具有重大的牵引作用，如电子计算机技术、系统工程的理论和实践、运载火箭商业发射服务、核电站、卫星通信、航天遥感、微电子、玻璃钢、特种冶金等技术领域与经济行业。

第三，社会主义制度的优越性为载人航天精神的产生奠定了物质基础。

邓小平说过，社会主义最大的优越性就是集中力量办大事。中国通过自己的努力成为世界上第三个拥有独立和完整技术能力的载人航天国家，很大程度上反映出近年来中国经济和科技实力的发展。载人航天工程是一项规模宏大的系统工程，它不仅涉及众多科技领域，而且涉及全国许多地区和部门，只有在中央统一领导和组织下，坚持"全国一盘棋"，统一指挥，统一调度，团结协作，密切配合，把有限的人力、物力、财力集中起来，形成拳头，实施重点突破，才能取得成功。从1992年9月中央正式批准载人航天工程立项之后，全国许多地区、部门，成千上万的科学技术人员、工程技术人员、后勤保障人员，汇成了浩浩荡荡的队伍。他们求真务实，大胆创新，突破了一系列关键技术，使我国科研能力实现了质的飞跃。他们用自己的业绩，为中华民族几千年的文明史书写了新的光辉篇章。据载人航天工程办公室的不完全统计，直接参与载人航天工程研制工作的研究所、基地、研究院一级的单位就有110多个，配合参与这项工程的单位则多达3000多个，涉及数十万科研工作者。

（二）载人航天精神的主要内涵及时代价值

早在2002年"神舟"三号飞船飞行试验取得圆满成功的时候，江泽民同志高度称赞航天队伍是一支"特别能吃苦、特别能战斗、特别能攻关、特别能奉献"的队伍。"四个特别"高度概括了航天队伍的精神特质。2003年胡锦涛同志在庆祝我国首次载人航天飞行圆满成功大会上的讲话中指出："我国航天工作者不仅创造了非凡的业绩，而且铸就了特别能吃苦、特别能战斗、特别能攻关、特别能奉献的载人航天精神。"这是对载人航天精神的高度概括。

特别能吃苦，与中国人民艰苦奋斗的传统一脉相承。中国的航天事业之所以取得如此巨大的成就，是因为航天人热爱和忠于自己的事业，他们以艰苦为荣，以奋斗为乐。为了这项伟大的事业，许多航天人放弃了优厚的待遇，远离繁华的都市，扎根戈壁荒漠，与艰苦为伴。正是这种充满信念、不怕苦累、以苦为乐的精神使得他们永不退缩，勇往直前。

特别能战斗，是一种不屈不挠、坚韧不拔的精神，是勇于拼搏、不怕困难、渴望胜利的激情，把飞天愿望的实现当成一场战斗。载人航天是当今世界高新科技最具挑战性的领域之一。科研人员一次次向艰难险阻发起进攻，航天员一次次向生理和心理极限发起冲击，表现了钢铁般的意志和坚韧不拔的毅力。他们顽强地挑战未知，挑战宇宙。

特别能攻关，就是勇于探索和创新，科学求实，志在高远；关注世界科技前沿，勇攀世界科学高峰。这种科技创新的毅力和能力，对于科技含量极高同时极具风险和挑战的载人航天工程来讲，是尤为重要的。载人航天是当今世界高新技术发展水平的集中展示，是衡量一个国家综合国力的重要标志。努力在世界高新技术领域占有一席之地，自立于世界民族之林，这是几代航天人的雄心壮志。我国载人航天工程在一代又一代航天人艰苦创业、奋力攻关的基础上，始终坚持高起点发展，瞄准当今航天科技发展前沿，进行大量卓有成效的自主创新，突破和掌握了一批核心技术，取得了一次又一次重大进展。

特别能奉献，更是无数航天人品格的真实写照。我国载人航天工程是中国航天史上规模宏大的系统工程。工程涉及众多高新技术领域，汇聚全国数千个单位、几十万科技大军，形成了空前的社会大协作体系。广大航天工作者不论前方后方，不计名利得失，履行职责，坚守岗位，形成了强大合力。在当下这个诱惑与选择都无比多元的时代，他们不计名利、得失，年复一年默默无闻地辛勤工作，毫无保留地奉献着自己的青春、汗水、智慧甚至是宝贵的生命。

载人航天精神极大地激发了全国人民的爱国之情，增强了中华民族的民族自豪感、民族自信心和民族凝聚力。载人航天的成功，实现了中华民族探索太空的千年梦想，标志着中国人民在攀登世界科技高峰的征程上又迈出具有重大意义的一步，是我国改革开放和社会主义现代化建设的又一伟大成就，是我国高技术发展的又一里程碑，是中国人民自强不息的又一非凡壮举。首次载人航天飞行的圆满成功，进一步激发了中华民族开创美好未来、实现伟大复兴的信心和决心。中国人完全有能力独立自主地攻克任何尖端技术，有能力在世界高科技领域大展宏图。在"四个特别"的背后，是自强不息、科学求实、开拓创新、团结协作、不懈进取的精神，是崇高的爱国主义精神。

载人航天精神成为建设中国特色社会主义的强大精神动力。物质与精神是辩证统一的关系，物质在社会发展中起决定作用，精神在人们改造世界进程中发挥能动作用，精神的力量可以转化为物质力量。载人航天精神来自于航天领域，但却真实而深切地鼓舞着全国各族人民加大干劲、加快发展，成为我们进一步推动改革开放和现代化建设的强大动力。这"四个特别"落实在行动上，就是要有一流的精神状态、一流的工作标准、一流的工作作风、一流的工作成效。这种崇高的精神必将汇入民族的精神长河，为我们中华民族的伟大复兴注入动力。

载人航天精神激励人们要坚持自主创新，勇于创新。同"两弹一星"的研制一样，载人航天工程也是靠自力更生起步并在自主创新中发展的。广大科技工作者在继承现有成熟技术的基础上，既积极学习、消化和吸收国外先进技术，又大胆探索和创新，攻克了一项又一项关键技术难题，涌现了一大批具有自主知识产权的核心技术和生产性关键技术。"神舟"飞船载人升空，是航天人科学求实、开拓创新精神的结晶。载人航天是当今世界最复杂、最庞大、最具风险的工程，是技术密集度高、尖端科技聚集的高科技系统工程。我国航天人遵从科技发展规律，多学科科技人员经过长期严谨、细致、艰苦的探索，解决了大量技术难题，不断应用最新的技术成果，从而使"神舟"五号实现了七大系统的独立自主研制，体现了中国在高科技领域的技术实力，跨越了美、俄等国四十年的发展历程。航天人孜孜以求的科学求实、开拓创新精神，把"科技强国"战略落实在载人航天的实践中，为我国在高科技领域赶上世界先进水平，实现跨越式发展，做出了卓有成效的贡献和意义重大的探索。

载人航天精神使我们更进一步认识到艰苦奋斗、自力更生的重要性。独立自主、自力更生是中国共产党的重要法宝。同样，发展航天事业必须坚持自力更生。在世界经济一体化，科学技术飞速发展的大背景下，我们需要学习和借鉴发达国家已有的科技成果和有益经验，与他们加强交流与合作，但是不能跟在别人后面爬行，更不能受制于人，必须要自力更生。在实施载人航天工程的过程中，广大航天工作者发扬艰苦奋斗的优良作风，知难而进，顽强拼搏，在重重困难面前百折不挠，在种种难关面前敢于胜利，奋力攀登载人航天的科学高峰。这是对胡锦涛总书记在西柏坡学习考察时要求全党同志牢记毛泽东当年倡导的"两个务必"，树立为党和人民长期艰苦奋斗的思想的最好证明。因此，艰苦奋斗永远是我们战胜一切困难、夺取事业胜利的重要法宝。只有以艰苦奋斗精神做支撑，我们的民族才能自立自强，我们的国家才能发展进步，我们的党才能永葆生机。

六、女排精神

在刚刚结束的里约奥运会上，我国体育健儿以出色的表现，生动诠释了奥林匹克精神和中华体育精神，为祖国争了光，为民族争了气，为奥运增了辉，为人生添了彩，激发了全国人民的爱国热情和全世界中华儿女的民族自豪感，增强了中华民族的凝聚力、向心力、自信心。特别令人振奋的是，中国女排以荡气回肠的完美逆袭，为祖国赢得一枚弥足珍贵的金牌。正如习近平总书记在会见参加里约奥运会中国体育代表团全体成员时指出的，"中国女排不畏强手、英勇顽强，打出了风格、打出了水平，时隔12年再夺奥运金牌，充分展现了女排精神，全国人民都很振奋"。

中国女排以高昂的斗志、顽强的作风、精湛的技能和敢于争第一、敢于挑战和超越自我的行动，诠释和刷新了"无私奉献、团结协作、艰苦创业、自强不息"的女排精神，引发了一场触及国人灵魂的精神洗礼，有力地弘扬了中国精神。在国家由大向强发展的关键阶段，我们尤其需要大力弘扬女排精神，凝聚起实现中华民族伟大复兴中国梦的磅礴力量。

（一）铸就体坛传奇的精神瑰宝

中国女排，是世界体坛不断创造奇迹的一支劲旅。从20世纪80年代的"五连冠"到如今再度夺取奥运冠军，35年来，中国女排团结奋进、勇于拼搏、永不放弃，不断用行动诠释和丰富着中华民族精神和伟大时代精神结合而成的女排精神。多年来，尽管女排队员换了一批又一批，但女排精神一直在激励着这支队伍成长成熟，向新的胜利目标奋进。

铸就从弱到强的精神瑰宝。每一个世界冠军都要经历从弱到强的发展过程，中国女排也不例外。走向冠军的历程锻造了女排精神，而日益成熟的女排精神又引领着女排的成长。20世纪60年代，中国乒乓球运动已经取得了骄人的成绩，但排球运动却没有多大起色。在党中央的重视、关怀和指导下，中国女排引入"魔鬼式"训练法，注重严格要求、团结协作、顽强拼搏，开掘出女排精神最初的源头。此后，女排在艰苦训练中不断砥砺精神，增强问鼎世界冠军的实力和勇气，到1981年，中国女排终于夺冠！从1981年到1986年，中国女排创下世界排球史上第一个"五连冠"，也创造了我国大球夺冠的奇迹。

铸就再度崛起传奇的精神瑰宝。世界体坛竞争激烈，没有永远的冠军。从1986年到2003年，中国女排有17年时间与世界冠军无缘。

然而，无论处在波峰还是在波谷，女排精神永在！正如郎平所言："中国的女排精神与输赢无关，不是说赢了就有女排精神，输了就没有。要看到这些队员努力的过程。"这种筚路蓝缕的努力过程，其间有高低起伏，有质疑话难……然而，这一切也砥砺着中国女排更加成熟。她们没有被挫折吓倒，在扎扎实实的拼搏奋斗中不断积蓄着取胜的实力。终于，在去年的世界杯和今年的奥运会上，她们用冠军证明了这种努力的价值，也证明了女排精神永在！

铸就绝地反击传奇的精神瑰宝。体育的魅力很大程度上在于能够激发人类挑战生理极限和精神潜能。劣势甚至绝境，往往更能激发勇敢者闯关夺隘的斗志。这次奥运会，中国女排被分到"死亡之组"，从"死亡之组"出线后又对阵占尽天时地利人和的巴西队。人们普遍认为，这场比赛获胜的概率不高。然而，中国女排却成功"逆袭"，硬是凭着一股顽强精神战胜对手。这一切，让人们在心潮澎湃、血脉偾张中深切体验到了永不放弃、永不言败的女排精神。

（二）勇于超越自我的精神基因

女排精神不仅是中国体育精神的高度凝练，更是中华民族精神和时代精神的集中体现。1981年，中国女排在第三届世界杯决赛夺冠后，太原机械学院全体师生送来了"振兴中华"的大匾。从那以来，女排精神就超越了摘金夺银的意义，影响和激励着一代又一代中国人为实现中华民族伟大复兴而不懈奋斗。究其根源，正在于女排精神深刻蕴含着推动民族复兴的英雄基因。

无私奉献的牺牲精神。没有私心杂念、敢于牺牲的人，才能做到宠辱不惊，在各种困难挑战面前最大限度地发挥潜能，集中精力迎难而上、勇闯难关。在这次奥运会上，中国女排之所以能够实现大逆转，就是因为她们战胜了执着于冠军的杂念。尤其是主教练郎平，之所以能够面对巨大压力和空前"险境"，指挥若定，就是因为有不计得失敢于拼搏的无私心境！在实现民族复兴的征程上，我们每一个人都应该培养这种为实现国家、民族利益无私奉献的精神境界。

团结协作的团队精神。2014年3月，郎平曾在文章中写道："在我的字典里，'女排精神'包含着很多层意思。其中特别重要的一点，就是团队精神。女排当年是从低谷处向上攀登，没有多少值得借鉴的经验，但是在困难的时候，大家总能够团结在一起，心往一块想、劲往一处使。"执教中国女排，郎平用上了团队协作的法宝：将国际化、专业化的团队合作转化为"大国家队"训练模式；征战里约奥运，郎平仍然巧妙运用团队协作的法宝：用老队员稳军心，用新队员打拼杀，12 名队员轮番上场，人人都是主力。女排背后的大团队也形成了支持女排的强大正能量，各种专业人才形成了托举女排高峰的巍巍高原。推进民族复兴，我们更要万众一心，人尽其力，凝聚攻坚克难、团结奋进的强大力量！

艰苦创业的奋斗精神。中国女排的发展史，就是一部艰苦创业史。从白手起家到铸就辉煌，靠的是艰苦创业；从低谷再到巅峰，靠的仍然是艰苦创业。在国家经济基础薄弱、物资匮乏的年代，她们利用最为简陋的条件开展"魔鬼训练"，即使摔得遍体鳞伤也含泪坚持；远赴里约征战，主办方提供的训练场地和时间条件不能满足中国队需要，她们就自己联系了位于贫民窟附近的场地加练……主教练郎平，在屡获世界冠军后不愿躺在功劳簿上享受。这样的艰苦创业精神，在推进民族复兴伟业的新长征中永不过时！

自强不息的拼搏精神。2014 年 2 月 7 日，习近平总书记在看望参加第 22 届冬奥会的中国运动员代表时深刻指出："重大赛事最令人感动的未必是夺金牌，而是体现奥运精神。这正是中国人讲的自强不息。"30 多年来，中国女排前进的道路上有辉煌也有挫折，但不论在什么情况下，中国女排一直顽强拼搏，永不言弃。处顺境就自强不息增创更大优势，处逆境则自强不息化劣势为优势，从不怨天尤人，始终以顽强拼搏精神带给人们感动与鼓舞。即使是面对最强大的对手，她们也毫无惧色，一球一球拼、一分一分顶，直到比赛的最后一刻！在推进中华民族复兴的伟大征程中，我们尤其需要弘扬这种自强不息的拼搏精神，也只有这种精神才能保证我们在推进人类文明进步的历史接力赛中做出新的更大贡献！

（三）推动民族复兴的精神力量

现在，我们前所未有地靠近世界舞台中心，前所未有地接近实现中华民族伟大复兴的目标，前所未有地具有实现这个目标的能力和信心，但前进道路仍然充满风险和挑战。在实现中国梦的新征程上，我们要大力弘扬女排精神，使之化为全党全国各族人民团结奋斗的强大精神力量，为实现"两个一百年"奋斗目标、实现中华民族伟大复兴的中国梦不懈奋斗。

在弘扬女排精神中增强推进民族复兴的战略定力。郎平这样解读女排精神，"你一路虽走得摇摇晃晃，但站起来抖抖身上的尘土，依旧眼中坚定"。这种坚定的眼神，是中国女排向胜利进军的战略定力。实现中华民族伟大复兴，尤其需要这种战略定力。当前，我们正处于全面建成小康社会的决胜阶段，我们既要坚定"中国自信"，也必须直面国家由大向强"关键一跃"面临的巨大战略阻遏和战略反冲。中华民族要想成为真正的世界强国，唯有不怕挫折和打击。我们要从女排精神中汲取力量，顶住压力、冲破阻力，坚定信心、勇毅笃行，不忘初心、不懈奋斗，向着伟大目标迈进。

在弘扬女排精神中增强推进民族复兴的闯关实力。中国女排登顶里约奥运，是一步步闯关夺隘拼出来的。同样，在实现中华民族伟大复兴的征程上，遇到的难题也在逐步升级，这对我们闯关提出了更高要求。如何跨越"修昔底德陷阱"，需要我们去闯；如何跨越"中等收入陷阱"，也需要我们去闯；如何跨越"塔西佗陷阱"，还需要我们去闯……我们要大力弘扬女排精神，以咬牙顶住的恒劲、一分一分争的韧劲、不畏强敌的拼劲，坚持不懈，攻坚克难，善作善成，以强大闯关实力奔向中国梦的光明未来。

在弘扬女排精神中增强推进民族复兴的创新活力。再强大的精神，也离不开一定的物质基础，尤其是科技创新的强大支撑。单靠精神不能赢球，还必须技术过硬。女排精神内在蕴含着改革创新的时代精神。近年来，女排大胆借鉴国际体育管理经验，创新管理体制、队员选拔机制和训练模式，以科学精神强化拼搏精神，丰富了"女排精神"的内涵，这也成为里约之行取得辉煌战绩的重要法宝。我们实现民族复兴必须进一步弘扬创新精神，在全面深化改革中，勇于突破体制机制瓶颈制约；在日趋激烈的全球综合国力竞争中，坚持走自主创新道路，更加自觉地推进各个领域创新。

在弘扬女排精神中汇聚推进民族复兴的整体合力。几十年来，中国女排始终注重通过紧密团结、协调配合来增强团队整体实力。实现中华民族伟大复兴，不是哪一个人、哪一部分人的梦想，而是全体中国人民共同的追求；中国梦的实现，不是成就哪一个人、哪一部分人，而是造福全体中国人民。这就要求我们，在追梦征程中必须大力弘扬女排精神，形成同心共筑中国梦的千钧合力。中国梦是全体中国人民的梦，我们要紧密团结在以习近平同志为总书记的党中央周围，齐心协力、共同奋斗，把个人的理想追求融入到实现民族复兴伟大梦想的实践中！

第七章　弘扬与培养中华民族精神

"培育与弘扬民族精神"成为中国特色社会主义实践的重要文化主题之一，也成为事关国家和民族兴旺的一项长久而又艰巨的系统工程。只有把培育民族精神当做一项持久而艰巨的系统工程长抓不懈，我们的国家和民族才会永远立于不败之地。这实际上就包含了这样几个预设的问题：其一，我们必须培育和弘扬与当今社会转型相适应的现代性的民族精神；其二，培育和弘扬的前提是旧的民族精神已经不能够适应新的形势；其三，我们应该建构以什么为指导的现代民族精神，也就是"培育和弘扬什么"以及"如何培育弘扬"的问题。

第一节　历史教育与培育和弘扬民族精神

当前形势下如何弘扬和培育民族精神，实现中华民族伟大复兴，这是一个复杂而又艰巨的理论课题和现实任务。关于如何培育与弘扬民族精神问题，学术界有很多中肯的认识，但是，人们对历史教育与民族精神的关系讨论得还不多。实际上，离开了历史教育，民族精神就没有根植之处；离开了历史教育，民族精神的培育就会因为缺少民族的历史文化认同这一基本承接面而成为空话。我们应该认识到历史教育也是弘扬和培育民族精神的重要内容之一。

一、历史教育与民族精神的民族特质整合

培育和弘扬民族精神首先要认识的一个问题就是民族精神的"民族性"问题。也就是说，民族精神要有其民族特性，有其民族根基。也许正是在这层意义上，我们说民族精神的核心是爱国主义。离开爱国主义，所谓"团结统一""勤劳勇敢""爱好和平""自强不息"等具体的精神层面都将因缺乏民族特质的整合，而泛化成人类共有的优点，无由彰显"民族"的精神，爱国主义实际上是民族精神的整合剂。

爱国主义是人们千百年来所形成的对自己祖国的深厚感情。这句话是否可以这样理解：首先，爱国主义的表现形式虽然多种多样，但它无疑是一种与物质文化、制度文化有别的精神文化。这种精神文化深深植根于一个民族心灵的深处，对一个民族的认知结构、思维方式、价值观念有着深刻影响。这种精神文化既非外来移植，也难自动生成，而往往是一个民族历史文化长期浸润、积淀的结果，也是乡土观念和乡土深情的放大和升华。爱国主义是民族国家在历史发展过程中积累形成的一种道德规范和文化传统，是爱国的心理情感和理性外化而形成的伦理原则和行为规范。它已不像心理情感那样神秘、深藏不露、不可捉摸，而已成为具体明确并要求自觉遵循的信条和行动指南。当然，爱国主义作为一个系统，它不仅包括心理感情、伦理原则，更重要的还是体现情感、伦理原则的社会实践行为，这种行为归根结底要落实到每个人的具体行动之中。

　　不管人们对爱国主义做何种理解，爱国主义以民族历史文化的认同作为前提和基础，这恐怕是大家都能够同意的。民族精神既然是以爱国主义为核心，那么民族历史文化认同自然就是民族精神的基石，是培育和弘扬民族精神的立足点。关于这个问题，中国历史上史学家、思想家都有很多阐释和论述。元朝初年，翰林学士王鹗向元世祖倡议撰修前朝史，元世祖对王鹗的建议十分重视，立即设馆修史。王鹗对史学的认识是很深沉的，元世祖接受他的建议，也反映出政治家的历史意识。"宁可亡人之国，不可亡人之史"从此成了千古名言。国家亡了，这是政治的短暂变化，是制度和社会一种重构过程，只要民族的历史文化之根还存在，就会"野火烧不尽，春风吹又生"。但是如果史亡了，就不仅仅是国亡的事，更重要的在于民族失去了根，没有再生的希望。就此，清代著名思想家龚自珍说得更具体、更深刻，他说："灭人之国，必先去其史；隳人之枋，败人之纲纪，必先去其史；绝人之材，湮塞人之教，必先去其史；夷人之祖宗，必先去其史。"所谓灭人之国，必先去其史，就是要斩断民族的历史文化联系，使其失去根植。

　　另外，历史和现实的事实也一再说明一个民族的历史文化是这个民族生存发展的基础，民族的历史文化认同是爱国主义的本质。在龚自珍的话说过不久，清朝末年就出现了"灭人之国，必先去其史"的历史悲剧。1895 年，日本侵占我国台湾，并进行长达 50 年的殖民统治。期间，日本大力推行所谓的"皇氏化运动"，实行同化政策，教日本语，禁读汉文，学日本历史，不学中国历史，对学生灌输效忠天皇观念。日本统治下的"伪满洲国"所出的历史试题，也明显表现出运用历史来进行奴化教育的倾向。日本想把我国台湾和东北永远侵占，所以首先采取了"亡人之史"的办法。

　　民族精神的培育必须有历史文化认同这个承接面，如果缺少了这个承接面，民族精神就成为空中楼阁，难以落到实处。如何才能使人们产生历史文化认同，使民族精神得到民族特质的整合呢？虽然其中的途径是多方面的，但通过历史教育使人们在对历史的了解与认识过程中来实现恐怕是最重要的途径之一。

　　国学大师钱穆曾经说："若一民族对其以往历史了无所知，此必无文化之民族，此民族中之分子对其民族必无甚深之爱，必不能为其民族有奋斗而牺牲，此民族终将无争存于世之力量。""故欲知其国民对国家有深厚之爱情，必先使其国民对国家以往历史有深厚的认识。"钱穆的话，说明了这样一个道理：对历史和传统了解越深的人，就越能从跨越时空的历史意识出发，理智地观察、分析问题，越能产生诸如"天下兴亡，匹夫有责"的历史使命感。人们只有了解历史，才会产生对自己民族、国家、文化的认同感、自豪感和责任感。新史学开山鼻祖梁启超在"新史学"的系列文章中开宗明义地说道："史学者，学问之最博大而最切要者也，国民之明镜也，爱国心之源泉也。它使人们'鉴既得之大例，示将来之风潮'。"1933 年 3 月 15 日章太炎在省立无锡师范学校做《历史之重要》的学术讲演，章氏在讲演中提出："夫人不读经书，则不知自处之道；不读史书，则无从爱其国家。"台湾学者连横说："史者，民族之精神，而人群之龟鉴也。"这些话，说的都是一个道理，即历史是一面镜子，是一部绝好的爱国主义教材，只有真正了解并理解中国历史，才能在历史文化认同的基础上，油然生成爱国主义情感。弘扬和培育民族精神如果没有丰厚的历史底蕴做铺垫，就不可能以情动人，根深蒂固。所以，培养国民的民族精神、爱国精神，不能忽视历史文化认同这个承接面，不能忽视历史教育。

　　在一个民族面临生死存亡的非常时期，人们对这个问题可以看得更真切。随着近代西方民族主义理论传入中国，民族精神问题也成了 19 世纪末 20 世纪初我国仁人志士关注的热点问题。关于这个问题，郑师渠曾进行过较详细的考察："至于怎样培育民族精神，人们的认识相当一致，那就是要借重历史教育。" 1904 年《江苏》一刊发表《民族精神论》一文说："民族精神滥觞于何点乎？日其历史哉，其历史哉。"章太炎认为，一些醉心欧化的人所以缺少爱国心，原因就在于对中国历史无知，"因为他不晓得中国的长处，见得别无可爱，就把爱国爱种的心，一日衰薄一日。若他晓得，我想就是全无心肝的人，那爱国爱种的心，必定风发泉涌，不可遏抑的"。正是在这个意义上，人们视中国历史文化为最可宝贵的国粹与民族的根，强调要研究国学，"爱国以学"。章太炎在流亡日本生活极端困难的情况下，仍坚持讲学，其目的就是要在有为的青年中传承民族的根，培育民族精神。

在全球化趋势中，爱国主义和民族凝聚力，不但是增强竞争力之本，而且是国家和民族真正兴盛发达之本。而爱国主义和民族凝聚力，历来建立在民族文化中的民族自信心和民族精神的独立性基础之上。近代以来，西方社会就一直借着经济的优越性，使全世界奉它们的文化为主流文化，威胁着世界文化的多样性，影响并改变着人们的思想意识、价值观念。中国能否在更加开放的条件下保持民族的自信心和民族精神的独立性，取决于中华文化在西方文化潮流汹涌而至的情况下，能否既持"拿来主义"，又不至于出现民族虚无主义，取决于国人对中华传统历史文化了解的深度。从这个层面上说，培育国民对民族历史文化的认同感，培育爱国主义情感是培育中华民族精神的前提。进而言之，要培养国民对民族历史文化的认同，就必须借助历史教育。

二、培育和弘扬中华民族精神的基础

怎样使人们热爱自己的祖国，真正把民族的力量凝聚到一起？就是这个国家和民族的成员具有一种强烈认同感。这种认同感中一个重要要素就是共同的回忆。共同的回忆指的是过去，即历史文化。这种共同回忆会在彼此间无形地产生出一种特殊的感情联结与亲和力。

在人类历史长河中，中华文明是世界文明史上唯一没有中断的持续性文明。数千年来，中华文明不但以政治实体的形式绵延不绝，而且还被历代贤哲运用丰富多彩的史学形式记录下来，形成人类文明史上蔚为壮观的史学遗产。这笔遗产既是中华民族精神的重要载体，又是中华民族精神传承和培育的基础和起点，是民族精神根植之处。

每一个民族的时代文化都有自己的源和流，都在继承前人的历史文化遗产中加以发展。史学家白寿彝曾经说："我们研究过去是为了了解过去。了解过去是为了解释现在。解释现在是为了观察将来。了解研究历史不是引导人们向后看，而是引导人们向前看。"历史纵贯古今，包含着丰富的人类文明成果。任何一个民族，要在世界民族之林立足、生存和发展，就必须认清自己，了解自己的长处和短处、优势和劣势，增强民族自尊心、自信心、自豪感，焕发历史责任感和使命感。历史教育在强化民族认同、历史文化认同以及培育民族精神与民族凝聚力方面具有不可替代的作用，中华民族发展史就很好地说明了这个道理。北魏政权是由鲜卑族拓跋部建立起来的，后来不断强大，由北向南，占据了整个北方，在统一北方过程中，不断学习、吸收汉人的历史文化，改革旧俗，实现汉化，最终也成为中华民族大家庭里的一员。鲜卑族融入中华民族行列的过程也是对中华民族及其历史文化认同的过程：《魏书》有一篇《序纪》，就是《魏书》的总纲。它虽然是叙述北魏

上的急功近利、实用主义以及历史学自身存在的一些问题，使得当前历史教育所面临的形势异常严峻。其中一个重要方面是没有将历史教育与人文精神教育、人格培养联系起来，而是以传授历史知识为主。这种历史教育既不符合青少年的心理特点，也难以达到预期的效果。在当代，如何运用历史教育这个工具对国民，尤其是对青少年进行民族历史文化认同教育，进行爱国主义教育，培育和弘扬中华民族精神，无疑是一个亟待研究和解决的理论课题和现实问题。

其三，对历史教育要重新定位。如果只是泛泛地说历史教育可以增强凝聚力、培养爱国精神是不够的，只是没有实效的空话。龚自珍说亡人之国必先亡其史，强调历史教育是关系国家存亡兴衰的大事，这才是一针见血的判断。现在我们必须从认识上明确如下几点：综合国力的竞争也与历史教育有关，轻视历史教育，难以培养和增强民族凝聚力。历史教育关乎国家与民族的安全，应列为国民教育最重要的环节之一。如果历史知识达不到一定的程度，青少年就无法形成对中国历史文化的基本认识，也就无法形成对祖国的热爱，民族精神的培育与弘扬，自然也就落空。培育与弘扬民族精神应当从加强历史教育入手，应当引起教育决策者们的高度重视。

其四，要从认识上真正将历史教育作为实现继承与弘扬民族优良传统的基础。民族精神，说到底，就是民族优良传统的精髓。它看似抽象，实际却是具体的，因为它是历史的积淀。民族精神、优良传统是在历史上形成的，欲继承首先必须要认知，欲认知便离不开历史教育，这是不言而喻的。

其五，要切实将历史教育作为引导国人培养历史责任感的基础。培育和弘扬民族精神，目的是为了"使全体人民始终保持昂扬向上的精神状态"。而要使国人始终保持"昂扬向上的精神状态"，归根结底，就是要引导国人培养和树立热爱祖国、振兴中华的强烈的历史责任感。在这方面，历史教育同样具有不可替代的作用。首先，一个人历史责任感的形成，有赖于具备开阔的历史视野和正确的历史观。难以想象，一个缺乏基本历史常识和历史感的人，会有振兴民族的历史责任感。历史教育可以为国民提供必要的历史素养，以开阔视野，并养成科学的历史观。其次，一个人历史责任感的形成，还有赖于具备正确的价值观和崇高的理想境界。一个目光短浅、思想卑微的人，不可能有历史责任感。历史教育既利于国人开阔视野，同时也有助于国人荡涤胸襟，志存高远。

经济的高速增长、社会结构的日新月异、生活方式的巨大变动等，都昭示着我们所处的时代是一个在各个领域和各个层面都在变化着的时代；国际格局发生着显著的变化；和平与发展成了当今世界发展的两大主题；霸权主义、极端民族主义及国际恐怖主义呈现出日益复杂的态势。政治多极化，经济全球化，文化多元化，科技现代化，社会信息化成为当今世界的主要特征。

第二节 作为新人文精神与理性精神的现代民族精神

一、现代民族精神

"一个民族，没有振奋的精神和高尚的品格，不可能自立于世界民族之林。在五千多年的发展中，中华民族形成了以爱国主义为核心的团结统一、爱好和平、勤劳勇敢、自强不息的伟大民族精神。我们党领导人民在长期实践中不断结合时代和社会的发展要求，丰富着这个民族精神。"这一方面说明了中华民族精神蕴含的丰富内容与深刻历史内涵，另一方面更说明民族精神并非一种静滞封闭的绝对稳态结构，而是一个随着时代变迁不断扬弃自身的多维动态体系。因为蕴载着丰富的历史内涵，中华民族精神才历数千年生生不息、延绵不绝；又因为具有了与时俱进的品格，中华民族精神才永葆生机活力，不断为历史前进和社会变革提供着精神动力、智力支持与良好的人文生态环境。

就中国现代社会来说，现代的民族精神与传统的民族精神相比就具有不同的时代内涵和时代特点。所谓现代民族精神，是指一个民族在发扬传统民族精神的同时，汲取其他国和民族的合乎时代特点的精神思维特质，结合当代社会实践以及科技、经济、文化的现状，而形成具有自己民族特色的精神风貌、思维习惯、价值取向和民族品质。这种现代民族精神除了具有民族自身的群众性、激励性、凝聚性和民族性之外，首先还要求具有强烈的时代感和先进性，即与时代紧密相连，反映时代特点，既要与我国社会主义现代化建设的当前目标和长远目标紧密契合，不能有丝毫的脱节和偏离，又要能够代表时代发展趋势，代表最广大人民群众的利益。其次，当今的世界是开放的世界，任何一种文化都不能游离于其他文化之外而孤立发展。因而，现代民族精神必然要适应其自身先进性的内在要求，具有一种开放、包容、发展的特质。基于以上认识，当代中国需要建构的是一种融汇科学理性与人文精神于一体的民族精神，即我们要培育和弘扬的是作为新人文精神和理性精神的现代民族精神。

（一）客体本位与感性经验

1. 主体价值的迷失

在中国的个体人格结构里，严格地讲，只有"小公"——家庭、家族等小集团的利益——为本位的实际道德。小集团利益才是实际的和真实的，国家大公不过是一个抽象概念。因此，以小集团利益代替天下大公利益，否定并且损坏大公利益，才是传统人格的最根本特征。而个体，一方面没有了大公的真实观念，另一方面也无自己真实的独立存在，这就是我们所说的"公私两忘"——忘掉国家社会又忘掉自己而只有小集团的怪圈。产生这种怪圈的主要原因有三点：第一是家族私有制实质与国有化形式之间的矛盾；第二是分散的社会组织与大一统国家社会之间的矛盾；第三是个体作为小集团成员与作为社会成员之间的双重义务的矛盾。这三种矛盾，前者是具体的现实，后者是抽象的规定，抽象规定终将难敌具体现实，于是个体只好紧紧依附于小集团的"小公"利益之上，丢掉国家与社会这一大公。这正是鲁迅所指出的中国人只知有家（这里的家既要看做是人生活的血亲家庭，又要视为是一切小集团的象征）不知有国的根本原因所在。在结果上，就造成人们既无国家、大公、大群观念，也无小我、个体独立的观念，剩下的只是家、小公、小群体观念。真正的公共心没有了，真正的社会公德也没有了，真正的个人主义也没有了，所以，挖国家这个大公的墙脚，盗大公以肥小集团之私，成为一种恶劣的德性，民族和人性都受到了极大的摧残。罪过就在于否定了群体本位的基础——个体的独立。那么，有群体本位之形而无群体本位之实的毛病究竟在哪里呢？就是对个体独立的简单粗暴的否定。群的基本原素是个体，离开个体奢谈群体无异于沙上建塔，一触即溃；而以强制办法组建起的群体，因缺少个体独立的自觉，每一个个体都是被动地聚集在一块，彼此并无义务关系，当大群这一虚幻集体与个体所处的现实的小群这一小集体利益发生冲突的时候，本能以及小群体构成的纽带——血缘和血缘转化的形式，就将迫使个体为小集体效劳，从而便放弃了社会的利益，也就失去了公德的意向。古代中国虽然整个国家的统治者与被统治者的关系，在虚幻观念上有着血缘联系，但比起小团体的血缘浓度来说，毕竟要淡得多，也间接得多，自然就会出现"天高皇帝远"的分离状态，所以"内耗"现象也相当严重。结果是个体既无自我独立观念，也无公共心。这正是虚幻集体对个体造化的压抑和桎梏，而形成的一种被迫的变态选择。

主体的解放，人性的解放，精神的解放，是近代以来人类的历史任务。从生命和人的权利的肯定，到人的价值的实现以及实现的途径、最终归结为人的个性解放，也就是要建立起主体的价值。

2. 缺乏理性的感性思维

古代中国人是一个高度重视经验，以经验为本位的人格代表。经验是生存的指导，是引导人们顺应客观的教条，是被动趋同群体的人生准则。人的智慧，以经验的积累为最高境界，经验的多寡与人生智慧形成正比关系。整个传统社会，从社会理想到人格典范，从学术理想到科学技艺，都深深地打下了经验的烙印，在历史的扉页和人心的平面上，刻下了深重的"经验崇拜"四个大字。经验成为权威，经验是客观的绝对命令，几乎人性的各个层面都囿于经验的范围，为经验的力量所左右。我们的生活主要是依赖经验而存在的，人的一切活动也是将经验作为行动指南的。

经验自我人格的最大恶果是使人的科学精神失落和理性精神衰退。一方面它形成了迷信鬼神的传统，另一方面又养育滋长了实用理性，通俗地说，也就是简单的实利主义。使理性的怀疑、批判意识、求真精神、创造智慧皆不能得到发扬，指向将来的理想也极为黯淡。而在思维方法上，模糊的、直观的方法便成为基本，表现为简单的比附与类推。孟子的"善推其所为"和董仲舒的"自近者始"的方法，不是理性的推论，而是比附类推的简单形式，以天地配人事便是明证。这从根源上，仍是原始"互渗律"思维的积淀，而对经验的依赖，又强化了这一思维，它使国人长于自觉短于分析，擅长体悟而拙于精细。它还表现为以现象判断是非，以现象代替本质的思想方法。

只有突破经验的绝对支配，只有改变过去本位的历史观念，将人的理性恢复到应有的水平，发展才有希望和保证。经验与过去本位观念虽然在中国人的存在、民族文化的存在与延续等方面，起到了巨大作用，但它在使中国人养成死人拖住活人、旧物压住新物的观念过程中，却有着不可推卸的责任。因此，改变这一认知结构刻不容缓，走向智慧、理性生存是我们的基本选择。

（二）正在生成的现代民族精神

1. 人文精神与理性精神

当人类对自然的改造达到一定的尺度，个体的主体意识上升，对人生、人的主体性、人的目的和价值的关怀也就提升到一个显著的位置。我们要唤起主体价值，走向理性的生存，首要的就只能是从理性精神的维度考虑人文精神。

对于人文精神，我们可以这样理解：人文精神简单地说也就是对人的主体性生存的关怀和思考，它高扬人的意义和价值，反映着主体内在的精神特征，关注人生、人性、人的目的和价值，把人作为评判一切的标准，作为一切行为的出发点和归宿。它是关怀人的价值的精神。"人文精神是一种普遍的人类自我关怀，表现为对人的尊严、价值、命运的维护、追求和关切，对人类遗留下来的各种精神文化现象的高度珍视，对一种全面发展的理想人格的肯定和塑造。"叶朗教授的说法相对而言是一种具有普遍性的说法。德国著名社会学家马克斯·韦伯指出：理性化（rationalization）作为一种同传统观念、传统思维方式相对立的生活态度、价值观念和思维方式，乃是贯穿于现代社会发展过程的一条主线。西方的现代文明，实际上也就是理性化的现代文明。理性精神的特点在于：反省批判的精神；通过理智，努力追求真实与发现真理的意志；确立并严格依循一以贯之的分析、分解和结合、构建的认知方法。

卢梭直言道："人性的首要法则就是要维护自身的生存，人性的首要关怀就是对自身的关怀，把爱己推及他人就成了美德，一种根源于我们各人心中的美德。"从古希腊苏格拉底的"认识你自己"、普罗塔哥拉的"人是万物的尺度"到亚里士多德的"理性"认识论，人文精神的探索从古希腊时期便开始，相应地，关于人性、关于善与恶、关于自由幸福等的命题也由此展开。为了更好地说明人文精神与理性精神，我们首先来看看文艺复兴运动。

在中世纪神学的统治下，"以神为中心"的价值观极大地束缚了人的发展，压抑着工业文明的发展，于是，文艺复兴高举着反封建和反神学的大旗，高唱自由和民主的口号走向前台，以此来反对神学，追求人的个性解放。文艺复兴运动首先起于意大利，继而波及欧洲大陆。早在公元10世纪之际，意大利就出现过一群自由人格的代表，到13世纪末，充满具有个性的人物，施加于人类人格上的符咒被解除了，上千的人物各自以其特别的形态和服装出现在人们面前。以但丁、彼特拉克、薄伽丘为代表的人文主义先驱出现在中世纪的舞台上，他们的思想很快遍及欧洲，兴起了对人类历史和人性发展有着里程碑意义的文艺复兴运动。这场运动以复兴古希腊文化为口号，而真正上演的却是时人威武雄壮的话剧。它吸收发展了古希腊文明中的民主自由意识和对人的肯定的思想；它充分肯定了人的主体和自由的本质，把个性化抬到前所未有的地位；它歌颂现世生活蔑视天堂的缥缈，以人生现实生活的创造者、享受者反对禁欲主义和对来世的幻想虚妄；以人性对抗神性，以主体的人权与神权的异己力量分庭抗礼。这一运动，把人恢复到万物灵长的最高贵者身份，一切自然和社会的宿命论，在人性解放滚滚热流的冲击下，冰消雪化，唯宗教信仰是从的人性结构被彻底动摇，人的价值有了新的取向，走出了黑暗的必然王国，通向了光明自由的世界。这场运动正是造成欧洲中世纪人性结构迅速瓦解的直接催化剂。

从根本上看，任何一种精神要素都是主体生存方式的某一个层面或个别要素，它必须满足人的生存需要、最大限度地满足人的全面发展。而"以神为中心"的价值观显然违背了这一原则。在对"以神为中心"价值观的批判中，人文主义和理性精神互为表里。它以理性代替神启，把人的思想感情、灵明智慧从神的压抑下解放出来。在具体的实践中，文艺复兴的先驱采用这种反省的批判精神，理性地追求真实，带来理性化的现代文明。在文艺复兴的影响下，在"以神为中心"的价值观轰然倒塌中，理性精神的复苏也就带来了西方现代化的高度进展。这种近代所兴起的理性主义精神使崇尚神秘启示和宗教教条的中世纪文化精神及其给人类理解力发展所造成的压制和阻滞昭然若揭，有力地推动了西方资本主义现代化的发展，实际上成为一种近代西方社会自我反省、全面重建的精神基础和理论支柱之一。

正是从这种理性主义和"以人为中心"的哲学理念出发，西方的现代化实践走出了一条以机器生产代替人力生产、社会化分工代替家庭作坊式分工、市场经济代替自然经济、都市化代替农村、民主代替专制、世俗化代替宗教禁欲主义、科学代替迷信等全面的历史转型道路。

2. 融会了理性精神和新人文精神的民族精神

从时代性和民族性的发展要求来看，我国现代民族精神的培育和弘扬也就在于新人文精神和理性精神的培育。李宗桂先生在谈到当代人文精神建设的时候提到当前人文精神建设的若干难题：市场经济条件下经济取向与人文取向的悖反，理想主义与实用主义的冲突，民族文化素质现状与人文精神建设目标的距离，对传统资源的现代价值的认知差距，古今思维偏向对文化建设的损毁。这些难题，直接影响到先进文化的建设，影响到中华民族精神的弘扬和培育，影响到中华文明的复兴。

有一种观点认为，工业革命后，由于物对人的挤压和异化，人文精神逐渐脱离了原先的运行轨迹甚至走向了科学理性的对立面。的确，自培根的"经验论"哲学以及赫伯特的"自然神论"伴随着启蒙主义思潮而大行其道时起，科学理性就成了这个世界的主宰。虽然马克思对"人的异化"有所察觉并强调了人的主观能动性作用，但在"永恒的真理"面前，人将无可挽回地丧失其主体性地位。正是在这种情况下，人们开始呼唤人文精神的回归，进而提出了新人文精神。在我看来，新人文精神就是建立在高度发达的物质文明基础上的人的主体性的高扬，是工具理性和价值理性的有机统一，是人和物的和谐境界。

吴增基在《理性精神的呼唤》中指出："一个社会的现代化程度与理性化程度是相辅相成，理性化程度越高，现代化程度才会越高。"科学理性本质上是人类认识自然，改造自然的产物，是随着市场经济和社会化大生产的发展而得到张扬的一种精神和价值体系，是整个现代社会得以形成、发展的精神支柱。我国的现代化实践在逻辑上和实际上都是与西方社会的现代化运动一脉相承的，西方社会的现代化所体现出的理性精神对于中华民族的现代化具有重要的理论启发意义。

理性精神和人文精神各具气质与品性。科学理性追寻客观真理，崇尚理性与逻辑实证之力量；人文精神则高扬人的意义和价值，反映着主体内在的精神特征，关注人生、人性、人的目的和价值。但科学理性与人文精神不是截然两分的，而是一种不可分割的有机统一关系。"人类文化建设中的理性主义应该表现为人文文化和科学文化、价值理性和工具理性的二元组合结构，这种组合结构不是一种偶然的拼凑，而是一种有机的统一。"当代中国所要提倡的科学理性应是渗透与融汇人文精神的科学理性，所要提倡的人文精神也应是交融和贯通了科学理性的人文精神，两者都应该是当代中国民族精神的有机组成部分，共为促进社会主义现代化建设进程的车之双轮、鸟之双翼，缺一不可。

我们提到新人文精神和理性精神的现代民族精神，正是针对传统文化中经验感性思维的特点和"公"本位的观点而提出的，将理性精神与新人文精神结合，从而促进中华民族的发展。单纯强调人文精神来建构现代民族精神确实很容易走入历史和时代的怪圈，也只有这种结合，才能够有效地消解人文建设的若干难题。综合上述观点，当代中国所需求的民族精神应至少涵括以下价值维度：追寻崇高的价值理想、以人的自由、全面发展为终极关怀、向往健全完善的人格境界。它应是中华民族优良的传统文化与社会主义理念之有机统一。如果说科学理性精神为当代中国之现代化提供一种工具理性的话，那么人文精神则为我们提供了一种价值理性。

二、时代召唤下的现代民族精神

民族精神的时代性要求作为新人文精神和理性精神的现代民族精神，必须与我们所处的时代相符合，能够有力地促进中华民族凝聚力的生成以及合乎时代人性发展的需要。

（一）提高国家综合国力与实现中华民族伟大复兴的历史使命

实现中华民族的伟大复兴，提高国家的综合国力是重中之重。衡量一个国家或者民族的强弱以及世界地位的首要标尺便是这个国家的综合国力。中华民族在历史上创造了伟大的文明，但是我们不能否认，由于传统文化中的种种惯性，近代中国历经磨难。随着改革开放的步步深入，社会主义市场经济建设已经显现出巨大的成效。我们由一个难以解决温饱问题的民族逐渐走向强国之路，直到目前在世界舞台上占有重要的地位，中华民族正在走向复兴。但是经济的发展并不是和思想文化建设同步的。

一个国家的综合国力不仅仅体现在经济能力、科技实力和军事实力的增强上，还应该体现在民族凝聚力的强大、制度和体制的完善上。作为时代的需要，理性精神合理地确立经济建设的工具理性，人文精神有效地确立社会生活的价值尺度，明确地解决两个文明一起抓的问题。建构起现代民族精神之时，中华民族的伟大复兴也就指日可待。

（二）社会主义先进文化的必然要求

发展先进文化的一个重要目的就是"不断丰富人们的精神世界，增强人们的精神力量"。而衡量文化建设成效的最终标准就是看其能否丰富和发展伟大的民族精神，能否弘扬和培育出伟大的民族精神。因此，必须把弘扬和培育民族精神作为建设先进文化的重中之重。

现代民族精神不仅包容了中西方文化的民族心理素质和精神品质，而且体现了先进生产力的水平和先进文化的特征。其先进性是由生产力的先进性和文化的先进性所赋予的，是与社会历史发展趋势相一致的。

从本质上来说，民族精神是一个民族道德品质和精神风貌的集中体现，而这种道德品质和精神风貌又深刻反映在民族的文化之中。从这个角度来说，文化建设对弘扬和培育民族精神有最为直接的影响。发展先进文化，必然推动现代民族精神的弘扬，现代民族精神的培育，又进一步推动先进文化的进步。二者互相影响、互相渗透、密不可分，是一种相辅相成、相得益彰的良性互动关系。如果现代民族精神得不到弘扬，那么，发展社会主义先进文化或者说建设社会主义精神文明就无从谈起，更无法为经济发展和社会进步提供工具理性和价值理性；如果一个民族没有建设成面向现代化、面向世界、面向未来的民族的、科学的、大众的社会主义文化，也必然无法使全民族的道德品质和精神风貌得到丰富、发展和提高，无法推动社会主义经济建设的高度发展，也根本无法弘扬和培育现代民族精神。

（三）反对狭隘民族主义的当然选择

民族主义是以追求对外摆脱宗教、异族统治，建立起以君主为核心的国家而开始登上历史舞台的。但是，随着经济主导的全球化浪潮席卷整个世界，民族主义表现出多种态势。第二次世界大战以后的两极冷战格局使得民族主义发展受到暂时抑制甚至扭曲，全球化时期，西方妄图通过霸权在世界通行其"西方意志"，弱势民族为争得独立展开了抗争，在民族情绪高昂的情况下，极端民族主义表现出霸权主义及国际恐怖主义，呈现出日益复杂的态势，在我们提高民族意识、弘扬民族传统、树立民族精神的特殊时期，使我们无形中陷入了一种两难境地，在这个两难下，弘扬现代民族精神也就成了我们反对狭隘民族主义当然的选择。

对民族主义来说，民族精神是民族文化和文明的核心部分，是民族的象征。现代民族精神是以理性为基础的开放的而非狭隘的、理性的而非盲目的、正确选择继承的而非全盘接受认同的民族精神。在全球化的背景下，民族主义反映了人类共同性的方向如经济运行的共同规则、科学技术的成果运用，政治治理中的某些共同规则、人权中具有共性的因素等，在一定程度都能够为各民族所遵循、接收、吸收、采纳、应用，成为推进民族国家现代化发展的强大动力。在现代民族精神的感召下，民族主义的讨论也就不再是要不要民族主义的问题，而是我们需要什么样的民族主义的问题。现代民族精神和正确的民族主义相结合，成为推动国家实现伟大复兴的强大动力。

（四）开放中华民族的民族精神

现代社会不仅是一个高度发达的社会，而且是一个高度开放的社会。经济全球化使各民族、国家的联系日益紧密，日益融入全球统一的大市场之中。任何民族国家的建设和发展都不可能在封闭的环境中进行。作为与时代精神互为表里、相辅相成的现代民族精神也不可能在隔绝封闭的状态下培育和弘扬，而必须充分吸取其他国家、民族的成功经验。因此这种民族精神必须是开放性的。在理性人文精神的导向下，现代民族精神从出现开始，便以一种开放的姿态呈现。

从历史发展的纵向坐标来看，现代民族精神不仅包含了传统的民族精神，吸纳了传统思想中的"人本""民本"思想，还包括在当代社会中与社会主义市场经济相适应的精神要素，如自立意识、竞争意识、效率意识、民主法治意识和开拓创新精神等。就空间上或横向上来说，它包容了当代各个国家、民族的民族精神，它吸收了世界文明的优秀成果。因而具有巨大的包容性。民族精神的开放与国家经济的开放是同步的，改革开放至今，一系列事件无不显示出开放的中国巨龙腾飞的强劲势头，中华民族精神的开放性与国家的开放政策相为表里，互动提升。

第三节 培育与弘扬民族精神的方法及其导向研究

一、指导思路：根本上顺应历史发展和人的发展

民族精神作为一种理性的、先进的文化价值取向，它以凝聚力、创造力为突出特征；同时，它又是一个公民、一个社会的个体所应该具有的向心力、上进心和生命力。

在传统社会里，国人的"公民"理论极其缺乏，对于传统社会的中国人来说，是没有真正经历公共生活的，更谈不上"公共性人格"了。自给自足的农业经济模式，以及传统

的"家国同构""公本位"思想，直接忽视了"个体"的存在，"个体"不过是"公"的附庸、集体的传声筒而已。

一百多年来，在自给自足的"家庭——家族"式农业经济转向工业和商业社会为主体的现代化进程中，我们的文化氛围中发生的盲目跃进、挥霍浪费等现象，同样缺乏一种合理而系统的公共生活。在唯伦理至上土崩瓦解之际，国人的思维偏向于唯政治至上。诚然，唯政治至上对于近代中华民族的独立、国家富强以及人民解放，特别是爱国主义民族精神的培育起到了很好的作用。但是，20世纪，特别是"文化大革命"时期唯政治论的恶性发展以及对人文精神的乃至民族文化的直接损害，同样值得我们认真思考。

在市场经济模式下，公民社会为我们展示了一个无比广阔的公共生活空间，个体的自由度得到扩展，而个性亦得以充分地彰显。全球化浪潮席卷而来，经济、政治、思想的互通以及数字时代的来临，个体施展的广度和宽度达到了前所未有的状态。要达到个人利益的最大化，我们可以充分发挥和利用自身的个体理性。同时，个体理性必然统归在市场的公共理性之下，也就是市场的本质——"互为目的"，即在市场经济的模式下，实现"双赢"乃至"多赢"的局面。在市场经济建设的实践以及全球化浪潮的适应中，我们同样不能否认，社会思潮中单纯的经济取向、民族文化素质的发展等问题，直接束缚着中华民族的复兴以及国家综合国力的提高。

对于民族精神的培育和弘扬来说，它是一个必然性及可能性的结合体。必然性指在目前以及在历史的发展中我们必须去培育和弘扬民族精神；可能性指的是对于民众和具体的人而言，接受不接受这种民族精神的培育，外界是不可能也没有办法强制的。只有顺应自然，让现代民族精神深入骨髓，变成人民下意识的行为，才能够真正升华为民族精神。在这种情况下，国家意识形态只能够有所为又有所不为。有所为指寻求合理地弘扬和培育现代民族精神的途径和方法并合理地引导，加强民主和法治建设，完善社会主义市场经济体制等；有所不为也就是要采取自然的、潜移默化的方式来引导，避免采用一相情愿地硬性灌输方式来培育和弘扬民族精神。

作为新人文精神和理性精神的现代民族精神的培育与弘扬，我们只能在目前的社会思想资源和社会主义市场经济建设现实条件下，结合传统与现代，抛弃传统及现实中种种非人性的或者忽视个体发展的因素，恰当地结合全球意识以及其他国家和民族先进的精神状态，将历史的责任感和时代的使命感结合起来，培育和弘扬合乎经济全球化进程需要的，符合社会主义初级阶段实际的民族精神系统，以此来促进国家综合国力的提高，实现中华民族的伟大复兴。

概而言之：培育和弘扬现代民族精神，从根本上要顺应历史和人的发展。

二、制度安排与体制建设

（一）民主制度与责任政府建设

培育和弘扬现代民族精神，利用意识形态的干涉作用，做到有所为有所不为，社会主义的民主和法治建设才能起到合理的引导作用。个人的道德理性和道德意识是有限的，我们不能奢望依靠个人的道德理性而作出合理的道德选择。在社会转型时期，存在着太多的利益诱惑，如果没有外在的强制约束和责任制裁，任何道德教化都会显得苍白无力。现代社会制度不仅仅要使广大人民群众具有较强的法律意识，成为遵纪守法的人，而且还要促进社会主义民主政治以及社区、家庭的一些基本活动的合理化与规范化。另外，社会主义民主政治建设的本身也能够促进现代民族精神的生成，如民主精神、法治意识等等。只有现代性的社会制度才能够保证民族精神现代化的长效性和稳定性。制度的创新，具体地讲就是深入进行经济体制和政治体制的改革。

1. 经济体制的民主化

作为一种资源配置形式和以等价交换为基本特征的经济形态，市场经济是建立在公平、诚信、共赢的基础之上的，当今中国经济领域中出现的假冒伪劣、借贷不还、投机取巧等行为，从根本上来说便是缺乏科学理性精神的引导。确立起民主化的、理性的经济体制，使我们可以自觉地认识到人与自然的关系，合理开发资源，坚持持续发展，走节约型社会的道路，从而避免经济行为中的短期化、非理性化行为。

经济体制的民主化，可以使科学的理性精神得到弘扬与孕育，消解至今仍然盛行的"公"本位、"官"本位思想和等级观念、人情观念、个人崇拜心理等文化心理特征，形成合乎社会主义市场经济的民主经济体制。同时，又可以使我们清醒与理性地对待全球化浪潮中的世俗化现象，做到既有批判又有借鉴。

2. 责任政府的明确化

在市场经济的建设中，对政府采取问责制，责成政府对环境负责、对持续发展负责等，一方面可以有效地消解"官"本位观念，破除权力崇拜意识与臣民心理，形成发达的政治主体感及平等的权力观，另一方面又能够合理地弘扬新人文精神，高扬起个体的价值和存在的大旗。

3. 法治建设的规范化

社会主义民主必须纳入理性的轨道，依靠法律的约束与保障，才能真正实现。只有采用这种明确、肯定、普遍的，不取决于个别人的规范，才能够使现代化建设有效地避免因个人非理性因素的膨胀而出现的专制和腐败现象，从而有效地保证公平和民主。同时，法治社会的完善还可以使公民的法律意识逐渐增强和成熟，从而理性地参与社会合作，承担社会责任，履行应尽的义务，从而形成一种在社会主义民主、法治和道德规范约束下的个体的自由、自觉的广阔生活空间。

4. 党的执政能力建设

加强和改进党的建设，是培育和弘扬现代民族精神的重要保证。我们党是中国特色社会主义事业的领导核心。它的宗旨和目标不仅体现了民族精神，而且指明了民族精神的发展方向。党的状况如何，对于国家和民族的命运具有决定性的意义，对于民族精神状态、社会风气具有直接影响。面对新世纪新任务，党要切实加强自身的思想、组织、作风和制度建设，深入开展反腐斗争；加强执政能力建设，提高党的领导水平和执政水平，坚持和健全民主集中制，增强党的活力和团结统一。只有这样才能不断提高党的凝聚力、号召力和战斗力，在改革开放和社会主义现代化建设新的实践中培育和创造出无愧于时代、无愧于人民的现代民族精神。

（二）社区自治

在现代化高度发展的城镇中，最能够形成文化凝聚合力与向心力、文化认同感与归宿感的，莫过于与人们的生活最相关的社区。随着城市社会结构的变迁，社区在塑造市民文化群体观念、道德意识和价值观方面起着越来越大的作用，对于现代民族精神的弘扬占据着极大的比重。

通过"熟人社会"和"生人社会"来区分古代社会结构与现代社会结构，尤其适用于对于转型期中国社会的分析。古代社会的经济结构提供了"熟人社会"的技术和文化支撑，传统社会中的人际关系的交往极具刚性，这种刚性创造了其独特的稳定结构和内在的和谐。因为社会是以一个家庭、一个村落、一个小群体为结构基础的，在这样的社会中，人与人之间的联系简单而有序。对这样的群体进行价值整合非常简单，传统道德的规范力量相当奏效，因为道德规范和传统伦理拥有控制资源。而在现代化高度发展的今天，这种和谐被打破了，社区成为了市民们价值观养成的组织结构。在高度工具理性所建成的"生人社会"中，社区成了唯一制约人们自律行为的"熟人社会"。因此，社区也就相应承担了社会公共价值的传播与整合。这个中国社会转型时期的社会基层结构，成为了现代民族精神培育和弘扬以及现代化发生的平台。

随着人民生活水平的不断完善，人们提高生活质量的需求与日俱增，不仅关注社区的发展，参与社区活动，而且对社区的服务、居住环境、文化娱乐、医疗卫生等方面提出了多样化要求。这样一来，社区建设必须形成自身的体系。建立起以市区街道社会福利事业单位和社区服务中心为主体，以街道居委会为依托，档次各异，项目齐全，功能完备，机构灵活，管理有序的社区服务网络，实现"老有所养、孤有所抚、残有所助、贫有所济、难有所帮"的服务体系。

（三）以人为本的企业文化建设

企业作为市场经济的主体，在市场经济高速发展的今天，占据着越来越重要的位置。在激烈的市场竞争中，为了求得生存发展，作为经济文化和管理文化的企业文化也就成为了在市场经济基础上并与市场经济运行机制有机结合的群体性文化。在传统的"以物为本"的管理理念以及单纯的以经济手段管理经济，已经不能适合经济全球化模式的情况下，从企业文化的理论引进中国开始，就提出了以人为本。企业文化是企业物质文化和精神文化的总和，它以企业的持续发展为目的，以人为中心，包含企业的经营理念、企业精神、价值观等共识。

1. 以人为本的人力资源观

坚持以人为本，把人力资源开发放在企业文化建设的首位。企业文化就其本质来说是"人"文化，是以人为本。企业文化建设主要应围绕尊重人、依靠人、培养人、关心人和激励人而开展。随着市场经济的发展，以人为本逐渐扩大到与企业直接联系的各个方面，提出了顾客满意度，兼顾供应商、经销商的利益等。而随着股份制企业的出现，以人为本扩大到了股东，也就是以人为本要兼顾企业、员工、供应商、股东的利益。以人为本的核心就是：以实现人的全面发展为目标，不断满足人民日益增长的物质文化需要，让企业的发展惠及与企业相关的所有人。首先，发挥企业人员的主体作用以及领导人的带动作用。

比如保证员工的主人翁地位，让他们参与民主管理。又如在员工岗位竞聘中坚持公开公正，在不损害全局利益的情况下，尽可能尊重员工的选岗意愿；单位制定发展规划、讨论重大决策时，充分听取员工的意见，采纳他们的合理化建议等。其次，要加强激励机制，既要讲奉献精神，又要保证市场的分配机制。树立人格的标杆，使员工能够学有榜样，相信人、依靠人。又要使人的能力、贡献和收入能够成正比。再次，要坚持尊重人与坚持规章制度的协调。关心员工的疾苦，提高人才待遇，甚至包容某些人才的过失，人事用工中容忍差异、重视差异、利用差异，让具有各种不同性格、不同才能的人各尽其能、发展特长等，都是对人的尊重。但是，否定科学管理，该严格管理的而不去管理则是对人本管理的误解。

2. 企业文化的科学发展观

科学发展观要求企业实现和谐的可持续发展，这就要求企业把握好观念的更新，与时代合拍，同时兼顾企业发展与自然的协调。海尔能够在激烈的竞争中保持企业持续的发展，不能不归功于海尔文化的科学发展理念以及企业文化先行的策略。海尔在兼并其他企业后，首先做的是企业文化的宣传，先成为"海尔人"，再成为海尔的企业。强化社会责任理念、贯彻终身学习等理念都是将思维和观念的创新作为企业文化建设的着力点是使企业与时代和谐发展的合理选择。

当前，我国正处在工业化的中期，社会主义经济建设迅猛发展，但是我们也付出了很大的代价，那就是经济的发展导致自然环境的严重破坏。可持续发展观、节约型社会等理念正是针对这一现实提出的。以科学发展观为指导，实现企业与自然的协调发展，企业文化建设必须考虑到：使爱护自然、保护环境的理念成为企业的文化和企业的意识，使企业员工及领导人认识到环境保护是关系人类生存的重大问题，将企业从传统的"资源—产品—废物排放"的发展模式转化为"资源—产品—再生资源"的循环模式；节约能源、资源，避免不必要的浪费，从降低成本的思维转变到顾及人与自然的协调发展上；在企业决策的时候，全局谋划，考虑到全球化的背景以及地区人文和自然环境的大背景。

三、对策和建议

要实现民族精神培育与弘扬的"有所为而有所不为"，寻求合理弘扬和培育现代民族精神的途径与方法并合理地引导，避免采用一相情愿地硬性灌输方式，我们就必须考虑"教育"和"环境"的问题。教育恰当引导民族精神的形成，环境合理培育民族精神形成的氛围，达到美育的效果，两者结合，也就是教育的环境和环境的教育问题。作为新人文精神和理性精神的现代民族精神，"人"以主体形式呈现，教育环境的中心是"人"，环境教育的主体是"人"，通过教育环境影响人的生存发展的外在世界，通过环境教育实现人与环境的和谐。环境教育可以实现教育环境的优化，而教育环境优化则可以促进人的道德素质的提高，推动环境教育的顺利开展。

教育的中心是人，自然环境、社会环境、社区环境等宏观环境以及家庭环境、学校环境等狭义的社会环境，时刻影响着人的发展，这种影响有显性的，也有隐性的，能够震撼心灵、感化情绪、促进道德信念内化，对个体价值的形成具有潜移默化的熏陶和教育作用。教育环境的美化对民族精神形成的优势，在于它不同于知识的传授，言行的示范和模仿，只要在意识形态的作用下，通过技术手段加以操纵和运用，便可以获得。正如前文所提到的，传统中国主体价值的迷失以及缺乏理性的感性思维特征，极大地影响了现代民族精神的形成，走向理性、走向人文，就需要我们为新人文精神构筑合理的教育环境。

（一）自然环境的优化

用文化人类学的观点来讲，民族性格以及民族所表现出的人性倾向，与人种和所居住的生存地理环境有着天然的联系。自然环境作为影响人类生存与发展的一切自然形成的物质及其能量的总体，是人类周围各种自然因素的总和。合理优化自然环境，对于民族精神的形成有着潜移默化的作用。

1. 自然环境的保护

改革开放以来，由于一些企业和个人不注意保护环境，物种灭绝程度惊人，江河湖泊受到严重的污染。东海的赤潮、每年如期而至的沙尘暴等无不显示出自然对我们的惩罚。在自然对人类的惩罚面前，我们何以妄言人的主体性，何以奢谈人文精神。只注意经济的发展，忽视环境的保护，工业文明的潘多拉盒子已经打开，环境问题已经成为全球性互相影响的问题，其灾难性的后果必然是全球性的。"地球只有一个"，我们必须关心和爱护人类共同的家园——地球。在对自然环境的发掘利用中，我们必须遵循自然界生态演进的规律，保护其所具有的纯净、优越和奇特，消除人为的破坏和污染，尽可能地减少大自然对人类的危害，特别是报复性的惩罚。

在 21 世纪，能源危机已经凸显在人类面前，能源的争夺往往成为战争爆发的最直接、最主要的动因。节约能源、合理利用能源，强化"节约型社会"的理念，已经成为当务之急：保护环境、节约能源，贯彻"可持续发展观"，实现人与自然的和谐共处，这本身就是新人文精神的要义，是我们要培育的现代民族精神一个不可缺少的重要组成部分。

2. 自然环境的管理

被列为世界自然遗产的湖南武陵源，由于缺乏长远眼光，片面追求短期经济利益，在核心区内大兴楼堂馆所，差点被列入濒危遗产目录。1872 年就被美国列为国家森林公园的美国黄石国家森林公园，也曾因为环保问题在 1999 年 12 月被世界遗产委员会列入《濒危世界遗产清单》，到 2003 年才被解除"濒危"。现在黄石国家森林公园的所有工作人员都被要求参与公园资源保护，所有员工都被鼓励参与对游客的教育活动。管理好自然环境，在管理中遵循自然规律，深化保护环境的理念，形成人与自然的和谐，才可能真正实现自然环境的优化。

工业文明又称黑色文明，在带来财富的巨大增长的同时，人类也付出了惨重的代价。在自然环境的管理中，倡导"和谐"概念，追求"和谐"文明，在绿色的自然界、在绿色的食品中，人与自然达到了和谐共处。在具体的制度层面上，必须加强法制和规章制度建设，明确政府的环保职能，严格企业的环保要求，强调市民的环保责任等；在具体的操作层面上，可以推行一系列措施，比如在建筑中使用节能材料、油耗中使用乙醇汽油；在城市中建造"仿自然"的环境，加强城市绿化的步伐，强调城市的个性与规则，避免出现全国城市一个样的局面；在农村坚持退耕还林，严禁乱砍滥伐，关闭对自然环境造成破坏的作坊式小企业，使用有机肥料等。

3. 环境教育

为解决环境问题和实现可持续发展，提高人们的环境意识和有效参与能力，普及环境保护知识和技能、培养环保人才，实现环境保护以及对自然环境的管理，就必须加强环境教育。可以说，环境教育是解决环境问题，实现可持续发展的主要对策之一。从对象上看，这是一种全民性的教育，应该渗透到人类生活的各个领域；从时间上看，环境教育应该渗透到人生的各个阶段；从空间上看，全球化要求环境教育必须是一种在全世界各个国家和地区都进行的教育。

我国在小学的"自然"和中学的"地理"等课程中纳入资源、生态、环境和可持续发展的内容；在高等学校普遍开设"发展与环境"课程，设立与可持续发展密切相关的研究生专业，如环境学等，将可持续发展思想贯穿从初等到高等的整个教育过程。

（二）人文环境的培育

人文环境是人直接的生活环境，凝聚着人类的创造智慧，劳动血汗和伦理美德。优美的人文环境体现出的美使人们在日常生活中时时处处冀到潜移默化的感染，从而陶冶性情，增强道德感。它凸显出人文精神的丰富内涵，营造着浓郁高雅的环境氛围。历史文化古迹也好，现代人文景观也好，都很容易引导人们的审美情趣和文化心理需求向高的层面发展，对民族智慧的开启、知识的递进和道德素质的提高大有裨益。

在唯伦理论退出历史舞台、唯政治论失去市场的时候，国人的价值观转向唯经济论。唯经济论的极端表现也就是"一切向钱看"，金钱成为衡量人的价值的唯一标准。在这种情况下，社会道德发生变化，形成一种极其庸俗的社会风气。这种唯经济思维对人文精神的形成，对先进文化的发展，具有严重的阻碍作用。青少年的偶像崇拜、成年人个体价值的迷失等，无不成为人文精神弘扬的难题。在这种情况下，复古主义思维显现出来了，"今不如昔""世风日下"等观点大行其道，很多人认为当代社会道德缺乏，生活没有安全感，生活失去了寄托。也正是在这样一种情况下，青少年将价值的取向转向了所谓的"偶像"，以此作为自己的精神寄托；成人的价值取向变成了一句无厘头的调侃——"找不着北"，无法找寻自己的精神家园。

唯经济论的思维偏向并不能阻止人们的精神需要和高远追求，走出各种虚无主义追寻精神家园，既是现在民族精神培育的一个难题，同样也是一个契机。合理把握人们的精神需要，加强人文精神的培育，构建富于现代民族精神的教育环境，加强人文环境的建设和引导，就能够成功避开当代社会价值迷失的难题，并将其转化为现代民族精神建构的合理时机。

1. 传统文化的继承发扬

我国悠久的历史文化留下了众多的文化遗产，除了旅游胜地的名山湖泊，还有各种古建筑群、名人旧居、革命圣地等，这些遗产具有深厚的文化内涵和珍贵的价值，是不可多得的财富。

周庄保留了江南水乡的建筑群，人们居住的房屋、生活的氛围并没有因为现代化的脚步而消亡，并没有追求现代城镇发展所固有的钢筋混凝土的模式。在江南水乡一个个消失在人们视野之外的时候，人们终于发现了其保留的难能可贵。而舟山，作为一个海岛，原始的古建筑群绝大多数被拆除，代之以现代千篇一律的建筑。在周庄旅游业如火如荼发展的时候，舟山的旅游业仅仅只能依靠佛教名山来维持。历史遗产作为最直接、最生动的历史教材，可以增长人们的历史知识、增加爱国情感、畅通与世界交流的途径。合理保留这些遗产，既是对传统的一种尊重，更是一种深切的人文关怀，提供这样的一种人文环境，对于现代民族精神的培育大有裨益。

几千年的中华文明，留给我们的不仅仅是历史的遗迹，更是扎根于民族心灵的文化烙印。我们不否认传统文化中消极、片面的东西，但是传统精神同样是国人宝贵的财富。作为新人文精神和理性精神的现代民族精神，需要的并不是打着人文旗号来反对传统的一切，而是要求我们对于传统在保留、批判中有所创新发展。失去了传统文化的民族精神，中华民族就会成为无源之水、无根之木。抗击外辱的爱国情结、国人质朴的勤劳勇敢、多民族的团结统一、丝绸之路的和平召唤等传统文化的精髓需要我们培育和弘扬，为民族的腾飞建立雄厚的根基。

2. 现代文明的自觉意识

现代文明带来了世界的飞速发展和科技的日新月异，我们追求的不是"小国寡民"的清心寡欲生活。在全球化的进程中，需要一种自觉的意识来对待现代文明，对待异国文化，以此来实现中华民族的伟大复兴。

音乐孕育了维也纳精神，造就了维也纳人热情、开朗、奔放的品格；"绿化运动"带来了岛国新加坡的经济的高速发展以及新加坡人道德修养的提高；求真求理的严谨思想带来了西方现代工业的高速发展。他国成功的经验、优秀的品格摆放在国人的眼前，与此同步而来的还有拉斯维加斯金钱与私欲的高涨、"无烟工业"金钱与肉欲的交易。应对全球化的挑战，为现代民族精神的弘扬提供合理的人文环境，迫切需要在人文环境的建设中贯彻现代文明的自觉意识，以此来理性地学习西方的文化。

在现代文明面前，国人同样体现出优秀的民族精神状态，将这些精神形成自觉，需要对这些精神大力宣传和贯彻。要形成对待现代文明的自觉意识，除了在制度安排和体制建设上落实之外，还需要我们为这种自觉提供宽松合理的人文环境。比如在城市建设中突出和谐，综合考虑建筑和道路的规划；在企业文化建设中强调以人为本，在工作、生活的环境中体现对员工的关怀；创建各种信息交流的平台等。

(三) 公民意识和公德意识的教育

公民素质的不成熟，一方面带来社会责任感的严重失落，不能很好地履行公民的义务，为实现个人利益而损害他人和集体的利益；另一方面带来的则是社会主义公德建设的困难和公民公德行为的严重缺乏。法制观念淡薄、法律意识不强，对社会主义法制建设缺乏信心等都是公民意识淡薄的结果。

现代民族精神是建立在公民社会基础上的，全球化的背景要求发达公民社会的建设。特殊的文化传统给公民社会的建设带来了一定艰巨性和复杂性，但是，我们毕竟有了几十年的社会公德建设经验，现代教育、宣传毕竟在我们身上奠定了现代文明的基础，改革开放毕竟使我们置身于一个丰富的公共生活世界。培养公民意识，加强平等意识、主人意识、权利和义务的教育，使公民尽快成熟起来，使公民意识和公德意识成为一种自觉，给现代民族精神的培育与弘扬提供一个发达的公民社会环境。

同时，必须保证社会公德的制度化，必要时以立法的形式将公德固化。新加坡以法律的形式将道德固化，使岛国的社会公德意识得到很大的提高，这是一个值得借鉴的方式。公德成为看得见摸得着的条文，成为可以操作的规范。如江苏省将"见义勇为"立法，部分省市从道义上和物质上表彰、资助见义勇为者等都是将公德以规章制度形式固化的很好形式。建立政府和民间组织的褒奖公德的功能，使公民树立起遵守公德光荣，违反公德可耻的观念。建立公德的激励机制，形成培养公德的良性环境，使公德建设进入良性循环的轨道，公德行为自我复制、自我发展。在当前社会公德规范缺乏的情况看下，依靠法律和制度化的公德来培养市民的公德意识，逐渐将公德意识形成市民的自觉行为，社会公德也就逐步建立。同时，还应当注意"小环境"的公德建设：公民的意识环境不仅仅包括社会法治环境，还包括公民生活的"小环境"，如校园、社区、企业等等。公民工作、学习、生活于"小环境"之中，通过"小环境"的公民意识养成，使社会公德的自觉意识得到逐步提高。总而言之，也就是加强校园环境、社区环境、企业环境建设，或者称校园文化、社区文化、企业文化的公民意识培育。

参考文献

[1] 陈筠泉，刘奔. 哲学与文化 [M]. 中国社会科学出版社，1996.

[2] 崔富章，李大明. 楚辞集释·国殇 [M]. 湖北：湖北教育出版社，2003.

[3] 龚学曾. 民族精神教育读本 [M]. 北京：中共中央党校出版社，2003.

[4] 韩辛茹. 新华日报史 [M]. 重庆：重庆出版社，1990.

[5] （德）黑格尔，译. 历史哲学 [M]. 上海：上海书店出版社，1999.

[6] （奥）胡塞尔，译. 逻辑研究（第二卷）[M]. 上海：上海译文出版社，1998.

[7] （美）华生，译. 行为主义（第十二讲）[M]. 浙江：浙江教育出版社，1998.

[8] 李泽厚. 中国思想史论（中）[M]. 安徽：安徽文艺出版社，1999.

[9] 李泽厚. 中国现代思想史论 [M]. 北京：东方出版社，1987.

[10] 司马云杰. 文化社会学 [M]. 北京：中国社会科学出版社，2001.

[11] 王克千，吴宗英. 价值观与中华民族凝聚力 [M]. 上海：上海人民出版社，2001.

[12] 夏春涛. 太平天国宗教 [M]. 南京：南京大学出版社，1992.

[13] 许倬云. 中国文化与世界文化 [M]. 南宁：广西师范大学出版社，2006.

[14] （德）雅斯贝尔斯，译. 时代的精神状况 [M]，上海：上海译文出版社，2001.

[15] 杨祖陶，邓晓芒. 康德（纯粹理性批判）指要 [M]. 湖南：湖南教育出版社，1996.

[16] 张岱山. 中国哲学大纲 [M]. 江苏：江苏教育出版社，2005.

[17] 赵存生. 社会发展与民族精神 [M]. 北京：北京大学出版社，2007.

[18] 赵继伦. 精神文明的时代审视 [M]. 人民出版社，2004.

[19] 郑师渠，史革新. 历史视野下的中华民族精神 [M]. 广东人民出版社，2013.

[20] 詹小美. 民族精神论 [M]. 中山大学出版社，2007.